KB237609

체인지

CHANGE

체인지

체 인 지

CHANGE

박종신

예수의사람들

얼마전에 한 자매의 추천으로 '약속'이라는 영화를 본 적이 있습니다. 영화배우 박신양과 전도연이 주연한 전형적인 멜로드라마였습니다. 그런데 이 영화의 마지막 부분에서 깡패두목으로 분한 박신양이 전도연에게 던진 멋있는 한 마디가 아주 인상적이었습니다. 깡패두목이 던진 말치고는 너무나 대단하고 의미가 있는 한 마디였습니다.

"하나님은 내 병을 고쳐 주실 수는 있어. 하지만 나를 대학에 합격시켜 줄 수는 없어. 왜냐하면 하나님이 나를 대학에 합격시켜 주실려면 다른 사람을 떨어뜨려야 하기 때문이지."

비록 영화의 대사였지만 하나님을 가장 적절하게 잘 표현한 한 마디라고 생각했습니다. 대본을 쓴 사람이 크리스천인지 아닌지는 모르겠지만 크리스천 누구보다도, 아니 목회자 누구보다도 하나님의 형평성, 하나님의 조화, 하나님의 균형, 하나님의 질서에 대해 잘 묘사했을 뿐만 아니라, 어쩌면 크리스천인 우리들보다 하나님을 더 잘 이해하고 있다는 생각을 해보았습니다.

균형감각을 잃은 크리스천들에게 작은 경종을 울리는 메시지였습니다. 노스파크 신학교(NorthPark Theological Seminary)의 학장인 로버트 K.존스턴 박사(Robert K. Jhonston)박사는 "신학과 신앙 그리고 삶의 부조화야말로 바로 교리적인 정신이상이다"라고 주장했습니다.

이런 적용은 바로 크리스천들의 신앙과 생활면에서도 그대로 적용되는 것을 볼 수 있습니다. 그 동안 우리는 얼마나 신학과 신앙의 부조화, 신학과 삶의 부조화, 신앙과 삶의 부조화 속에 살아 왔습니까? 말만 무성하고 실천이 뒤따르지 않는 삶, 말과 상관없이 움직이고 있는 크리스천의 행동, 하나님이 다스리고 싶어도 감히 터치할 수 없는 치외법권들이 난무하는 인간의 마음, 신앙고백과 삶의 양식이 전혀 다른 우리의 모습 등이 바로 조화되지 못하고 일치되지 못했던 모순이었음을 인정해야 할 것입니다.

저는 'CHANGE' 라는 제목의 책에서 두 가지를 강조하려고 합니다.
첫째로 제목의 내용과 같이 '변화' 를 강조하고, 동시에 '균형' 을 강조하려고 합니다.
저는 개인적으로 신앙생활의 가장 큰 이슈는 변화와 균형이라고 생각합니다. 오랫동안 신앙생활을 했음에도 변화가 없다는 것은 무엇을 의미합니까? 신앙생활과 삶이 조화를 이루지 못했다는 것을 스스로 증명하는 것입니다.
크리스천의 삶이 어떤 것이라고 생각하십니까? 단 한마디로 단정하기는 어렵지만 크리스천의 삶이란 그리스도안에서 변화되고, 바뀌는 삶이라고 할 수 있겠습니다. 변화가 없는 크리스천의 삶이란 죽은 삶이든지, 잘못된 삶이라고 할 수밖에 없을 것입니다.

로마서 12장 2절에서 사도 바울은 "너희는 이 세대를 본받지 말고 오직 마음을 새롭게 하여 변화를 받아 하나님의 선하시고 기뻐하시고 온전하신 뜻이 무엇인지 분별하도록 하라" 변화를 받으라는 것입니다. 하나님의 원하시는 방향으로 바뀌라는 것입니다.

　　얼마 전 이정현이라는 가수의 "바꿔"라는 노래가 세상에 큰 충격을 던지며 불려졌던 적이 있었습니다. 초등학교 학생으로부터 운동경기가 벌어지는 현장마다, 그리고 선거를 앞두고 있던 국회의원 후보자들에게 이르기까지 모두들 "바꿔"를 외쳤습니다. 누가 누구를, 그리고 무엇을 바꿔야 할지는 몰라도 세상에는 바꿔야 할 것으로 온통 가득찼나 봅니다. 모두들 목청을 높여서 "바꿔"를 외치는 것을 보면 교회뿐만 아니라 세상 곳곳은 바꿔야 할 것이 그만큼 많다는 것입니다. 가수 이정현은 가사말을 통해 세상을 맹렬하게 공격했습니다. 섬뜩할 정도로 말입니다.

　　"모두 제 정신이 아니야. 다들 미쳐가고만 있어. 어느 누굴 믿어. 어찌 믿어. 더는 못 믿어. 누가 누굴 욕하는거야. 그러는 너는 얼마나 깨끗해.너나 할 것 없이 세상 속에 속물들이야."

　　이 노래에 수긍을 하든지 못하든지 분명한 사실이 있다면 이제는 확실히 바뀌어야 한다는 것입니다. 정말 노래말처럼 세상이 바뀌고, 사람이 바뀌어야 합니다. 교회도 바뀌어야 하고, 병원도 바뀌어야 하고, 학교도 바뀌어야 하고, 사회도 바뀌어야 합니다. 그러나 가장 많이 바뀌어야 할 사람은 바로 크리스천인 나 자신입니다.
　　물론 세상이나 사람은 구호나 노래말의 가사처럼 쉽게 바뀌는 것이 아닙니다. 이제까지 수많은 사람들이 개혁을 주장했고, 변화를 요구했지만 진정한 개혁이나 지속적인 변화가 없었던 것이 사실입니다.

개혁이 되는 듯 싶으면 다시 원점으로 돌아갔고, 변화가 일어나는 듯 하다가도 언제 그랬냐는 식으로 다시 제자리로 돌아갔습니다. 한번도 완전한 개혁이 없었고 지속적인 변화도 본 적이 없었습니다. 왜 그렇 습니까? 그것은 삶을 근본적으로 바꾸지 못했기 때문입니다. 사람의 근본을 바꾸는 변화가 시급합니다. 변화란 형식의 폐지가 아니라 본질 의 회복입니다. 예수님께서 니고데모에게 "네가 거듭나야 하겠다" (you must born again)고 하셨던 것처럼 말입니다.

둘째로 강조하고 싶은 것은 균형감각입니다.

잉그람 인더스트리스(Ingram Industries)의 회장 마사 잉그람 (Martha Ingram)의 경영법칙은 '균형'입니다. 그녀는 경영을 마치 테니스의 경기에 비유하면서 이렇게 말했습니다.

"테니스 경기를 할 때처럼 발 위에 공이 머물게 하십시오. 그리고 필 요하다면 언제든지 방향을 전환할 준비를 하십시오. 고객은 눈 깜짝할 사이에 당신을 외면할 수도 있으니까요."

크리스천들의 삶에서 부작용이 발생하는 이유는 균형을 잃어버린 결과라고 생각합니다. 완전한 개혁을, 지속적인 변화를 일으켜 낼만한 힘을 상실한 이유도 삶에 대한 균형을 잃어버렸기 때문입니다. 균형을 잃으면 힘을 쓸 수 없습니다. 균형을 잃으면 올바른 판단을 할 수 없습 니다. 균형을 잃으면 한 쪽으로 치우칠 수밖에 없습니다. 왜냐하면 균 형이란 유연성을 의미하기 때문입니다.

실제로 어떤 특정한 교리를 지나치게 강조하다 보면 그것은 곧 조화와 균형을 이루지 못하는 크리스천의 삶으로 이어지는 것을 봅니다. 신비주의를 너무 강조하면 성도들의 실제 생활이 모호해지고, 성도들의 현실적인 삶을 지나치게 강조하면 또, 영적 생활이 빈약해지는 결과를 초래합니다. 재헌신의 필요성을 지나치게 강조하면 실제적이고 지속적인 신앙성장을 상실하고 침체된 생활에 빠지게 될 우려가 있습니다. 또 고백을 너무 강조하면 불건전한 내성(內省)에 빠지게 되고 이것을 강조하지 않으면 죄에 대하여 무감각해지는 결과를 낳습니다.

기도를 너무 강조하면 말씀에 대한 도전이 사라지고, 또 말씀을 너무 강조하다보면 기도에 대한 열정이 사라지고 차가운 판단주의자로 바뀌어 버립니다. 찬양을 너무 강조하다 보면 이성적인 판단과 말씀의 사모가 사라지고 말씀과 제자훈련을 강조하다보면 뜨거운 찬양과 열린 마음이 사라지고 맙니다. 절대적인 균형감각이 필요합니다.

균형을 잃으면 성공적인 크리스천의 삶을 살아갈 수 없음을 알아야 합니다. 균형을 갖춘 유연한 크리스천으로 거듭나야 할 것입니다.

이 책은 이론중심으로 쓰여진 책이 아니라 실천중심으로 쓰여졌습니다. 저는 크리스천들의 무력함의 이유는 이론에 갇혀있기 때문이라고 단정합니다. 이론은 전공이며 필수이기 때문에 상당히 중요합니다. 그러나 이론만 가지고는 안됩니다. 실천이 더 중요합니다. 이 세상에 잘하고 싶지 않은 사람이 어디 있으며, 잘 하고 싶지 않은 교회가 어디 있겠습니까? 그러나 잘 할 수 없는 것은 그 알량한 이론에 갇혀 있기 때문입니다. 실천이 전제된 이론은 능력이지만 이론을 위한 이론은 사치입니다.

IBM의 회장 루 거스너(Lou Gerstner)는 이런 말을 했습니다.

"당신은 무엇 때문에 성공할 수 있었는가? 그 성공요인을 쓰려고 보면 쓸 수 없음을 이내 깨닫게 될 것이다."

이론보다는 실천을 중요시하는 말입니다. 한국교회의 망조는 이론의 부재(不在)가 아니라 실천의 부재입니다. 무식한 농부는 먹고 살 수 있어도 책만 읽은 선비는 굶어죽는 법입니다.

수영에 관한 책 백 권을 읽어도 빠져 죽을 수밖에 없지만 한 권을 읽지 않았어도 수영을 훈련한 사람은 빠져 죽지 않습니다. 이론이 중요하지만 더 중요한 것은 실천입니다.

한국 교회의 패배 원인은 교회안에 언어의 마술사가 너무 많기 때문이라고 합니다. 요즘 한국 교회에 설교를 못하는 설교자가 없다고 합니다. 설교는 다 잘한다는 것입니다. 그러나 그로인해 처절한 패배의 아픔을 겪어야 합니다. 말을 잘하는 것이 문제가 될 수 없으나 말만 잘하는 것은 확실히 문제가 됩니다. 이론이 아니라 실천입니다. 실천은 훈련을 통해 얻은 힘으로 이루어집니다. 실천을 위한 훈련을 받으십시오. 엘리트 크리스천은 이론으로 무장한 지략가가 아니라 이론과 행동을 겸비한 맥가이버같은 해결사들입니다.

복음의 깃발을 들고 일어서기를 원하는 모든 크리스천들에게 하나님께서 힘과 능력을 주시기를 기도합니다.

저와 함께 십자가의 군사가 되기로 작정한 청주침례교회 성도님들과 세상모든 민족이 구원을 얻기까지 쉬지 않고 사역에 동참하는 예수

| 서 | 문 |

의사람들선교회(JPM)의 간사들과 모든 JPM회원들에게 사랑을 전합니다.

시드니에서 '시드니를 십자가의 그늘 아래' 라는 슬로건을 걸고 사역하는 시드니샘터교회의 문단열목사님과 성도들에게도 감사와 사랑을 드립니다.

저를 낳아주시고 목회자로 양성하여 주의 복음을 위하여 매진하도록 인도해 주신 나의 부모님에게 깊이 감사하며, 남편의 사역을 위해 늘 기도하며 기쁨으로 내조하는 아내와 하나님의 선물인 요한과 요셉에게 사랑을 전하고 싶습니다.

2000년 11월 15일

도그마(dogma) 속으로

1. 죄인을 의인으로 바꾸라.

2. 주문을 기도로 바꾸라.

3. 강연을 말씀으로 바꾸라.

4. 불순결을 순결로 바꾸라.

죄인을 의인으로 바꾸라

한국교회의 전형적인 신앙은 의인신앙(義人信仰)이 아닌 죄인신앙(罪人信仰)입니다. 대부분의 크리스천들은 자신이 의인이 아니라 죄인이라고 생각하고 있습니다. 성경이 기록된 목적이 무엇입니까? 예수 그리스도께서 십자가를 지신 목적이 무엇입니까? 죄인을 의인되게 하기 위함입니다. 그런데 이상하게도 교회를 오랫동안 출석하고, 직분을 가지고 봉사하고 있는 사람들 가운데서도 의인신앙을 가지고 있는 사람을 찾아보기가 힘듭니다.

죄인을 의인으로 바꾸라

신분을 바꾸라

찬송가 405장 '나 같은 죄인 살리신'(Amazing Grace)이라는 찬양을 작사한 죤 뉴턴(J. Newton)은 아주 유명하면서도 의미심장한 이야기를 했습니다. 자신이 죽어서 천국에 가면 아주 놀랄 만한 세 가지 현상을 발견하게 될 것인데, 첫째는 꼭 천국에 있을 것이라고 생각한 사람이 천국에 없다는 것과, 둘째로 천국에 못 갈 것이라고 예상했던 사람이 천국에 있다는 것, 그리고 마지막으로 자신같이 부족한 사람이 천국에 왔다는 사실이라는 것입니다. 천국은 교회의 직분이나 신앙생활의 경력으로 가는 것이 아니라 죄인을 의인으로 바꾼 사람만이 갈 수 있다는 사실을 말해 주고 있는 예화입니다.

크리스천 엘리트가 되기 위해서 가장 먼저 선행되어야 할 작업은 신분을 바꾸는 일입니다. 바로 죄인이라는 신분을 의인이라는 신분으로 바꾸는 작업입니다. 이 '신분 바꾸기'가 바로 엘리트 크리스천의 첫걸음입니다. 여러분은 분명히 '신분 바꾸기'에 성공하셨습니까? 크

리스천의 기본은 의인이라는 신분이 전제된다는 사실을 기억하십시
오. 한국교회의 전형적인 신앙은 의인신앙(義人信仰)이 아닌 죄인신
앙(罪人信仰)입니다. 대부분의 크리스천들은 자신이 의인이 아니라
죄인이라고 생각하고 있습니다. 성경이 기록된 목적이 무엇입니까?
예수 그리스도께서 십자가를 지신 목적이 무엇입니까?

　죄인을 의인되게 하기 위함입니다. 그런데 이상하게도 교회를 오랫
동안 출석하고, 직분을 가지고 봉사하고 있는 사람들 가운데서도 의인
신앙을 가지고 있는 사람을 찾아보기가 힘듭니다.

　교회에 출석하는 사람들에게 "의인이십니까? 죄인이십니까?"라고
질문해 보면 대부분의 사람들이 겸손하게 "죄인입니다"라고 대답합니
다. 어떤 사람들은 "감히 나를 어떻게 의인이라고 할 수 있습니까?"라
고 겸손히 반문을 하는 사람도 있습니다. 이렇게 대부분의 신자들이
"나는 의인입니다"라고 자신 있게 대답하지 못하고 있습니다. 또 그러
한 모습을 당연하게 받아들이는 경향도 있습니다.

벌레는 겸손의 상징이 아니다

　구원을 받고 하나님의 백성이 되었음에도 자신을 여전히 죄인이라
고 말하는 것은 겸손이 아닙니다. 오히려 십자가를 부정하고 율법을
강조하는 무례한 행동입니다. 예수님께서 한번 더 이 세상에 오셔서
십자가를 지시고 우리 죄를 다시 짊어지라는 말입니다. 얼마나 교만하
고 무례한 말입니까? 이는 결국 십자가를 부인하는 행위가 되는 것입
니다.

　겸손이라고 하면 우리는 하나님 앞에서 낮추는 것이라고 생각합니
다. 그렇습니다. 하나님 앞에서 우리는 낮추어져야 합니다. 우리의 몸
을 쳐서 복종시켜야 합니다. 그러나 구원받고 의인이 된 사람이 '죄

인'이라고 고백하는 것과 스스로 '벌레만도 못하다'고 하는 것은 하나
님 앞에서의 겸손이 아닙니다. 우리는 죄인이었지만 예수 그리스도께
서 우리의 죄를 대신 담당하셨기 때문에 하나님의 은혜로 의롭다 하심
을 얻게 되었습니다. 그래서 우리는 의인임을 세상에 선포하고 살 수
있는 것입니다.

우리가 즐겨 부르는 '세상에서 방황할 때 나 주님을 몰랐네'라는 복
음성가 중에는 이런 가사가 있습니다. "벌레만도 못한 내가 용서받을
수 있나요" 또 찬송가 141장을 보면 "이 벌레 같은 날 위해 큰 해 받으
셨네"라는 가사가 있습니다. 어떤 의미에서 '벌레'라는 단어를 사용한
줄 압니다. 그렇다고 하나님 앞에서 나 자신을 벌레라고 하는 것이 겸
손입니까? 아닙니다. 그것은 엄청난 교만입니다. 하나님의 거룩한 의
도를 무시하는 행위만큼 더 큰 교만이 어디 있습니까? 예수님께서 벌
레를 위해 십자가에서 못 박히셨다는 말입니까? 절대로 아닙니다. 하
나님은 우리를 벌레로 창조하지 않았습니다. 우리를 최고의 작품으로
지으셨습니다. 하나님의 '보시기에 좋았다'라고 할 정도로 최고의 작
품이었습니다. 의인이 되었으면 의인이라고 주장하고 사십시오. 그런
모습을 하나님이 기뻐하십니다.
엘리트 크리스천은 철저하게 의인의 신분으로 살아가야 합니다.

의인이라는 확신을

그럼에도 아직도 여러분이 의인이라는 확신을 갖지 못했다면 당신
은 여전히 죄인입니다. 교회를 다니고, 직분을 가지고 있다고 해도 죄
인입니다. 의인이 되지 못한 죄인이 가야 할 곳은 천국이 아닌 지옥입
니다. 영생이 아닌 멸망입니다. 천국과 영생은 의인만이 얻을 수 있는

은혜이기 때문입니다. 예수님이 이 세상에 오신 단적(端的)인 목적은 죄인을 구원하여 의인이 되도록 하시기 위함입니다. 즉 이 세상의 모든 죄인을 의인으로 바꾸시기 위해 오신 것입니다. 그래서 친히 세상에 오셔서 죄와 불법을 담당하시고 십자가에 못 박혀 죽으신 것입니다. 그리고 우리를 의롭다 하시기 위해 부활하셨습니다.

성경은 분명히 말씀하고 있습니다. 로마서 5장 19절을 보십시오.

"한 사람의 순종치 아니함으로 많은 사람이 죄인 된 것 같이 한 사람의 순종하심으로 많은 사람이 의인이 되리라"고 말씀하고 있지 않습니까? 아담을 통해 우리가 죄인이 되었다면 예수님을 통해 우리는 의인이 되는 것입니다. 예수님께서 왜 죽음에서 부활하셨습니까?

로마서 4장 25절을 보면 "예수는 우리 범죄함을 위하여 내어줌이 되고 또한 우리를 의롭다 하심을 위하여 살아나셨느니라"고 합니다.

이 말씀이 무슨 뜻입니까? 예수님은 우리의 범죄함을 위하여 십자가에 못박히셨고, 우리를 의인으로 바꾸시기 위하여 부활하셨다는 말씀입니다. 예수님은 이렇게 우리를 의인으로 바꾸시기 위하여 십자가에서 피를 흘리신 것입니다. 이것이 복음입니다. 이것이 은혜입니다.

의인으로 살지 못하는 이유

그럼에도 불구하고 사람들은 왜 이렇게 의인의식이 없습니까?
두 가지의 이유가 있습니다.

첫째는 성경이 말하는 의인의 의미를 잘 이해하지 못하기 때문입니다. 구원받으면 의인이 됩니다. 그러나 사람들이 구원받고 하나님의 백성이 되었음에도 불구하고 의인이 된 것을 모르기 때문입니다.

의인이라고 하면 '완전한 선인(善人)'으로 생각합니다. 교회에서 너무 빈번하게 율법적인 행위만을 강조해 왔습니다. 그래서 율법에 자신을 비추어 보고 부족하다고 생각하면 여지없이 자신을 죄인이라고 단정지어 버립니다. 이것은 교회와 목회자의 책임입니다. 이렇게 되면 사람들은 어떤 인생을 살아가게 됩니까? 죄인의 인생을 살아갈 수밖에 없습니다. 구원받고 의인이 되었는데도 죄인이라고 생각해서 죄인의 삶을 살아갑니다. 이것을 명쾌하게 설명해 주지 못하는 교회와 목회자의 책임은 큽니다.

죄인이 뭔지 아십니까? 지옥에 갈 사람이 죄인입니다. 구원받고 의인이 된 사람이 갈 곳은 천국입니다. 물론 구원을 받았는데도 죄인이라고 생각하는 사람은 지옥에 가지 않습니다. 왜냐하면 이런 사람은 구원을 못 받은 것이 아니라 모르는 것뿐이기 때문입니다. 이런 사람들이 어떻게 살아갑니까? 언제나 로마서 3장 10절의 "이 세상엔 의인은 하나도 없다"는 말씀으로 '너와 나는 모두 죄인'이라는 엉뚱한 위로를 받으며 살아갑니다. 얼마나 한심합니까? 자신이 죄인이라고 생각하는 동안에는 의인의 삶을 살아 갈 수 없습니다. 의인의 특권을 하나도 누리지 못하고 살아갑니다. 의인에게 주어지는 은혜와 권리를 하나도 사용하지 못하고 하나님 나라에 갑니다. 얼마나 원통합니까?

제가 초등학교 3학년 때 정문앞 문방구에서 외상으로 크레용을 산 적이 있습니다. 욕심으로 크레용을 샀지만 갚을 길이 없었습니다. 부모님께 말씀도 못 드리고 혼자 속으로 고민했습니다. 제 힘으로 도저히 갚을 길이 없을 때 제가 택한 방법이 있었습니다. 그것은 외상값을 갚을 때까지도망 다니자는 것이었습니다. 절대 정문으로 다니지 않았습니다. 뒤편에 있는 개구멍을 통해 다녔습니다. 정문 근처에는 가지도 않았습니다. 괜히 정문으로 나갔다가 문방구 주인에게 걸려 외상값을 갚지 않은 죄로 혼이 나기 때문입니다. 얼마나 오랜 시간을 그렇게 보냈는지 아십니까? 무려 그 학교를 졸업할 때까지 3년 동안을 정문으로 나가 본 적이 없었습니다.

정문만 생각하면 가슴이 두근두근 거리고 불안했습니다. 그리고 가까이 갈 수도 없었습니다. 항상 개구멍으로만 다녔습니다. 쉬는 시간에 핫도그를 사기 위해 정문 밖으로 당당히 나가는 친구가 얼마나 부러웠는지 모릅니다.

드디어 그 학교를 졸업하게 되었습니다. 졸업식날 용기를 내어 부모님께 말씀을 드렸습니다. 여차여차해서 크레용을 샀는데 지금까지 갚지 못했으니 대신 갚아 달라고 했습니다. 아니 이게 어떻게 된 일입니까? 그 외상값은 이미 3년 전에 해결되어 있었던 것입니다. 제 아버님이 지나가실 때 문방구 주인이 알아보고 외상값을 청구해서 받았던 것입니다. 그 외상값은 이미 지불되었고 저는 자유의 몸이었던 것입니다. 그런데 그 사실을 모르고 불안해 하고 정문으로 다니지도 못했던 것입니다.   더더욱 황당했던 것은 그 문방구 주인이 저에게 오촌(五寸) 아저씨였던 것입니다.

만약 그 사실을 제가 알고 있었다면 어떻게 되었을까요? 당당하게 정문으로 다니면서 아저씨가 주는 핫도그도 실컷 얻어먹을 수 있었을 것입니다. 이것이 진리를 아는 사람의 특권입니다. 모르면 특권을 누릴 수 없습니다. 요한복음 8장 32절을 보십시오.

"진리를 알지니 진리가 너희를 자유케 하리라"고 말씀하고 있습니다. 구원받으셨습니까? 거듭나셨습니까? 그렇다면 안심하십시오. 당

신은 의인입니다. 이제 구원받은 성도들이라면 빨리 죄인신앙을 버리
고 의인신앙을 가져야 합니다.

무엇이 급선무인가

둘째로 거듭나지 못했기 때문입니다.

거듭나지 못하면 당연히 의인의식을 가질 수 없습니다. 죄인이기
때문입니다. 죄인이 죄인의식을 갖는 것은 지극히 당연한 일입니다.

많은 사람들이 교회에 출석하지만 거듭나지 못한 채 신앙생활을 하
는 경우가 허다합니다.

예수를 믿는다는 것은 바로 예수 그리스도를 구주와 주님으로 모시
는 사건입니다. 그런데 대부분의 사람들이 이러한 사건을 경험하지 못
하고 신앙생활을 시작합니다. 이것이 문제입니다. 몇 십년 동안 신앙
생활을 하고, 목사, 장로, 집사가 되도 의인이 아닐 수 있습니다. 침신
대 이명희교수는 그의 저서인 '사모학'에서 '목회자들과 사모들 중에
서 구원의 확신을 갖지 못하는 경우가 있다'고 말하면서 그 근본적인
이유는 '목회자와 사모들이 구원받지 못했기 때문이다'라고 말했습니
다. 그렇습니다. 구원받지 못한 사람은 그 누구도 구원의 확신을 가질
수 없습니다. 학교를 오래 다녔다고 졸업장을 받는 것이 아닙니다. 정
식으로 등록하고 학교를 다녀야만 졸업장을 받을 수 있습니다. 등록을
하지 않고 도강(盜講)을 백날 해 봤자 졸업은 커녕 몽둥이로 안 맞으
면 다행입니다.

예수 그리스도를 개인의 구주와 주님으로 정식 등록한 경험이 없는
사람은 절대로 의인이 아닙니다. 과연 그런 사람이 있을까요? 성경은
분명히 있다고 말씀하고 있습니다. 성경을 잘 보십시오. 남의 이야기

라고 생각하지 말고 잘 보라는 말입니다.

마태복음 7장 21절에서 23절을 보면 "나더러 주여 주여 하는 자마다 천국에 다 들어갈 것이 아니요. 다만 하늘에 계신 내 아버지의 뜻대로 행하는 자라야 들어가리라. 그 날에 많은 사람이 나더러 이르되 주여 주여 우리가 주의 이름으로 선지자 노릇하며 주의 이름으로 귀신을 쫓아내며 주의 이름으로 많은 권능을 행치 아니하였나이까 하리니 그 때에 내가 저희에게 밝히 말하되 내가 너희를 도무지 알지 못하니 불법을 행하는 자들아 내게서 떠나가라 하리라"는 말씀이 있습니다.

이 말씀이 무슨 뜻입니까? 주님의 이름으로 선지자 노릇하고, 귀신을 쫓아내고, 많은 권능을 행했지만 다 천국에 들어가지 못한다는 말입니다. 이런 사람들에게 예수님이 뭐라고 선언하십니까? "내가 너희를 알지 못한다"입니다. 아직 거듭나지 못했다면 빨리 원위치해서 거듭남의 문제부터 해결하시기 바랍니다. 주일성수하고, 십일조하고, 교회봉사하고, 직분을 맡는 것이 중요한 것이 아닙니다. 빨리 영혼의 문제부터 해결하는 것이 급선무입니다. 그리고 나서 의인으로 성도의 헌신을 감당하십시오.

제가 여러 곳으로 집회를 다니면서 종종 놀랄 때가 있습니다. 복음을 증거한 뒤에는 반드시 구원 초청을 하게 되는데 그 때 손들고 나오는 사람들을 보면 초신자들이 아니라 오랫동안 신앙생활을 했던 사람이 많다는 것입니다. 그 중에는 직분을 가지고 계신 분들도 많습니다. 나중에 구원 상담을 하다 보면 또 한 번 놀라게 됩니다.

이제까지 신앙생활을 하면서 단 한 번도 구원에 대한 설교를 듣지 못했다는 분이 많기 때문입니다. 교회에서 목사님이 설교하실 때 교회에 출석하는 사람들은 모두 구원을 받은 것으로 전제한다고 합니다. 그러다 보니 구원 문제를 누구에게 물어 볼 수도 없고 속으로 혼자 끙 끙 앓는다고 합니다. 가장 중요한 구원의 문제가 소홀히 여김을 받는 다는 것을 생각하면 참으로 안타깝습니다.

거듭나야 한다

그럼 어떻게 의인이 될 수 있습니까? 아주 간단합니다. 구원받으면 됩니다. 거듭나면 됩니다. 중생(重生)하면 됩니다. 거듭나면 의인이 됩니다. 거듭나면 당신의 이름이 하늘나라의 생명책에 등록됩니다.

오해하지 마십시오. 교회를 오래 다녔다고 의인이 되는 것이 아닙니다. 직분을 가지고 있다고 해서 의인이 되는 것이 아닙니다. 착한 일을 많이 했다고 해서 의인이 되는 것이 아닙니다. 율법을 지켰다고 의인이 되는 것이 아닙니다. 인간의 노력으로는 절대로 의인이 될 수 없습니다. 오직 거듭난 사람만이 의인이 될 수 있습니다. 성경을 많이 읽었다고 의인이 되는 것이 아닙니다. 찬송을 부르고 CCM을 목이 찢어지게 부른다고 의인이 되는 것이 아닙니다.

극동방송의 어떤 프로그램에서 목사님이 나와서 성도들과 전화로 신앙상담을 하는 내용을 들어 본 적이 있습니다.

어떤 분이 전화해서 질문하기를 "목사님! 저는 신앙생활을 시작한 지 꽤 되었는데 아직도 구원의 확신이 없어요. 어떻게 하면 구원의 확신을 가질 수 있습니까?"

그 때 목사님이 부드러운 목소리로 물었습니다.

"예수님께서 성도님을 위해 십자가에 돌아가신 것을 믿으십니까?"

성도가 대답합니다.

"솔직히 믿어지지가 않아요."

그러자 목사님이 다시 묻습니다.

"성도님은 성경을 읽어보신 적이 있습니까?"

"예 벌써 두 번이나 통독을 했습니다."

목사님이 다시 묻습니다.

"성도님은 교회에 나가고 싶은 마음이 생깁니까?"

"그런 마음은 별로 없지만 교회는 안 빠지고 나가고 있어요."

그러자 목사님이 "성도님은 구원을 받으신 분입니다. 구원을 받지 못한 사람은 교회를 나가고 싶어도 나가지 못합니다. 이제부터 '나는 구원받았다' 라고 생각하고 살아가십시오"라고 상담을 마쳤습니다. 아닙니다. 그 분은 구원을 받지 못한 분입니다. 그런식으로 얼렁뚱땅 넘어가서는 안됩니다.

유명한 복음전도자였던 오스왈드 샌더스도 "천국에 가면 구원받을 줄로 알았는데 구원받지 못한 사람이 많음을 알게 될 것이다"라고 말했습니다.

거듭난다는 것이 무슨 뜻입니까? 거듭난다는 것은 하나님으로부터 다시 태어난다는 뜻입니다. "거듭난다"는 말은 "위에서 난다", "다시 생명을 얻는다(to be gene again)", "새로 난다"는 의미입니다. 영적으로 다시 나는 것을 말합니다.

우리 모두는 처음에 육적 생명으로 태어났습니다. 그 다음에는 영적생명으로 다시 나야 합니다. 먼저는 우리가 이 땅의 부모님의 생명(earthly parental genes)으로 태어났습니다. 그러나 나중에는 하나님의 생명(Divine genes)으로 다시 태어나야 합니다. 이것이 바로 요한복음 3장 5절과 7절이 강조하는 말씀입니다.

"예수께서 대답하시되 진실로 진실로 네게 이르노니 사람이 물과 성령으로 나지 아니하면 하나님 나라에 들어갈 수 없느니라.”고 말씀하셨습니다. 뿐만 아니라 ‘거듭나야 합니다’ 라는 말을 이상히 여기지 말라는 것입니다.

요한복음 3장 7절에서 예수님은 “내가 네게 거듭나야 하겠다 하는 말을 기이히 여기지 말라.”고 하셨습니다. 이 말은 중요한 말입니다. 이 말은 구원의 말입니다. 이 말은 생명의 말입니다. 그래서 이 말을 들어야 합니다. ‘거듭나야 한다’ 는 말을 들어 보셨습니까?

우리는 신앙생활을 시작하는 단계에서 이 말을 통해 거듭나는 경험을 반드시 가져야 합니다. 7절에서 주님이 “네가 거듭나야 하겠다”(you must be born again)라고 하실 때 사용하신 헬라어는 생명(genes)을 말할 때와 같은 단어입니다. 그러므로 그 말은 “네가 다시 생명을 얻어야 한다”(you must be gene again)는 말씀인 것입니다. 그것은 육으로 난 생명이 얼마나 훌륭하냐 하는 것과는 전혀 상관이 없습니다.

자신을 개선하고 세례(침례)를 받고 교회 회원이 되고 자신을 개혁한다고 하더라도 육의 생명은 변하지 않습니다. 왜냐하면 육으로 난 것은 육이기 때문입니다. 그래서 육으로 난 사람은 하나님의 것들을 이해하지 못하는 것입니다. 로마서 8장 7절을 보십시오.

“육신의 생각은 하나님과 원수가 되나니 이는 하나님의 법에 굴복치 아니할뿐 아니라 할 수도 없음이라”고 합니다.

육신의 생각으로는 하나님의 일을 도저히 이해할 수도, 가까이 할 수도 없습니다. 그 이유는 간단합니다. 육에 속한 사람은 하나님의 일을 이해하지 못하기 때문입니다.

고린도전서 2장 14절을 보면 "육에 속한 사람은 하나님의 성령의 일을 받지 아니하나니 저희에게는 미련하게 보임이요 또 깨닫지도 못하나니 이런 일은 영적으로라야 분변함이니라"고 합니다. 구원받지 못한 사람은 절대 깨닫지 못합니다. 이런 일은 영적으로 이루어지기 때문에 세상의 학문이나, 철학이나, 논리로 풀지 못합니다.

동문서답(東問西答)

교회에 다니는 사람들에게 "당신은 거듭나셨습니까?"라는 질문을 던지게 되면 대부분 이상하게 생각한다든지 매우 불쾌하게 반응하는 경향이 있습니다. 이렇게 많은 사람들이 구원의 확신이라는 표현 자체에 심한 거부감을 나타내거나 그 의미를 오해하기도 합니다. 또 대답을 하는 사람들도 불쾌한 반응을 보이기는 마찬가지입니다. 구원받지 못한 사람이 구원의 확신에 대해 이야기 할 때 부정적인 반응이 보이는 것은 당연한 것입니다. 설령 대답을 한다 해도 질문과 상관없는 자신의 입장만 설명하려고 합니다.

"내가 교회 다닌지 얼마나 됐는데…", "내가 교회집사인데…", "나는 모태신앙이오" 라고 동문서답을 합니다. 개중에는 공격적인 반응을 보이는 사람들도 있습니다. "당신 말이야 신앙생활한지 얼마 됐어?", "내가 누군지 알기나 해?" 또는 "예수 믿으면 구원이지 뭐 별게 있어?"라는 공격적이고 기분 나쁜 언사를 서슴지 않습니다. 어떻게 이런 사람을 거듭난 사람이라 할 수 있습니까? 이런 사람을 어떻게 영적인 사람이라고 할 수 있습니까? 성경은 우리에게 믿음에 있는지 시험하고 확증하라고 말씀하고 있습니다.

고린도후서 13장 5절에서는 "너희가 믿음에 있는가 너희 자신을 시험하고 너희 자신을 확증하라 예수 그리스도께서 너희 안에 계신 줄을 너희가 스스로 알지 못하느냐 그렇지 않으면 너희가 버리운 자니라"고 말씀하고 있습니다.

물론 시험을 하는 자체가 별로 유쾌한 일이 아닐 수 있습니다. 그러나 시험하고 확증해야 합니다. 시험해 보고 확증하는 것이 영원한 지옥가서 고통을 당하는 것보다 훨씬 낫습니다.

거듭난 사람의 말은 다릅니다. 구원받은 사람의 대답은 정확합니다. "예 물론입니다. 저는 언제, 어떤 말씀을 통해 구원의 확신을 얻었습니다" "할렐루야 아멘!" "나는 거듭났습니다. 당신도 거듭났습니까?" 하면서 반갑게 손을 잡아 주는 사람, 이런 사람이 거듭난 사람, 구원받은 사람입니다.

빌리그래함 목사님이 말씀을 전하고 단에서 내려올 때 한 어린아이가 물었답니다. "빌리목사님은 구원에 확신이 있으세요?" 그 말을 들은 빌리그래함은 어린 소녀에게 말했습니다. "물론이고 말고, 나는 날마다 구원을 확신하고 있단다. 그리고 이 확신이 너무 좋아서 세상 사람들에게 심어주기 위해서 날마다 전도집회를 개최하고 있단다"라고 말했습니다. 구원받은 사람의 대답은 이처럼 확신에 차 있습니다.

아주 오래 전 노방전도를 나간 적이 있었습니다. 노방 전도중에 인상이 그리 밝아 보이지 않은 청년을 한 명 만나게 되었습니다. 그래서 전도할 마음으로 그 청년에게 다가가 "예수 믿으십시오. 예수님은 저와 형제님의 죄를 위하여 십자가에서 죽으셨습니다. 그 예수님을 영접하기만 하면 구원받습니다." 그랬더니 그 청년이 큰 소리를 지르며 하는 말이 "나는 교회의 청년회장이란 말입니다. 사람을 똑바로 보고 전도하십시오" 하는게 아닙니까? 그래서 저도 열좀 받아서 "형제님 이 마에 크리스천 마크라도 있습니까? 몰라 볼 수도 있는데 왜 그렇게 소리를 지르십니까?"라고 했더니 "소위 교회 청년회장이라는 사람에게 전도를 한다는 그 자체가 불쾌했다"는 것이었습니다. 이런 사람을 구원받은 사람이라 할 수 있을까요? 이것은 약과입니다. 이것이 비단 그 청년회장만의 문제일까요?

한국교회의 현실을 들여다보면 더 큰 문제가 있습니다. 그 큰 문제가 무엇입니까? 구원의 확신이 없는 사람이 목회자가 되어 목회를 하고 있다는 것입니다. '어떻게 그럴 수 있느냐?', '설마 그럴리야 있겠는가?' 하는 사람들이 있겠지만 실제로 구원의 확신이 없이 목회를 하는 사람이 있습니다. 구원의 확신이 없이 뜨거운 불 체험 한 번했다고 신학교 가는 사람이 어디 한 두명입니까? 그런 사람이 나중에 목회자가 되어 양떼들을 인도하는 사역을 하게 되는 것입니다. 참으로 끔찍한 일이 아닐 수 없습니다.

미국에서 목회자에 대한 가장 큰 욕은 '성령받지 말고 목회하라' 는 것이랍니다. 그렇다면 우리 나라에서 가장 큰 욕은 '구원의 확신없이 목회하라' 는 말일 것입니다. 신학교 입학때에 구원의 확신을 점검한다고 해도 형식에 지나지 않습니다. 뜨겁다고 무조건 허락합니다. 그것이 문제입니다.

삯꾼의 3대 특징

구원의 확신이 없는 목회자의 특징이 무엇일까요?

크게 세 가지로 간추려 볼 수 있습니다.

첫째는 구원의 메시지를 증거하지 못한다는 것입니다.

일년 52주 설교 가운데 구원의 메시지를 한 번도 전하지 못하는 목회자는 삯꾼입니다. 자신도 구원을 받지 못했는데 어떻게 다른 사람들에게 구원의 메시지를 증거할 수 있겠습니까? 불가능한 일입니다. 그러니 맨날 엉뚱한 소리만 지껄여 댑니다. 십자가, 고난, 대속, 구원, 복음에 대한 설교는 일년에 한 두 차례에 지나지 않습니다. 이런 설교는 고난주일과 부활주일에만 하는 연중행사입니다.

둘째로 율법적인 부분만 강조하는 특징을 가지고 있습니다.

율법적인 설교가 무엇입니까? 예수 그리스도와 십자가가 빠져도 되는 설교가 바로 율법설교입니다. 새벽기도하라, 십일조하라, 주일 성수하라, 봉사하라, 충성하라, 사랑하라, 전도하라 등등 율법적인 부분만 강조합니다. 물론 이러한 내용들이 중요하지 않다는 것이 아닙니다. 다만 이런 것들만 전하고 있는 것이 문제라는 것입니다. 아직도 교회내에 구원받아야 할 영혼들이 너무나 많은데 그러한 부분들을 외면한 채 오직 행위적이고 율법적인 것만 강요하는 것은 삯꾼이라는 것을 스스로 증명하는 것입니다.

예수님의 관심은 삯꾼들과 근본적으로 달랐습니다. 삯꾼들의 관심이 율법이라면, 예수님의 관심은 영혼구원 이었습니다. 예수님은 회개할 것 없는 의인 아흔아홉보다 죄인 하나를 더 귀하게 여기셨습니다.

예수님은 누가복음 15장 7절에서 "내가 너희에게 이르노니 이와 같이 죄인 하나가 회개하면 하늘에서는 회개할 것 없는 의인 아흔 아홉을 인하여 기뻐하는 것보다 더하리라"고 말씀하셨습니다.

분명 교회안에 회개해야 될 죄인이 무수히 많은데 그런 것을 외면한 채 율법적인 부분만 강요하는 것은 목회자 자신이 은혜가 아닌 율법에 매여 있음을 증명하는 것입니다.

1974년 빌리그래함 전도대회가 여의도 광장에서 열리고 있을 때입니다. 많은 기자들과 리포터들이 빌리 그래함목사님에게 질문을 했습니다.

"빌리그래함 전도협회에서 이렇게 많은 경비를 들여 집회를 하는데 계획한 만큼 성과가 있다고 보십니까? 차라리 그 경비를 가지고 구제를 하는 것이 훨씬 낫지 않을까요?"

그때 빌리그래함 목사님은 이렇게 대답했습니다.

"많은 경비를 투자하여 이 집회가 준비된 것은 사실입니다. 그러나 이번 집회를 통해 단 한 사람이라도 구원받는 사람이 생긴다면 그 자체로서 대단한 성공입니다. 왜냐하면 사람의 생명은 천하보다 귀한 것이기 때문입니다."

그렇습니다. 천하보다 귀한 것이 사람의 생명일진대 사람의 생명을 등한시하고 율법과 행위만 강조하고 있는 목회자는 하나님의 은혜를 모르는 사람입니다.

하나님의 은혜를 체험했던 사도바울의 고백은 어떠했습니까?

사도행전 20장 24절을 보면 "나의 달려갈 길과 주 예수께 받은 사명 곧 하나님의 은혜의 복음 증거하는 일을 마치려 함에는 나의 생명을 조금도 귀한 것으로 여기지 아니하노라"고 말하지 않았습니까? 은혜의 복음을 위해 목숨을 버리겠다는 각오가 사도바울의 위대한 점입니다.

셋째로 구원받지 못한 목회자들은 이 세상의 가치에 연연한다는 특징을 가지고 있습니다. 교회를 크게 짓고, 좋은 승용차를 타고, 넓은 주차장을 확보하고, 기도원 짓고, 엉터리 박사학위나 취득하고, 총회 장되려고 돈을 쓰는 사람은 분명 삯꾼입니다. 가짜와 삯꾼의 특징이 무엇입니까? 내용은 없고 형식만 있다는 것입니다. 강단에 서기 위해서 화려한 가운이 필요하고, 장식이 필요하고, 박사학위가 필요하다고 생각합니다. 한 생명을 살리는데 온 몸을 바쳐도 한이 없을 판에 껍데기에만 치중하고 있다는 것은 스스로 삯꾼임을 증명하는 것입니다.

현재 미국에서 가장 큰 성장을 이루고 있는 교회는 척 스미스 목사님의 갈보리 채플(Calvary Chapel)입니다. 그 교회가 큰 성장을 이룬 이유는 여러 가지가 있지만 그 중에 대표적인 것은 재림신앙을 가지고 있다는 점입니다. 그래서 교회도 새로 짓지 않습니다. "예수님이 곧 오시는데 건물이 뭐 필요하냐?"는 것입니다. 그리고 그 돈으로 수백개의 지교회를 개척하여 예수 그리스도의 복음을 전하고 있습니다. 그렇습니다. 예수 그리스도의 재림을 진정으로 믿는다면 이 세상의 가치에 그렇게 연연하지 않을 것입니다. 이 세상에서의 영광이나 가치에 연연하는 것은 재림을 믿지 않는 삯꾼임을 스스로 증명하는 것입니다. 이런 삯꾼이 가야 할 곳은 어디입니까? 지옥입니다.
마태복음 7장 22절에서 23절을 다시 보겠습니다.

"그 날에 많은 사람이 나더러 이르되 주여 주여 우리가 주의 이름으로 선지자 노릇하며 주의 이름으로 귀신을 쫓아 내며 주의 이름으로 많은 권능을 행치 아니하였나이까 하리니 그 때에 내가 저희에게 밝히 말하되 내가 너희를 도무지 알지 못하니 불법을 행하는 자들아 내게서 떠나가라 하리라"고 말씀하고 있습니다.

왜 다시 태어나야 하는가

모든 사람은 거듭나야 합니다.

왜 그렇습니까?

영적으로 죽었기 때문입니다.

언제 죽었습니까?

에덴 동산에서 사람이 하나님께 불순종할 때 죽었습니다. 즉 아담이 죄를 짓는 순간 그는 하나님으로부터 단절되었던 것입니다. 죽음이란 하나님과의 단절을 의미합니다.

태초에 하나님께서는 사람을 지으시고 에덴 동산에 두시고 그 동산을 다스리며 지키게 하셨습니다. 그리고 사람에게 동산 나무의 실과는 임의로 먹되 동산 중앙에 있는 선악과를 먹지 말라고 하시면서 먹는 날에는 정녕 죽을 것이라고 말씀하셨습니다.

창세기 2장 16절에서 17절에서 "여호와 하나님이 그 사람에게 명하여 가라사대 동산 각종 나무의 실과는 네가 임의로 먹되 선악을 알게 하는 나무의 실과는 먹지 말라 네가 먹는 날에는 정녕 죽으리라 하시니라."고 말씀하셨습니다. 그러나 뱀으로 변장한 사탄은 먹어도 죽지 않을 것이라고 사람들을 유혹했습니다. 죽는 것이 아니라 오히려 눈이 밝아져 하나님과 같이 될 것이라고 장담했습니다. 창세기 3장 4절 이하를 보십시오.

"뱀이 여자에게 이르되 너희가 결코 죽지 아니하리라. 너희가 그것을 먹는 날에는 너희 눈이 밝아 하나님과 같이 되어 선악을 알 줄을 하나님이 아심이니라."

사탄의 유혹을 받은 인간은 하나님의 명령을 거역하고 선악과를 따 먹었습니다. 죽었을까요? 죽지 않았을까요? 많은 사람들이 이 질문에 혼동을 느끼고 있습니다. 하나님의 말씀에 의하면 죽은 것이고, 뱀의 말에 의하면 죽은 것이 아니라 눈이 밝아진 것입니다. 누구의 말이 옳을까요? 당연히 하나님의 말씀이 옳습니다. 따라서 아담과 하와는 하나님의 말씀대로 죽었습니다. 물론 육체적으로 죽은 것은 아닙니다. 영적으로 죽었습니다.

이 사건으로 인해 사람은 하나님과의 관계가 단절되고 영적으로 죽음을 맛보게 됩니다. 하나님께서 나타나셨을 때 종전처럼 아담과 함께 거니시기 위하여 아담을 부르셨습니다. "아담아 네가 어디 있느냐?" 아담이 대답하기를 "내가 숨었나이다" 그는 하나님으로부터 끊어진 것입니다. 아담과 하와가 사탄의 말에 순종함으로, 사탄이 그들의 영적 아비가 된 것입니다. 그들의 영(靈)속에 사탄의 본성이 들어갔습니다. 이것이 바로 영적 죽음입니다. 이 영적 죽음은 곧 인간사회에 스며들기 시작했습니다.

아담과 하와의 큰아들이 동생을 살인하였습니다. 이제 인간은 하나님이 아닌 사탄과 파트너가 되어 활동하기 시작한 것입니다. 더 이상 합법적으로 하나님께 나아갈 수 없는 존재이며 에덴 동산에서 쫓겨난 존재가 되버렸습니다. 사람은 더 이상 하나님의 부르심에 응할 수 없게 되었습니다. 오직 거듭나야만 하나님과 교제할 수 있게 되었습니다. 이제 인간은 영적으로 하나님의 자녀가 아닌 사탄의 자녀가 되었습니다. 그리고 아비되는 사탄의 본성을 본받게 되었습니다.

예수님께서 바리새인들에게 말씀하셨습니다.

요한복음 8장 44절에서 예수님은 "너희는 너희 아비 마귀에게서 났으니 너희 아비의 욕심을 너희도 행하고자 하느니라 저는 처음부터 살인한 자요 진리가 그 속에 없으므로 진리에 서지 못하고 거짓을 말할 때마다 제 것으로 말하나니 이는 저가 거짓말장이요 거짓의 아비가 되었음이니라"고 말씀하셨습니다.

노력으로는 안된다

바리새인은 아주 종교적인 사람들입니다.

안식일을 거룩하게 지켰습니다. 하나님께 기도를 드렸습니다.

십일조는 물론 채소의 십일조까지 바쳤습니다. 이레에 두 번씩 금식을 하였습니다. 여러 가지 선행을 하였습니다. 종교적으로 볼 때 그들은 완전한 사람들입니다.

그러나 예수님은 이들을 향하여 '마귀의 자녀'라고 단언하셨습니다. 사탄의 본성을 지닌 자라고 지적하셨습니다.

바로 이것이 '왜 인간이 스스로의 선행으로 구원받을 수 없는 존재인가'를 설명하는 것입니다. 그래서 사람은 반드시 거듭 태어나야만 하는 것입니다. 사람이 거듭나지 않은 상태에서는 그 누구도 하나님앞에 설 수 없는 그 아비 사탄의 본성을 그 안에 갖고 있기 때문입니다.

그래서 사람은 새로 태어나는 경험을 해야 합니다. 본성이 나쁜 종자는 죽이고 좋은 종자로 다시 태어나야 하는 것입니다.

잡종 노새를 데려다가 경주하는 말로 만들려고 온갖 노력을 다 하더라도 그것은 헛일입니다.

발굽을 광(光)내고, 좋은 음식을 먹이고, 매일 트랙을 돌리고 좋은 집에 재운다고 해도 경주가 시작되는 총소리를 듣게 되면 그 노새는 제 자리에서 껑충 껑충 뛰기만 할 것입니다. 왜냐하면 그는 노새인 까닭입니다. 노새는 경주를 하도록 태어난 존재가 아닙니다.

반면에 경주마를 가져다가 잘 돌보지 않더라도 그가 총소리를 듣는 날에는 쏜살같이 달려나가는 것을 보게 됩니다. 이것이 그의 본성이기 때문입니다. 경주마는 경주하기 위해 태어났습니다. 그러나 노새가 경주마가 되려면 그는 경주하는 말로 다시 태어나는 길밖에 없습니다. 그렇지 않고는 불가능합니다.

사람은 육신을 입고 사는 영적 존재입니다. 그러기에 다시 태어날 수 있는 존재입니다. 인간의 본성은 변화될 수 있습니다. 인간은 예수 그리스도안에서 새 피조물이 될 수 있습니다. 사람은 새로운 생명을 필요로 합니다. 새로운 생명은 하나님께로서 나는 것입니다. 부모의 생명은 소용이 없습니다.

우리는 하나님께로만 나야만 합니다. 여기서 "난다"(born)는 말은 "생명"(genes)이란 말과 어원이 같습니다. 처음에 우리는 유한(有限)한 생명으로 태어났습니다. 따라서 우리가 영원히 살려면 영원한 생명으로 나야만 하는 것입니다. 옛 성품은 육적 생명으로 났기 때문에 영원히 살 수 없습니다. 거듭나기 위해서는 위로부터 영원한 생명으로 태어나야 하는 것입니다. 교회 다니고, 행동이 좀 달라지고, 기독교의 진리를 알고 있다고 해서 거듭난 것이 아닙니다.

예수 그리스도를 나의 구주로, 나의 주님으로 영접하여 나의 유한 생명이 영원한 생명으로 다시 태어난 것을 거듭났다고 말하는 것입니다. 하나님께 감사할 것은 예수님께서 우리를 거듭나게 하시기 위해 갈보리 십자가에서 우리의 죄를 대속 하셨다는 기쁜 소식 때문입니다.

요한복음 10장 10절을 보면 "도적이 오는 것은 도적질하고 죽이고 멸망시키려는 것뿐이요 내가 온 것은 양으로 생명을 얻게 하고 더 풍성히 얻게 하려는 것이라"고 합니다.

예수께서 이 땅에 오신 것은 우리를 영적 죽음에서 구원하기 위함입니다.

자장면 값은 안내도 돼

새 피조물이 되는 중생(거듭남)의 체험은 서서히 이루어지는 것이 아닙니다. 이것은 번갯불에 콩구워 먹는 것과 같이 순간적인 사건입니다. 이것은 우리가 예수를 믿고 영접하는 순간에 이루어지는 것입니다.

요한복음 5장 24절을 보면 "내가 진실로 진실로 너희에게 이르노니 내 말을 듣고 또 나 보내신 이를 믿는 자는 영생을 얻었고 심판에 이르지 아니하나니 사망에서 생명으로 옮겼느니라"고 말씀하고 있습니다.

여기서 우리가 주의깊게 바라보아야 할 단어가 있습니다. '얻었고'와 '옮겼느니라' 라는 단어입니다. 이 단어가 모두 과거형으로 쓰여졌다는 것입니다. 예수님만 믿으면 영생을 얻을 것이 아니라 이미 얻었다는 것입니다. 사망에서 생명으로 옮길 것이 아니라 이미 옮겨졌다는 것입니다. 믿는 순간에 그 즉시로 생명을 얻고, 그 즉시로 사망에서 생명으로 옮겨진다는 것입니다. 절대로 행위로 되어지는 것이 아닙니다.

제가 어느 교회에서 학생회를 지도할 때 있었던 일입니다.

예배를 마치고 어느 학생과 함께 중국집에서 자장면을 먹게 되었습니다. 저도 가난했지만 그 학생은 더 가난했습니다. 제가 자장면 사주겠다고 하고 학생을 데리고 중국집에 들어갔습니다. 그리고 자장면 곱빼기 2개를 주문했습니다. 얼마 뒤 자장면이 나왔습니다. 둘이는 맛있게 먹었습니다. 다 먹고 계산대에 가서 자장면 값을 지불했습니다. 물론 그 학생의 자장면 값도 지불했습니다. 그리고 밖으로 나왔습니다. 그런데 그 학생이 나오지 않은 것이었습니다. 중국집에 다시 들어가 보니 그 식탁에 그대로 앉아 있는 것이었습니다. "왜 여기 앉아 있냐?"고 물었습니다. 학생이 대답했습니다. "자장면 값을 내야 하잖아요. 그런데 돈이 없어요" 그래서 제가 말했습니다. "그게 무슨 소리냐? 내가 네 자장면 값까지 지불한 것을 보지 않았니?" 학생이 다시 대답했습니다. "물론 보았지요. 그런데 제가 먹은 것은 제가 내는 것이 당연하잖아요. 제가 먹은 것을 어떻게 전도사님께 부담시킬 수가 있습니까?"라고 말하는 것이 아닌가? 제가 말했습니다. "너는 내가 낸 것만 믿고 나오기만 하면 돼. 자장면 값은 이미 지불되었단다." 그러나 학생은 말했습니다. "제가 먹은 것에 대해선 제가 책임지겠어요. 여기서 일을 해주고라도 제 자장면 값은 제가 지불하겠습니다."

얼마나 답답합니까? 그러나 이 모습이 바로 전형적인 우리들의 모습이라는 것을 알아야 합니다.

사람은 자신이 구원받기 위하여 무엇인가 행하려고 노력합니다. 내 힘으로 해보려고 합니다. 그러나 이것은 불가능한 일입니다. 오직 나의 힘으로는 불가능한 일임을 깨달아야 합니다. 사람은 성경이 말한대로 '잃어버린 바 된 죄인' 임을 시인하고, 나의 죄를 위해 십자가에 못박힌 예수님을 믿기만 하면 됩니다. 이렇게 할 때 우리는 오직 예수 그리스도의 구속사역을 통하여 구원의 선물을 받을 수 있게 됩니다. 에베소서 2장 8절에서 9절을 보십시오.

"너희가 그 은혜를 인하여 믿음으로 말미암아 구원을 얻었나니 이것이 너희에게서 난 것이 아니요 하나님의 선물이라. 행위에서 난 것이 아니니 이는 누구든지 자랑치 못하게 함이니라.”

이렇게 예수 그리스도를 개인의 구주와 주님으로 영접하여 거듭난 사람이 의인입니다. 노력이나 선행, 율법을 지킴으로 거듭나는 것이 아닙니다. 십자가에서 나의 죄를 위하여 못 박히신 예수 그리스도를 나의 주님으로 영접한 사람이 의인입니다. 우리의 죄가 아닌 나의 죄를 대속하신 예수 그리스도, 나를 구원하실 예수가 아닌 나를 구원하신 예수 그리스도를 나의 주님으로 영접한 사람. 그의 이름이 하늘나라의 생명책에 기록되어 있는 사람이 바로 의인입니다.

우째 이런 일이…

모 선교단체가 실시한 ‘구원의 확신에 대한 설문조사’ 결과를 본 적이 있습니다. 결과를 보니 다수의 크리스천들이 구원의 확신, 거듭남의 경험이 없는 것으로 나타나 있었습니다. 대단한 충격입니다.

1,800여명의 크리스천을 대상으로 실시한 설문조사에서 ‘구원의 확신이 있는가?’ 라는 질문에 23%인 414명만이 ‘확신이 있다’ 라고 응답했습니다. 다른 각도에서 질문한 ‘지금 당신이 죽는다면 천국에 갈 확신이 있는가?’ 라는 질문에는 오직 19%인 342명만이 ‘그렇다’ 라고 대답했습니다. ‘당신의 이름이 하늘나라 생명책에 기록된 것을 믿는가?’ 라는 질문에 11%인 198명만이 ‘그렇다’ 라고 응답했습니다.

설문조사 대상에는 교회 직분자인 장로, 집사, 교사, 신학생 등이 대거 포함되어 한국교회의 구원관에 큰 문제가 있는 것으로 증명되었습니다. 이렇듯 실제로 주위를 살펴보면 ‘거듭난 크리스천’, ‘의인’ 을 찾아보기가 어렵습니다.

모두 경건한 크리스천 같지만 실제로 살펴보면 대부분의 사람들이 거듭난 경험을 갖고 있지 못하다는데 문제가 있습니다. 그러나 누구든지 그리스도안에 있으면 새로운 피조물이 됩니다.

감리교의 창시자인 요한 웨슬레가 꿈을 꾸었다고 합니다.

꿈속에서 그가 지옥에 가보니 많은 사람들이 모여 있었습니다. 웨슬레는 모인 사람들에게 물었습니다. "이중에 장로교인이 있습니까?" 그러자 많은 사람들이 그렇다고 했습니다. "그렇다면 이중에 침례교인은 있습니까?"하고 묻자 많은 사람들이 그렇다고 대답합니다. 그래서 다시 물었습니다. "이중에 혹시 감리교인도 있습니까?" 그러자 많은 사람들이 그렇다고 대답했습니다.

매우 실망한 웨슬레는 낙담한 마음으로 천국으로 이동하였습니다. 그곳에도 수많은 사람들이 모여 있었습니다. 웨슬레는 그곳에 모인 사람들에게 물었습니다. "이 중에 장로교인이 있습니까?" 그러자 한사람도 없다고 사람들이 대답합니다. 깜짝 놀란 웨슬레는 "그렇다면 이중에 침례교인은 있습니까?" 그러자 역시 한사람도 없다는 것입니다. 다시 물었습니다. "이중에 혹시 감리교인은 있습니까?" 그러자 역시 한 사람도 없다고 합니다. 거의 울상이 된 웨슬레는 울먹이면서 "그럼 이곳에 있는 분들은 어떤 분들이십니까?" 그러자 그들이 한 목소리로 합창하기를 "무엇이든지 속된 것이나 가증한 일 또는 거짓말하는 자는 결코 그리로 들어오지 못하되 오직 어린양의 생명책에 기록된 자들 뿐이라."(계21:27)

하늘나라의 생명책에 내 이름이…

거듭난 사람의 이름은 하늘나라의 생명책에 기록되어 있습니다.

거듭나지 못한 채 신앙생활 하고, 기도생활 하고, 헌금생활 하고,

봉사생활 한다고 해서 하늘나라의 생명책에 기록되는 것이 아닙니다. 선거인 명부에 등록되어 있어야만 선거를 할 수 있습니다. 부자라고 선거할 수 있는 것이 아닙니다. 어른이라고 무조건 선거할 수 있는 것이 아닙니다. 착한 일을 많이 했다고 선거하는 것이 아니라 선거인 명부에 등록되어 있어야 선거에 임할 수 있습니다. 가난한 사람도, 젊은 사람이라도, 나쁜 사람이라도 선거인 명부에 등록만 되어 있으면 그 사람은 선거를 할 수 있습니다. 마찬가지로 하늘나라의 생명 책에 기록되지 못한 사람은 하나님 나라에 들어 갈 수 없습니다. 요한계시록 20장 15절을 보십시오.

"누구든지 생명 책에 기록되지 못한 자는 불 못에 던지우더라"고 말씀하고 있습니다.

여러분은 영적 죽음으로부터 영적생명으로 옮김을 받았습니까? 하나님이 당신의 아버지가 되셨습니까? 하나님을 향하여 눈을 들고 하나님을 아버지라고 부를 수 있습니까? 만일 여러분이 진정 거듭난 사람이라면 이것은 가능할 것입니다. 만일 그렇지 못하다면 오늘 예수를 당신의 구세주로 영접하십시오!

바꿔야할 크리스천의 첫 번째 조건은 무엇입니까?
거듭난 성도(聖徒)입니다.

> **함께 읽으면 좋은 책**
>
> 『참된 그리스도인의 길』 T.L 오스본 지음/목회자료사 펴냄
> 『날마다 새로운 구원』 잭하일스 지음/두란노 펴냄
> 『구원의 확신』 찰스 스펄전 지음/양무리서원 펴냄

주문을 기도로 바꾸라

기도는 헬라어로 프로슈케(προσευχη)라고 하는데 사람이 언어나 생각으로 하나님과 대화하며 더불어 교통하는 행위를 가리킵니다. 하나님과 사랑으로 교제하는 것이 기도입니다. 하나님과 더불어 사랑의 교제를 하는 것이 얼마나 아름답습니까? 그래서 어떤 사람은 기도를 '하나님과 사랑의 행위'라고 했습니다. 존 비엔니(John Vianney)는 "기도는 영혼을 던져 넣는 내적인 사랑의 욕실이다"라고 말했습니다. 사무엘 코울리지(Samuel Coleridge)는 "옛 선원의 노래"라는 시에서 "사랑을 잘 하는 사람이 기도도 잘 한다"라고 말했습니다. 기도는 하나님을 향한 사랑의 고백입니다.

주문(呪文)을 기도(祈禱)로 바꾸라

한방 먹은 신학자들

　성경을 연구한다는 신학자들이 모여서 '기도'에 대하여 이야기하고 있었습니다. 함께 모였던 신학자들은 모두 "항상 기도한다는 것은 불가능한 일이다"라는 결론을 내렸습니다.

　때마침 그 모임에서 차 시중을 들던 식모가 이렇게 말했습니다 "나는 항상 기도하는 것이 조금도 어려운 일이 아니라고 생각합니다" 이때 둘러앉아 있던 신학자들은 그녀의 말을 듣고 흥미있게 생각하여 '어떻게 그럴 수 있느냐?'고 물었습니다. 그녀의 대답은 이러했습니다.

　"나는 아침에 눈을 뜨면 하나님께 나의 마음의 눈까지 뜨게 해주십사 기도합니다. 또 옷을 입을 때는 나의 영혼에 믿음의 옷을 입혀 달라고 기도하며 옷을 입습니다. 또 세수를 할 때는 나의 마음도 언제나 깨끗하여 주님의 보혈로 씻어 주십사 하고 기도합니다. 또 청소를 할 때에도 내 마음 구석구석이 깨끗이 청소 되어 죄가 내 속에 머물지 않도

록 해 달라며 일을 합니다. 또 밥을 먹을 때는 음식을 주셔서 감사하다
고 기도하고요, 식사 후에는 잘먹었습니다. 라고 기도를 합니다. 쉴 때
는 이 다음에 영원한 안식에 들어가도록 해 주십사하고 기도를 합니
다. 이 말을 들은 신학자들의 얼굴이 어떻게 되었겠습니까?
　완전히 한방 먹은 얼굴이 되었을 것입니다.

　하나님이 언제 감당치 못할 일을 우리에게 맡긴 적이 있습니까?
　그렇지 않습니다. 하나님은 우리가 감당할 수 있는 일만 시키셨습
니다. 기도는 신학이 아닙니다. 이론이 아닙니다. 기도는 하나님과 성
령을 통한 교제이며 호흡입니다.
　시리아의 아이작(Isaac the Syrian)은 "어떤 사람의 마음속에 성령
이 거하시게 되면 그 사람은 기도를 멈출 수 없다. 성령이 그 안에서
쉬지 않고 기도하시기 때문이다. 잠을 자든, 깨어 있든 그 사람은 마음
속으로 계속해서 기도하게 된다. 먹을 때나 마실 때나, 일할 때나 쉴
때나 기도의 향기가 그의 마음속에서 자발적으로 피어오르게 된다. 마
음속에서 생기는 아무리 작은 자극도 보이지 않는 하나님을 향해 은밀
하게 부르는 말없는 노래와 같다"고 했습니다.

기도는 사랑의 교제

엘리트 크리스천이 되려면 기도를 잘해야 합니다.
　기도를 잘 한다는 것은 기도를 유창하게 한다는 것이 아닙니다. 하
나님의 응답을 받는 기도가 잘하는 기도입니다. 그럼 기도를 잘 하려
면 어떻게 해야 합니까? 기도에 대해 먼저 알아야 합니다.
　기도는 헬라어로 프로슈케($\pi\rho\sigma\varepsilon\nu\varkappa\eta$)라고 하는데 사람이 언어나
생각으로 하나님과 대화하며 더불어 교통하는 행위를 가리킵니다. 하

나님과 사랑으로 교제하는 것이 기도입니다.

하나님과 더불어 사랑의 교제를 하는 것이 얼마나 아름답습니까? 그래서 어떤 사람은 기도를 '하나님과 사랑의 행위'라고 했습니다. 존 비엔니(John Vianney)는 "기도는 영혼을 던져 넣는 내적인 사랑의 욕실이다"라고 말했습니다. 사무엘 코울리지(Samuel Coleridge)는 "옛 선원의 노래"라는 시에서 "사랑을 잘 하는 사람이 기도도 잘 한다"라고 말했습니다. 기도는 하나님을 향한 사랑의 고백입니다.

어떤 사람의 기도를 들어본 적이 있습니다.

본의 아니게 자세히 듣게 되었는데 기도가 아니라 완전히 협박이었습니다. 그 사람은 자신이 그런 기도를 했는지도 모르고 있었습니다. 오히려 알지 못하는 소리를 해 놓고 나서도 기도했다고 뿌듯해 하더라구요. 그게 무슨 기도입니까? 기도는 기도답게 해야 합니다. 그래야만 응답을 받습니다. 백날 기도를 해도 응답 한 번 못 받는 사람이 얼마나 많습니까? 기도 응답이 안되니까 어떤 사람은 고래고래 소리를 지르면서 기도합니다. 마치 하나님과 원수진 것처럼 악을 씁니다. 또 어떤 사람은 기도에 관한 서적을 잔뜩 사다 놓고 기도하는 사람도 있습니다. 그래서 기도 응답이 됩니까? 좋은 제안은 될 수 있어도 최선의 해결책이 될 수 없습니다.

하나님과 교제를 추구하라

왜 기도 응답이 되지 않을까요?

한마디로 기도를 잘못하기 때문입니다. 사람들이 기도를 한다고 하는데 실제로는 주문을 외웁니다. 그러니까 응답이 되지 않습니다. 주문(呪文)이 무엇입니까? 국어 사전에서 찾아보았더니 '술법(術法)을 행할 때 쓰는 글귀'라고 합니다.

　기도가 하나님과의 양방통행이라고 하면 주문은 일방통행입니다.

　기도가 인격적인 요청이라면 주문은 비인격적인 요청입니다. 기도가 하나님과의 진실한 교제라면 주문은 일방적인 선언입니다. 기도가 호흡과 같이 언제 어디서나 이루어지는 것이라면, 주문은 필요할 때만 요청하는 이기적인 요구에 불과합니다. 기도가 필요를 구하는 것이라면 주문은 정욕을 구하는 것입니다. 기도가 공의를 구하는 것이라면 주문은 불의를 구하는 것입니다. 그러니까 응답이 되지 않는 것입니다. 기도와 주문을 분별하지 못하는 사람이 많습니다. 백날 주문을 외워봤자 하나님은 응답하지 아니하십니다. 그럼 어떤 것이 주문이고, 어떤 것이 기도인지 살펴봅시다.

　첫 번째로 주문은 일방적인 요구를 하는 것입니다.

　기도의 시간은 하나님과 교제하는 시간입니다. 일방적으로 선언하고 요구하는 것이 아닙니다. 어떤 문제에 대한 하나님의 뜻을 발견하는 것입니다. 기도를 '도깨비 방망이'로 생각하는 것은 잘못입니다.

　기도는 일방통행이 아닙니다. 양방 통행입니다. 기도란 이런 것입니다. 예를 들어 10분간 하나님께 말을 했다면 적어도 10분간 하나님의 음성을 듣는 것입니다. 1시간 동안 말을 했다면 1시간 동안은 듣는 것입니다. 그래야만 하나님의 뜻을 헤아릴 수 있습니다. 모든 것이 하나님의 섭리 속에 움직이는 것을 믿는다면 그 사건에 개입하시며 그 속에서 하나님의 뜻과 경륜(經綸)을 나타내시는 하나님의 음성을 들을 수 있는 사람이 바로 성숙한 크리스천의 모습입니다.

겟세마네의 예수님 기도

예수님의 기도를 살펴봅시다. 십자가 처형을 앞두신 예수님께서 겟세마네에서 기도하시는 장면이 요한복음을 제외한 공관 복음인 마태, 마가 누가복음서에 나옵니다. 너무나 고통스러운 십자가, 그래서 예수님은 이렇게 기도하셨습니다. 누가복음 22장 42절을 보십시오

"가라사대 아버지여 만일 아버지의 뜻이어든 이 잔을 내게서 옮기시옵소서 그러나 내 원대로 마옵시고 아버지의 원대로 되기를 원하나이다."

간절히 기도하신 후 예수님은 제자들이 있는 곳으로 오셨습니다.

제자들은 무엇을 하고 있었습니까? 민망하게도 제자들은 잠들어 있었습니다. 왜 잠들어 있었을까요? 당연히 피곤했기 때문입니다. 그러나 그것 때문만은 아닙니다. 예수님의 기도가 길어졌기 때문입니다. 예수님이 땀이 핏방울같이 되도록 간절하게 기도하신 후 그대로 일어나지 않으셨다는 것입니다. 예수님은 그 기도 후에 하나님의 음성에 귀를 기울이고 한동안 하나님의 말씀을 듣고 계셨습니다. 제자들이 잠들어 있었다는 사실이 그 사실을 증명하고 있습니다. 제자들이 바로 잠들지는 않았을 것입니다.

내일이면 선생님이 십자가에 못 박힌다는 심상찮은 분위기 속에 쉽게 잠들지는 못했을 것입니다. 그러나 예수님의 기도가 길어지자 제자들은 참다못해 잠들어 버린 것입니다.

예수님의 기도의 내용은 마태, 마가, 누가복음을 다 훑어 보아도 그리 긴 내용이 아닙니다. 그런데 제자들은 잠들어 있었습니다. 그렇다면 예수님의 기도 외에 다른 어떤 무엇이 많은 시간을 지나가게 했을

까요? 그것은 분명 하나님의 음성을 듣는 시간이었을 것입니다. 리챠드 포스터는 '영적 훈련과 성장' 이라는 저서에서 "예수님께서 그 한적한 곳에서 무엇을 하셨을까? 그는 하나님 아버지를 찾았다. 그리고 그는 귀기울이고 대화하셨다"고 말하고 있습니다.

하나님은 자신의 독생자의 기도에 너무나 마음이 아프셨을 것입니다. 그래서 하나님은 천사들을 보내어 기도하는 예수님을 돕게 하셨습니다. 그러나 하나님의 대답은 '예스'(Yes)가 아니었습니다. 십자가를 지라는 것이 아버지의 뜻이었습니다. 너무나 가슴이 아프지만 그래도 져야만 하는 십자가를 지도록 하나님은 종용하고 있었을 것입니다. 그 하나님의 음성을 듣고 결국 예수님은 자신의 뜻을 접으셨습니다. 그리고 그는 십자가를 묵묵히 지고 갈보리의 언덕을 향해 올라가셨습니다.

기도의 결론이 무엇입니까?
기도란 자신의 뜻을 포기하여 하나님의 뜻이 이루어지게 만드는 것이 바로 기도라고 할 수 있습니다. 자신을 통해 하나님의 뜻이 이루어지게 만드는 것입니다. 기도는 바로 이런 것입니다.

기도는 일방적 선언이 아니다

아브라함의 기도는 어떠했습니까?
믿음의 조상이라는 아브라함의 기도가 추상적이었습니까? 아닙니다. 추상적이지 않았습니다. 아주 실제적이고 진실했습니다.
창세기 18장을 보면 아브라함이 조카 롯을 위하여 도고의 기도를 드리는 장면이 나옵니다. 아브라함이 혼자서 말했습니까? 아닙니다.

절대로 혼자 말하지 않았습니다. 하나님과 대화했습니다. "의인 오십명이 있는데도 멸하실 것입니까?", "아니다", "사십오명이 있으면 어떻게 하시렵니까?", "멸하지 않겠노라", "사십명은 어떻습니까?", "그것도 괜찮다", "삼십명은 어떻습니까?", "멸하지 않겠노라", "그럼 이십명은 어떻습니까?", "그것도 괜찮다", "열명은 어떻습니까?", "그것도 괜찮다"고 대화하지 않았습니까? 이것이 바로 기도입니다.

만약에 아브라함이 혼자서 중얼거렸다면 하나님의 음성을 들을 수 있겠습니까? 절대로 들을 수 없습니다. 그러니까 응답을 받을 수 없는 것입니다. 기도는 대화입니다. 응답이 안된다고요? 그것은 일방적이기 때문입니다.

저에게는 두 아들이 있습니다.

언제나 큰아들 요한이 보다 작은 아들 요셉이가 요구 조건이 많습니다. 아이들은 필요한 것이 있으면 아빠인 저에게 요청을 합니다. 모든 아빠들이 다 그렇겠지만 저 역시 들어보고 들어줄 만한 것은 들어주고, 안 들어줘야 할 것은 안 들어 줍니다. 그런데 어느 날 요셉이가 제 방으로 들어와서 무엇인가를 열심히 말해 놓고는 쏜살같이 나갔습니다. 저는 그 얘기를 하나도 이해하지 못했습니다. 자세히 물어 보려고 했는데 본인이 나가버려 묻지도 못했습니다.

다음날 아침 학교를 가던 요셉이가 "아빠 돈주세요"하는 것입니다. "무슨 돈을 달라고 하니?"라고 했더니 "아빠! 어제 말씀드렸잖아요" 하고 화를 내는 것이 아닙니까? 그래서 "왜 화를 내니?"하고 물었습니다. "어제 아빠에게 말씀드렸는데 안 주시니까 그렇잖아요" 너무 어이가 없었지만 아이가 늦지 않도록 돈을 주어 학교에 보낸 적이 있습니다.

일방적으로 기도하고 나서 응답을 요구하지 마십시오.

하나님은 전지하신 분이시기 때문에 우리의 형편과 처지를 알고 계십니다. 그렇다고 일방적으로 요구하면 안 됩니다. 하나님의 말씀에 귀를 기울여야 합니다. 그래야 무슨 말씀을 하는지 알 수 있습니다.

인격적으로 기도하라

두 번째로 주문은 비인격적입니다.

기도가 인격적인데 반해 주문은 비인격적입니다.

우리는 하나님의 형상으로 지음을 받았습니다. 하나님은 인격적인 성품을 가지고 있습니다. 따라서 우리의 기도는 인격적으로 드려져야 합니다. 기도가 비인격적으로 행해진다면 오랜 시간 기도를 했어도 아무 소용이 없습니다. 기도가 아니라 주문이기 때문입니다. 소리를 벅벅 지르는 기도를 인격적이라 할 수 있습니까? 악을 쓰는 기도가 인격적이라 할 수 있습니까? 난폭한 행동을 하면서 자신의 몸을 상하게 하는 기도를 인격적이라 할 수 있습니까?

바알을 섬기는 사람들의 기도가 대부분 이렇습니다. 바알을 섬기는 선지자들은 그들의 규례대로 피가 흐르기까지 칼과 창으로 몸을 상하게 하면서 기도를 했습니다. 열왕기상 18장 25절에서 29절을 보면 몸을 상하게 하는 비인격적인 기도가 나옵니다.

"엘리야가 바알의 선지자들에게 이르되 너희는 많으니 먼저 한 송아지를 택하여 잡고 너희 신의 이름을 부르라. 그러나 불을 놓지 말라. 저희가 그 받은 송아지를 취하여 잡고 아침부터 낮까지 바알의 이름을 불러 가로되 바알이여 우리에게 응답하소서 하나 아무 소리도 없으므로 저희가 그 쌓은 단 주위에서 뛰놀더라. 오정에 이르러는 엘리야가 저희를 조롱하여 가로되 큰 소리로 부르라. 저는 신인즉 묵상하고 있는지 혹 잠깐 나갔는지 혹 길을 행하는지 혹 잠이 들어서 깨워야 할 것인지 하매 이에 저희가 큰 소리로 부르고 그 규례를 따라 피가 흐르기까지 칼과 창으로 그 몸을 상하게 하더라. 이같이 하여 오정이 지났으나 저희가 오히려 진언을 하여 저녁 소제 드릴 때까지 이를지라도 아무 소리도 없고 아무 응답하는 자도 없고 아무 돌아보는 자도 없더라."

기도를 할 때 소리를 크게 질러 사람들을 깜짝 놀라게 하는 사람이 있습니다. 그런 사람에게 물어 보았습니다. "왜 그렇게 소리를 질러요? 하나님이 주무신다고 생각하세요?"라고 물어 보았습니다. 그랬더니 뭐라는 줄 압니까? "큰 소리로 기도를 해야 응답도 잘 되고 스트레스가 잘 풀립니다"라는 것입니다. 스트레스도 풀어야 되고, 기도 응답도 받아야 하겠지만 하나님께 호통치듯 소리를 벅벅 지르는 모습은 아주 무례한 행동입니다.

한 번 생각해 보세요. 아들이 아버지께 와서 소리를 크게 지르면서 요구하는 모습을 말입니다. 얼마나 무례한 모습입니까? 또 어떤 사람은 하늘을 향해 주먹질을 하면서 기도합니다. 얼마나 잘못된 기도 자세입니까? 이런 사람에게 꼭 필요한 말씀이 있습니다. 이사야서 59장 1절을 보십시오.

"여호와의 손이 짧아 구원치 못하심도 아니요 귀가 둔하여 듣지 못하심도 아니라."

온유한 기도의 자세가 필요합니다.

생각하면서 기도하라

세 번째로 주문은 의미 없이 같은 문장을 계속 반복합니다.

예를 들어 '주시옵소서', '믿습니다'를 계속 반복한다든지 '아멘이나 할렐루야'만 계속 반복합니다. 이런 모습은 마치 주술을 외우는 모습과 흡사합니다. 했던 말 또 하고, 또 하는 것은 올바른 기도가 아닙니다. 예수님도 이런 기도 자세를 경계하셨습니다. 마태복음 6장 7절을 보겠습니다.

"기도할 때에 이방인과 같이 중언부언하지 말라 저희는 말을 많이 하여야 들으실 줄 생각하느니라."

방언에 대해 회자(膾炙)되는 이야기 중에 아주 재미있는 이야기가 있습니다.

어떤 신자가 목사님께 와서 물었습니다.

"목사님 방언을 받고 싶은데요. 어떻게 하면 방언할 수 있을까요?" 그러자 목사님이 대답했습니다. "그건 아주 간단합니다. 아멘을 100번만 빠른 속도로 반복하다 보면 방언이 터집니다. 그래도 안 터지면 계속 반복하다 보면 방언은 반드시 터집니다"라고 했다고 합니다. 그 말을 들은 신자는 기도 시간이 되면 "아멘 아멘 아멘 아멘"을 100번 이상했다고 합니다.

중언부언 기도는 중단되어야 합니다. 했던 말을 계속 반복해서 하는 것은 보기에 좋은 모습이 아닙니다. 사람들간의 대화에서도 피해야 하는 것을 하나님 앞에서 해야 되겠습니까? 의미 없이 문장을 계속 반복한다는 것은 바람직한 자세가 아닙니다. 그 중의 대표적인 것이 주기도문입니다.

대부분의 교회에서 예배를 끝낼 때 주기도문을 외면서 폐합니다. 주기도문을 예배 시간마다 의미 없이 반복하는 것을 하나님께서 좋아하실까요? 신령과 진정으로 드리는 예배를 원하시는 하나님은 별로 좋아하지 않으실 것입니다. 주기도문은 주님께서 제자들에게 친히 가르쳐 주신 기도문입니다. 그렇기 때문에 내용 자체에 어떤 결함이나 하자가 있을 수 없습니다. 그러나 주기도문의 참된 의미를 외면한 채 습관적으로 중얼중얼 외우기만 한다면 무슨 효력이 있습니까? 예수님은 주기도문을 외우라고 하신 적이 없습니다. 예배 시간을 마칠 때 사용하라고 지정하신 적도 없습니다.

기도의 예(Sample)를 가르쳐 주신 것이지 예배 시간이나 폐회시간 때 사회자에 맞춰 일률적으로 암송하라고 가르쳐 주신 것이 아닙니다.

만약 그렇다면 예수님도 회당에서 성경을 가르치시고 폐하실 때, 어떤 기도회나 예배시에 주기도문으로 폐하셨을 것입니다. 사도바울의 서신도 주기도문으로 끝났을 것입니다. 그렇지 않습니다.

제가 섬기는 청주침례교회에서는 주기도문의 습관화를 막기 위해 주기도문송으로 대체했더니 훨씬 의미가 있었습니다. 생각하면서 기도해야 합니다. 자신이 무엇을 구하는지 알고 있어야 합니다. 한참동안 기도하고 나서 '내가 뭘 기도했지?' 라고 해서는 안됩니다. 실제로 이런 기도의 예가 너무나 많습니다. 자신도 기도의 내용을 파악하지 못했는데 하나님이 어떻게 응답하시겠습니까? 또 중언부언하는 기도도 버려야 합니다. 했던 말 또 하고 또 하는 기도는 중단되어야 할 것입니다.

아버지라고 부르기만 해도…

네 번째로 주문은 형식적이라는 것입니다.

기도할 때마다 미사여구를 많이 붙여서 기도합니다. 그렇게 해야 유식해 보인다고 생각해서인지 신학적, 철학적 미사여구를 많이 나열해서 기도합니다. '전지 전능', '무소부재', '찬양과 경배를 홀로 받기에 합당하신 여호와 하나님'이든지 '거룩하시고 천지 만물을 창조하신 주여', '위대하신 열방의 왕이시여' 등등 수식어를 붙이는 것은 지나친 말장난입니다. 이렇기 때문에 기도의 응답은 없고 기도의 말장난만 있습니다.

아들이 아버지께 와서 말을 하는데 '존경하는 아버지', '위대하신 아버지' '나를 사랑하시고 나를 위해 수고하시는 아버지여' 등등 불필요한 수식어를 부르면서 말을 시작해 보십시오. 그 아버지는 기뻐하기보다는 오히려 화를 낼 것입니다. '간단하게 하라'고 경고를 할 것입니다. 하나님은 인격적인 분이시기 때문에 인격적인 기도와 대화를 요구하십니다. 오 할레스비는 "하나님은 우리가 하나님께 나아와 '아버지'라고 부르는 것만으로도 만족하신다"라고 말했습니다. 아버지의 입장에서 볼 때 '아버지!' 그 한마디보다 더 포근하고 감격적인 말이 어디 있습니까? 자신을 하나님 앞에서 과시하기 위해 기도하는 것은 교만입니다. 바리새인들의 기도가 그렇지 않았습니까? 누가복음 18장 11절에서 12절을 보면 바리새인의 기도가 나옵니다.

"바리새인은 서서 따로 기도하여 가로되 하나님이여 나는 다른 사람들 곧 토색, 불의, 간음을 하는 자들과 같지 아니하고 이 세리와도 같지 아니함을 감사하나이다. 나는 이레에 두 번씩 금식하고 또 소득의 십일조를 드리나이다."

다섯 번째로 주문은 정욕을 위하여 구하는 것입니다.

기도는 나 자신을 비롯하여 가족, 이웃, 친구, 친척, 사회, 민족, 국가의 유익을 구하는 것입니다. 그러나 주문은 자신의 야망을 구합니다. 이런 기도는 응답 받을 수 없습니다. 성경은 이에 대해 분명히 말하고 있습니다. 야고보서 4장 3절을 보십시오.

"구하여도 받지 못함은 정욕으로 쓰려고 잘못 구함이니라"고 합니다.

응답 받는 기도는 어떤 기도인가

그럼 응답 받는 기도는 어떤 기도입니까? 마가복음 11장 22절에서 25절을 보겠습니다.

"예수께서 대답하여 저희에게 이르시되 하나님을 믿으라. 내가 진실로 너희에게 이르노니 누구든지 이 산더러 들리어 바다에 던지우라 하며 그 말하는 것이 이룰줄 믿고 마음에 의심치 아니하면 그대로 되리라. 그러므로 내가 너희에게 말하노니 무엇이든지 기도하고 구하는 것은 받은 줄로 믿으라. 그리하면 너희에게 그대로 되리라. 서서 기도할 때에 아무에게나 혐의가 있거든 용서하라. 그리하여야 하늘에 계신 너희 아버지도 너희 허물을 사하여 주시리라."

기도 응답을 받기를 원하면 첫 번째로 하나님을 믿어야 합니다.

이 말씀은 누구에게 한 말씀입니까? 바로 제자들에 하신 말씀입니다. 왜 제자들에게 이 말씀을 하셨을까요? 제자들에게 믿음이 없었기 때문입니다. 예수님을 열심히 따라 다녔습니다. 그럼에도 그들에게는 예수님이 만족할 만한 믿음이 없었습니다. 그래서 예수님은 항상 제자들의 믿음 없음을 한탄하셨습니다.

마태복음 8장 26절을 보면 "예수께서 이르시되 어찌하여 무서워하

느냐 믿음이 적은 자들아 하시고 곧 일어나사 바람과 바다를 꾸짖으신
대 아주 잔잔하게 되거늘.”

　마가복음 9장 19절에서도 예수님은 “대답하여 가라사대 믿음이 없
는 세대여 내가 얼마나 너희와 함께 있으며 얼마나 너희를 참으리요
그를 내게로 데려오라 하시매”라고 책망하셨습니다. 오히려 예수님은
이방 사람인 백부장과 수로보니게 여인의 믿음을 칭찬하셨습니다.
　요즈음도 마찬가지입니다. 교회를 열심히 다니는데 믿음이 없는 사
람이 수두룩합니다. 교회에서 직분을 가지고 있는데 믿음은 없습니다.
이것이 문제입니다. 믿음이 있어야 합니다. 믿음이 있어야만 승리 할
수 있습니다. 기적을 일으키시는 분은 하나님이십니다. 능력을 나타내
시는 분도 하나님이십니다. 역사(役事)를 만들어 내시는 분도 하나님
이십니다. 그 하나님과 접속하는 매개체가 무엇입니까? 바로 믿음입
니다. 믿음으로 하나님과 접속이 되면 기적이 일어납니다. 능력이 나
타납니다. 역사가 만들어집니다. 믿음이 없으면 말짱 도루묵입니다.

이 산(山)이 무엇인가

두 번째로 상황을 파악해야 합니다.
　23절을 보면 ‘누구든지 이 산더러 들리어 바다에 던지우라 하며’ 라
는 말씀이 있습니다. 기도의 응답을 받기 위해서는 먼저 상황을 파악
해야 합니다. 그래야 백두산을 던지든지 한라산을 던지든지 할 것 아
닙니까? 이 산이 무엇입니까?

　예전에 제 부친께서 설교하실 때 여기서 이 ‘산’ 이란 산(山) 자체를
의미하는 것이 아니라 ‘어려운 상황을 상징하는 것이다’ 라고 말씀하

셨던 기억이 납니다. 그렇습니다 산을 들어서 바다에 던지는 것이 뭐 그리 중요합니까? 백두산을 던져 봤자 유익한 것이 뭐 있습니까? 나에게 닥쳐 있는 태산같은 문제가 더 중요하지 않습니까? 태산같은 고통이 더 시급하지 않습니까? 먼저 상황을 파악하십시오. 상황을 구체적으로 파악해야 합니다. 어떤 상황입니까? 죽을 상황입니까? 돈이 필요한 상황입니까? 신랑감이 필요한 상황입니까? 지혜가 필요한 상황입니까? 도대체 어떤 상황입니까? 그 상황을 파악하십시오. 똑똑한 사람이 어떤 사람입니까? 상황판단을 잘하는 사람입니다. 미련한 사람이 어떤 사람입니까? 상황판단이 안되는 사람입니다. 낄 자리, 안낄 자리를 판단하지 못하는 사람입니다. 사람이 나빠서 그런 것이 아닙니다. 미련해서 그렇습니다. 이런 사람을 요즘 말로 가리키면 '사오정 같은 사람' 이라고 합니다.

이런 사람은 항상 귀를 막아 놓고 삽니다. 귀를 막아 놓고 살다 보니 무슨 얘기를 하든 동문서답을 합니다. 이런 사람은 먼저 지혜를 구해야 할 것입니다.

야고보서 1장 15절을 보면 "너희 중에 누구든지 지혜가 부족하거든 모든 사람에게 후히 주시고 꾸짖지 아니하시는 하나님께 구하라 그리하면 주시리라"는 말씀이 있지 않습니까? 듣고, 느끼고, 깨닫고, 볼 수 있는 지혜가 필요합니다. 그래야만 상황을 판단할 수 있습니다.

실제적인 예를 들어보겠습니다.

얼마 전 저희 집에 애완용 강아지 두 마리를 사 왔습니다. 아이들을 위해 사 왔는데 보통 예쁜 것이 아닙니다. 그런데 문제가 생겼습니다. 한 마리는 아주 건강한데 다른 한 마리가 시름시름 앓기 시작한 것입니다. 밥은 커녕 물도 안먹습니다. 병에 걸려도 먹으면 사는데 먹을 기미가 전혀 없습니다. 이,삼일만에 강아지는 엄청나게 야위어 갔습니다. 등이 휘고, 눈곱이 끼고, 앞에선 토하고, 뒤로 설사 똥을 싸대기 시작합니다. 일어나지도 못하고 계속 누워만 있습니다. 정말 안타까웠습니다.

그래서 기도하기 시작했습니다. "하나님 강아지좀 살려주세요. 너무 불쌍해요. 주의 종의 가정에 동물까지도 보호해 주셔야 하지 않습니까? 주실 줄 믿습니다." 얼마나 뜨겁게 기도했는지 모릅니다. 눈물이 쪼끔 나더라구요. 생전 강아지 때문에 기도한 것은 머리털 나고 처음이었습니다. 그리고 나서 교회로 출근했습니다. 어떻게 됐을까요?

돌아와 보니 강아지가 건강해진 것이 아니라 더 죽어가고 있었습니다. 전혀 기도 응답이 되지 않았습니다. 내심 불만이었지만 포기할 수 없었습니다. 제가 누굽니까? 천하를 기도로 움직이는 거룩한 열정의 소유자 아닙니까? 절대로 포기할 수 없었습니다. 다른 방법을 써보기로 했습니다.강아지 안에 있는 귀신을 쫓아내기로 한 것입니다. 우선 강아지를 안았습니다. 눈을 똑바로 쳐다 보았습니다. 그리고 강아지 안에 있는 귀신에게 명령했습니다. "나사렛 예수의 이름으로 명하노니 이 강아지를 괴롭히는 귀신은 예수 이름으로 물러가라. 물러가라.물러가라. 물러가라" 시위할 때 보다도 더 강하게 "물러가라"를 외쳤습니다. 어떻게 됐을까요? 귀신이 물러간 것이 아니라 강아지 생명이 물러갔습니다. 그냥 죽어버렸습니다.

회충약을 먹이는 것이
포기 할 수밖에 없었습니다.
이젠 남은 강아지만이라도 잘 키우자는 자족하는 마음을 가졌습니다. 그러나 문제는 여기서 끝나지 않았습니다. 남은 강아지 한 마리도 똑같은 증세를 나타나기 시작한 것입니다. 강아지가 식음을 전폐합니다. 등이 휘고, 토하고, 설사합니다. 먼저 강아지와 똑같은 증세입니다. 이대로 죽일 순 없었습니다. 동물 병원에 전화했더니 그런 현상은 매우 위험하다고 자꾸 병원을 데리고 오라는 것입니다. 다시 기도해 보기로 했습니다. 그리고 안되면 병원으로 데려갈 작정이었습니다. 기도를 시작했습니다. 이젠 기도의 패턴을 바꿔서 기도하기 시작했습니다. 하나님의 뜻을 알고 싶었습니다. "하나님 어떻게 하면 돼요? 저에게 지혜를 주십시오. 이대로 나뒀다간 백프로 죽습니다. 하나님 도와 주세요!"

그날 밤 하나님의 응답이 왔습니다.
잠이 들었는데 갑자기 깨어났습니다. 마음에 어떤 확신이 생겼기 때문입니다. "이 문제는 강아지 안에 회충 때문이다. 빨리 회충약을 사다 먹이면 강아지는 회복된다"는 확신이었습니다. 날이 새기만을 기다렸습니다. 날이 새자마자 뛰어 나가 회충약을 사 왔습니다. 그리고 강아지에게 먹였습니다. 어떻게 됐을까요? 완전히 회복되었습니다. 30분 뒤에 똥을 싸는데 똥속에 20센티가 넘는 회충들이 엄청나게 나왔습니다. 그 작은 강아지 안에 회충들이 그렇게 많이 있는데 안 죽고 배길 수 있습니까? 강아지는 살아났습니다. 그 이후로 강아지는 건강하게 자라고 있습니다.
상황을 알아야 하는 것입니다. 강아지 속에는 귀신이 들어 있는 것이 아니라 회충이 들어 있었던 것입니다. 상황을 외면한 채 무조건 기도만 한다고 해서 되는 것이 아닙니다. 강아지가 회충 때문에 죽어 갑니다. 이럴 때는 기도만 할 게 아니라 회충약을 먹이는 것이 더 중요합니다.

뜬금없는 기도

상황판단이 안되면 엉뚱한 기도를 하게 됩니다.

상황에 맞지 않는 기도가 응답이 되겠습니까? 왜 기도 응답이 되지 않습니까? 다른 기도를 하고 있기 때문입니다. 배가 아픈데 머리를 낫게 해 달라고 하면 되겠습니까?

이것이 한국 성도들의 문제입니다. 열심히는 기도합니다. 그런데 상황판단이 안되는 기도를 합니다. 그러니 모호한 기도를 할 수밖에 없습니다. 고린도전서 14장 7절에서 9절에서는 모호한 말을 경계하고 있습니다.

"혹 저나 거문고와 같이 생명 없는 것이 소리를 낼 때에 그 음의 분별을 내지 아니하면 저 부는 것인지 거문고 타는 것인지 어찌 알게 되리요. 만일 나팔이 분명치 못한 소리를 내면 누가 전쟁을 예비하리요. 이와 같이 너희도 혀로서 알아 듣기 쉬운 말을 하지 아니하면 그 말하는 것을 어찌 알리요 이는 허공에다 말하는 것이라."

제가 부교역자로 있던 교회에서 있었던 일입니다.

92세 되시는 할아버지 장로님이 병에 걸렸습니다. 담임목사님을 위시하여 전 교역자가 장로님께 심방을 가게 되었습니다. 그 때 가서 보니 장로님은 회생(回生)하기가 어려워 보였습니다. 그런데 담임목사님은 장로님의 손을 잡고 "회복시켜 주시옵소서. 그래서 다음 주일에는 함께 예배드릴 수 있도록 도와주옵소서"라고 기도하는 게 아닙니까? 그리고 장로님께 말씀하기를 "하나님께서 고쳐주실 줄 믿습니까? 믿으시면 '아멘' 하세요" 장로님이 기력이 없어 말을 못하시는데도 계속해서 '아멘'을 강요하셨습니다. 뚝심이 센 목사님은 결국 '아멘'을 받아 내고 흐뭇한 미소를 지었습니다. 그러나 장로님은 그 다음날 세상을 떠났습니다.

나중에 사람들이 뭐라는 줄 압니까? "그게 정신이 있는 사람이 할 짓이냐?"고 하면서 마구 질타하는 것입니다.

담임목사님은 한동안 얼굴도 들고 다니지 못했습니다. 이제 하나님의 부름을 받고 하늘나라에 가실 분에게 할 짓입니까?

상황판단이 안되는 행동입니다.

기도응답을 위해서 이 산(山)이 무엇인지 알아야 합니다.

구체적으로 기도하라

세 번째로 구체적으로 구하십시오. 23절을 보시겠습니다.

"내가 진실로 너희에게 이르노니 누구든지 이 산더러 들리어 바다에 던지우라 하며 그 말하는 것이 이룰 줄 믿고 마음에 의심치 아니하면 그대로 되리라."

산이 무엇인지 분별되었으면 이젠 어디로 던져야 할 지 방향을 잡아야 합니다. 들었다가 그냥 놓으면 원위치입니다. 산을 들었으면 바다에 던지든지, 멀리 날려 버리든지 원하는 대로하면 됩니다. '어떻게 되었으면 좋겠다' 고 생각하십시오. 머리에 그림을 그리십시오. 무조건 기도하지 마시고 구체적으로 기도하십시오.

죠지 뮬러는 '구체적인 기도는 구체적으로 응답 받고 막연한 기도는 막연하게 응답 받는다' 고 말했습니다. 구체적으로 기도해야 합니다.

막연한 기도의 예를 들어볼까요?

　"하나님 도와주세요", "축복해 주세요", "좋은 신랑감을 주세요", "우리 교회를 부흥시켜 주세요" 이런 기도가 막연한 것입니다. 하나님이 어떻게 도와 주셔야 합니까? 하나님이 어떻게 축복해 주셔야 됩니까? 하나님께서 어떻게 부흥시켜 주셔야 합니까? 좋은 신랑감을 달라고 하는데도 너무나 막연합니다. 나이가 많아도 좋습니까? 못생겨도 좋습니까? 대머리도 좋습니까? 흑인(黑人)이라도 좋습니까? 재취자리도 좋습니까? 나중에 원망하지 말고 똑바로 기도하십시오.

　저는 복음을 깨달은 후 수천 명의 젊은이들에게 복음을 전하고 싶은 마음이 생겼습니다. 전국에서 모여드는 젊은이들 앞에 서서 불을 뿜는 심정으로 예수 그리스도의 피묻은 복음을 외치고 싶었습니다. 그래서 그 꿈을 놓고 오랫동안 기도를 했습니다.

　어렸을 때부터 설교자의 모델(Model)로 삼고 있는 사람이 한 분 있었습니다. 극동방송과 수원중앙침례교회를 담임하시는 김장환 목사입니다. 그 분처럼 수많은 청년 군중들 앞에서 복음을 전하고 싶었습니다. 날마다 꿈을 꾸었습니다. 그 꿈만 생각하면 잠도 안 오고, 밥맛을 잃어버릴 정도였습니다. 그래서 그 꿈을 위해 구체적으로 공부를 했습니다. 웅변을 구체적으로 연습했습니다. 책을 구체적으로 읽었습니다. 설교를 구체적으로 준비했습니다. 그런데 아무리 기다려도 저를 강사로 불러주지 않는 것입니다. 그래서 어떻게 했는지 아십니까? 제가 수천 명이 모이는 집회를 직접 만들었습니다. 원없이 설교하고 싶어서 3박4일 집회로 만들었습니다. 그 집회가 바로 '예수대축제' 입니다. 어느 날 수천 명의 젊은이들 앞에서 설교를 하던 저는 이것이 바로 꿈의 실현인 것을 깨닫게 되었습니다.
　앞으로도 제 꿈은 계속 될 것입니다. 방송을 통해 복음을 전하고 싶은데 허락이 되지 않으면 방송국을 세워서라도 복음을 전하고 말 것입니다.

다 된밥에 코 풀면 안된다

네 번째로 의심하지 않는 것입니다. 23절을 다시 보겠습니다.

"내가 진실로 너희에게 이르노니 누구든지 이 산더러 들리어 바다에 던지우라 하며 그 말하는 것이 이룰 줄 믿고 마음에 의심치 아니하면 그대로 되리라" 될 것을 믿고 마음에 의심하지 않으면 됩니다. 의심하면 될 것도 안됩니다.

24절을 보면 이 말씀을 더 구체적으로 표현하고 있습니다. "받은 줄로 믿으라"는 것입니다. 아직 받지 못했지만 받은 줄로 믿으라는 것입니다. 이것이 가능한 말씀입니까? 그렇습니다. 가능하다고 믿는 사람에게는 가능하고, 안된다고 믿는 사람에게는 불가능합니다.

히브리서 11장 1절을 보십시오.

"믿음은 바라는 것들의 실상이요 보지 못하는 것들의 증거니"라고 말씀하고 있지 않습니까? 이 말씀이 무슨 뜻입니까? 앞으로 이루어질 것을 미리 보는 것이 믿음입니다. 그러기 위해서 의심을 버려야 합니다. 기도의 응답을 막는 최대의 적은 의심입니다. 기도의 동맥경화에 걸리는 이유는 의심하기 때문입니다. 예수님도 의심에 대해 책망하셨습니다.

누가복음 24장 38절에서 "예수께서 가라사대 어찌하여 두려워하며 어찌하여 마음에 의심이 일어나느냐"고 책망하시는 장면이 나옵니다.

믿음의 반대말은 의심입니다. 따라서 믿음이 커지면 의심이 작아지고, 의심이 커지면 믿음은 작아집니다. 명심하십시오. 이 말은 진리입니다.

기도하는 것은 문제 보따리를 하나님 앞에 내어놓는 것입니다. 사람들이 하나님께 나아갈 때 문제 보따리를 들고 나아갑니다. 그리고 기도하면서 보따리를 풀어 놓습니다. 풀어 놓았으면 그냥 놓고 오면 됩니다. 그러면 문제 해결이 됩니다. 그러나 방심하지 마십시오. 문제 해결이 되려는 순간에 사탄이 의심이라는 놈을 마음속에 던져 놓습니다. 그러면 의심이라는 놈이 서서히 고개를 들기 시작합니다.

의심이 움직이기 시작하면 어떤 마음이 생깁니까? "응답이 될까?", "내 기도를 하나님이 들어주실까?", "과연 이루어질까?" 이런 생각이 듭니다. 그러다 더 심해지면 "설마 이루어지겠는가?"까지 진행됩니다. 그런 마음이 들면 볼 장 다 본 것입니다. 의심하지 마십시오. 의심하면 다 된 밥에 코 푸는 결과가 생깁니다. 기도하고 구한 것은 받은 줄로 믿으십시오. 그러면 그대로 이루어집니다. 의심이 생기려고 하면 의심을 밟아 버리십시오.

야고보서 1장 6절을 보면 "오직 믿음으로 구하고 조금도 의심하지 말라 의심하는 자는 마치 바람에 밀려 요동하는 바다 물결 같으니"라고 말씀하고 있습니다. 구한 것을 받은 것으로 믿으면 믿은 대로 이루어집니다.

무응답은 용서의 사인(Sign)

마지막으로 용서해야 합니다. 25절을 봅시다.

"서서 기도할 때에 아무에게나 혐의가 있거든 용서하라 그리하여야 하늘에 계신 너희 아버지도 너희 허물을 사하여 주시리라 하셨더라."

성경이 말씀하는 대로 따랐음에도 응답이 안되는 수가 있습니다. 왜 그럴까요? 하나님을 믿습니다. 정확히 상황을 판단했습니다. 구체적으로 구했습니다. 의심하지 않았습니다. 그런데 뭐가 더 문제입니까? 왜 응답되지 않습니까? 성경의 말씀대로 기도했는데도 응답이 되지 않는다면 뭔가 문제가 있는 것입니다. 그 문제가 무엇일까요? 용서라는 문제입니다. 용서하지 않으면 기도가 막힙니다. 종종 기도하다가 기도가 막힌다는 것은 하나님께서 용서하라는 신호를 보내고 있다는 것입니다. 그래서 우리는 무응답을 용서의 사인(Sign)으로 받아들이는 지혜가 필요합니다.

마태복음 6장 15절에서 예수님은 "너희가 사람의 과실을 용서하지 아니하면 너희 아버지께서도 너희 과실을 용서하지 아니하시리라"고 말씀하셨습니다.
베드로가 예수님께 물었습니다. "몇 번을 용서해야 합니까?" 그 때 예수님은 "일흔번씩 일곱 번이라도 용서하라"고 하셨습니다. 그 말씀과 함께 예화를 들려 주셨습니다.
어떤 임금이 일만 달란트 빚진자를 용서해 주었습니다. 그런데 일만 달란트를 탕감받은 사람이 자신에게 백 데나리온 빚진 자를 용서하지 않고 감옥에 넣어 버렸습니다.
한편 이 소식을 들은 임금은 노발대발하였습니다. 일만 달란트를 탕감해 주었음에도 다른 사람의 백 데나리온을 탕감해 주지 않는 사람을 다시 감옥에 넣어 버린다는 말씀입니다.
33절에서 35절을 보면 "내가 너를 불쌍히 여김과 같이 너도 네 동관을 불쌍히 여김이 마땅치 아니하냐 하고 주인이 노하여 그 빚을 다 갚도록 저를 옥졸들에게 붙이니라. 너희가 각각 중심으로 형제를 용서하지 아니하면 내 천부께서도 너희에게 이와 같이 하시리라"고 경고하셨습니다.

아무리 컴퓨터 성능이 좋아도 전원을 꽂지 않으면 작동이 안됩니다. 아무리 전기 밥솥이 좋아도 전원을 꽂지 않으면 밥은 커녕 죽도 안됩니다. 아무리 기도의 요소를 다 갖추었다 하더라도 용서라는 전원을 꽂지 않으면 응답이 안됩니다. 용서의 전원을 꽂으십시오. 그러면 기도 응답이 되는 것입니다. 하나님의 마음을 알아야 응답이 됩니다.

하나님께서는 용서하지 않은 사람의 기도는 들어주시지 않겠다고 말씀하셨습니다. 우리에게 아직도 용서하지 못한 사람이 있습니까?

나를 억울하게 한 사람을 어찌 용서할 수 있습니까?

나를 슬프게 한 사람을 어떻게 용서할 수 있습니까?

나를 망하게 한 사람을 어떻게 용서할 수 있습니까?

내 딸을 임신시키고 도망가버린 놈을 어떻게 용서할 수 있습니까?

내가 그렇게 잘 해준 녀석이 나를 배신하고 재산을 가로채고 달아났습니다. 어떻게 용서할 수 있습니까? 절대로 용서를 못합니다.

그렇다면 마음대로 하십시오. 여러분의 기도는 응답되지 않을 것입니다. 여러분이 용서하지 못한 사람이 여러분에게 지은 빚이 아무리 크더라도 여러분이 하나님께 진 빚만큼 크지는 못합니다. 그래서 용서해야 합니다. 우리는 하나님께 일만 달란트를 빚진 사람들입니다. 여러분께 빚진자의 빚은 백데나리온에 불과합니다.

어떻게 하시겠습니까? 한 번 계산을 해 보십시오. 어떤 것이 유익한지는 여러분이 선택해야 합니다.

모든 문제해결은 하나님께 달려있습니다.

잊어버렸던 부분까지 꺼내서 용서하라

제 둘째 아들이 강아지의 꼬리에 빨래집게를 달아 놓았습니다. 강아지 혼자서 해결하려고 끙끙거립니다. 빙빙 돌기도 하고 누워서 빨래집게를 떼려고 하지만 얼마나 견고하게 달아 놓았는지 떼어지지 않습니다. 그 모습을 본 아이가 강아지를 불렀습니다. 불러서 꼬리에 달려 있는 집게를 떼어 주려고 했습니다. 그런데 강아지는 가까이 오지 않습니다. 그리고 자기의 방법으로 해결하려고 멀리 도망해서 자기의 방법으로 노력했습니다. 어떻게 되었는지 줄 아십니까? 아이는 학교에 갔고 강아지는 여전히 빨래집게를 달고 있었습니다. 나중에 학교에서 돌아온 아이가 빨래집게를 떼어 줌으로 문제는 해결되었습니다.

문제를 허락하신 분이 하나님이시라면 문제 해결의 열쇠는 하나님께 달려 있습니다. 하나님께 매여 달려야 응답을 받습니다.

응답에는 조건이 있습니다. 그것은 용서입니다. 용서하지 않으면 문제 해결은 불가능합니다.

용서란 손해보는 장사가 아닙니다. 용서란 용서받을 자에게만 유익한 것 같지만 그렇지 않습니다. 자신에게 더 유익합니다. 용서하면 그 아픔에서 벗어 날 수 있습니다. 그 고통에서 벗어 날 수 있습니다. 기쁨을 체험할 수 있습니다. 그 문제에서 자유로울 수 있습니다. 기도 응답도 받게 됩니다.

하나님은 우리가 용서하시기를 원하십니다. 용서해야만 하나님으로부터 용서받을 수 있습니다. 우리는 하나님 앞에 허물이 많은 사람들입니다. 그 허물은 하나님과 우리의 관계를 단절시킵니다. 걸림돌이 됩니다. 그 허물을 제거하는 방법은 우리에게 허물이 있는 사람들을 용서하는 것입니다.

예수님은 마가복음 11장 25절에서 "서서 기도할 때에 아무에게나 혐의가 있거든 용서하라 그리하여야 하늘에 계신 너희 아버지도 너희 허물을 사하여 주시리라 하셨더라"고 말씀하셨습니다.

어떻게 하시겠습니까? 용서하시겠습니까? 용서하십시오. 용서하면 됩니다. 지금까지 용서하지 못한 채 잊어버렸던 문제까지 꺼내서 일일이 용서하십시오. 찾아가서 용서하십시오. 그러면 문제가 해결됩니다. 기도가 응답됩니다. 기쁨을 체험하게 될 것입니다.

오랫동안 기도의 문이 열리지 않았던 분들은 예수님이 가르쳐 주신 기도의 방법을 통해 응답을 받고 승리하시기 바랍니다.

　강단에 서서 외치는 말이라고 해서 다 하나님의 말씀이 아닙니다. 강단에서 외치는 말 가운데 하나님의 말씀이 아닌 인간의 말이 너무나 많습니다. 이런 인간의 말은 그것에다 무슨 이름을 갖다 붙이든지, 어떻게 전달하든지 상관없이 인간의 말에 불과합니다. 그러한 것이 어떤 권위를 갖는다면 설교자 자신의 인간적 권위밖에는 갖는 것이 없습니다.

강연을 말씀으로 바꾸라

개똥철학 설교

영화배우 박중훈씨가 주연한 영화 '할렐루야'를 보면 아주 재미있는 장면이 있습니다. 사기꾼인 주인공이 가짜 목사가 되어 교회에서 설교를 하게 됩니다. 여러 설교집에서 짜집기한 내용을 가지고 설교본문을 만듭니다. 그리고 화장실에서 열심히 설교연습을 합니다. '진리로 허리띠를 졸라매자' (엡6:14)란 설교제목을 가지고 설교연습을 하던 주인공은 설교직전에 설교원고를 잃어버리는 중대한 실수를 합니다. 어떻게 됐던 그는 강단에 올랐습니다. 강단에 오른 주인공은 기대 속에 말씀을 기다리던 청중들에게 이상한(?) 설교를 시작합니다. "오늘의 설교제목은 진리로 허리띠를 졸라매는 것입니다. 허리띠 하면 가죽이 좋아야 합니다. 가죽 하면 악어가죽이 가장 비싸고 좋습니다. 악어가죽은 악어를 잡아서 만듭니다. 악어는 강한 동물입니다. 그러나 악어는 자기 입에 있는 찌꺼기를 처리할 줄 모릅니다. 그래서 악어새가 필요합니다. 악어새는 위험을 무릅쓰고 악어의 입을 청소합니다.

새 이야기가 나왔으니 하는 말인데 새 중의 새는 봉황새입니다." 이렇게 연관되는 모든 것을 다 동원하는 어처구니없는 이야기만 하다가 결국에는 망신을 당한다는 스토리입니다.

이 영화를 보고 웃지 않을 사람이 없습니다. 영화제작 의도도 그런 것 같습니다. 결국엔 웃자는 이야기입니다. 그러나 실제로 이런 설교가 한국 강단에서 공공연하게 자행되고 있습니다. 하나님 이야기인 설교가 사람의 이야기인 강연이나 코미디로 바뀌고 있다는 것입니다. 성경을 풀어 설명하는 것이 아니라 자신의 논리를 풀고, 자신의 입장을 풀고, 자신의 위대한(?) 인생 경험을 풀고, 더 나아가 자신의 개똥철학까지 풀어 설명하는 기상천외한 일이 한국 강단에서 자행되고 있습니다.

도약대식 설교(Jumping Board Sermon)

이렇듯 한국교회의 설교가 점차 강연으로 바뀌어 가고 있습니다.

하나님의 말씀이 아닌 인간의 좋은 말로 변해 가고 있습니다. 다 좋은 말입니다. 다 잘되자는 얘기입니다. 그러나 그것은 하나님의 말씀이 아닙니다. 하나님이 하고 싶은 이야기가 아니라 사람이 하고 싶은 이야기를 하고 있는 것입니다.

앞의 설교는 교훈적인 의미를 담고 있다고 볼 수 있습니다. 그러나 말씀의 의도와는 전혀 상관없는 사람의 말로 가득차 있습니다. 생명력 있는 하나님의 말씀을 풀어주는 것이 아니라 설교자가 하고 싶은 말만 나열하고 있습니다. 어떤 신학자는 '요즘 한국의 설교는 도약대식 설교(Jumping board sermon)이다'라고 표현했습니다. 수영을 하기 위해 물에 뛰어 들어 가는 방법으로 사용되는 것은 도약대 위에서의

다이빙입니다. 그러나 일단 물 속에 들어가고 나면 도약대는 더 이상
필요 없게 됩니다. 설교에 있어서도 많은 경우가 이와 같습니다. 설교
를 시작하기 위해 성경 본문이 필요하지만 일단 설교가 시작되고 나면
성경 본문은 전혀 쓸모가 없어집니다. 성경 본문이 말하고자 하는 것
은 중요하지 않고 설교자가 말하고자 하는 것만 중요하게 됩니다.

이런 설교는 청중에 대한 기만인 동시에 더 나아가 하나님을 이용
하는 악한 행위로 이어집니다. 하나님의 말씀으로 설교를 시작함으로
서 설교 전체가 하나님의 말씀인 듯한 인상을 청중에게 줍니다.

그러나 설교 자체가 성경 본문과는 아무런 상관이 없습니다. 오히
려 설교자 자신의 좋은 얘기로 채워져 있습니다. 그런 것은 설교가 아
니라 강연입니다.

하나님의 말씀인가 사람의 말인가

강단에 서서 외치는 말이라고 해서 다 하나님의 말씀이 아닙니다.

강단에서 외치는 말 가운데 하나님의 말씀이 아닌 인간의 말이 너
무나 많습니다. 이런 인간의 말은 그것에다 무슨 이름을 갖다 붙이든
지, 어떻게 전달하든지 상관없이 인간의 말에 불과합니다. 그러한 것
이 어떤 권위를 갖는다면 설교자 자신의 인간적 권위밖에는 갖는 것이
없습니다. 그러한 것을 설교라고 부르든, 강연이라고 부르든 간에 하
나님의 권위와는 아무런 상관이 없습니다. 따라서 청중은 그러한 설교
에 반드시 순종해야 할 아무런 이유가 없습니다.

그러나 만일 설교자가 하나님의 말씀을 증거한다면 청중 가운데 개
인적으로 그 설교자를 좋아하지 않는 사람이 있다 하더라도 그의 가르
침에 순종해야 합니다. 왜냐하면 그 설교자는 자신의 의견이 아니라
하나님의 말씀을 대언하고 있기 때문입니다. 그러기 때문에 그 가르침

에 불순종하는 것은 그 설교자에 대한 불순종이 아니라 하나님에 대한 불순종인 것입니다.

설교자가 설교를 할 경우에는 설교자 자신이 하나님의 말씀을 대언하고 있다는 분명한 확신을 갖게 될 때 설교자의 설교는 신적인 권위를 갖게 됩니다.

물론 하나님의 말씀을 증거하는 시간 속에서도 인간의 말이 포함될 수 있는 상황이 있습니다. 개인적인 고백이나 체험 등을 애기할 때 그것은 어디까지나 하나님의 말씀이 아니라 인간의 좋은 말입니다.

제가 섬기고 있는 교회에서는 이러한 상황에서는 '아멘'을 금하고 '예'를 하도록 요구하고 있습니다. 우리 모두가 설교자는 아닙니다. 그러나 우리 모두 설교를 할 수 있고, 또 우리는 실제로 매주 설교를 접하게 됩니다. 설교는 신앙생활에서 가장 중요합니다. 따라서 강연과 설교를 분별하는 지혜를 가지고 설교를 하든지, 설교를 들어야 합니다.

어떤 사람이 위대한 설교자 죠지 횟필드를 찾아가 "당신의 설교를 출판하고 싶습니다"라고 말을 했습니다. 그 때 횟필드는 이렇게 대답했습니다. "나는 설교를 출판할 생각이 전혀 없습니다. 이렇게 말하는 것이 어떨지 모르겠지만 당신은 번개와 우뢰소리를 종이에 인쇄할 수 없을 것입니다" 바로 그것입니다. 설교를 활자화 할 수는 있습니다. 그러나 빛과 천둥소리는 불가능합니다. 행동으로 주어진 것을 차가운 활자로는 전달해 줄 수 없는 것입니다. 정말 그것은 아무리 훌륭한 작가의 묘사 능력으로도 해낼 수 없는 일입니다. 하나님의 말씀이 이런 것입니다.

은과 금으로서의 설교

설교에선 메시지의 내용이 가장 중요합니다.

그렇다면 우리의 설교, 곧 메시지의 내용을 결정하는 것은 무엇일까요? 저는 이 질문에 대해 우리의 주의를 기울이게 하는 아주 훌륭한 성경 본문을 찾아보았습니다. 본문은 사도행전 3장 6절 말씀입니다.

"베드로가 가로되 은과 금은 내게 없거니와 내게 있는 것으로 네게 주노니 곧 나사렛 예수 그리스도의 이름으로 걸으라 하고."

이 말씀은 베드로와 요한이 오후 기도 시간에 성전으로 걸어 들어가고 있을 때 베드로가 한 말입니다. 베드로와 요한은 성전 미문에 앉아 있는 한 불구자를 만나게 되었습니다. 이 사람은 무엇을 얻을까 하여 베드로와 요한을 쳐다보았습니다. 그는 이런 방식으로 많은 사람으로부터 동냥을 받았습니다. 세상이 그를 위해 할 수 있는 것은 그것뿐이었습니다. 그를 치료할 수는 없었지만 생존하도록 도울 수 있었고, 그럼으로써 무엇인가 그의 생활을 낫게 하고 어느 정도의 위안을 줄 수 있었던 것입니다. 그래서 그 사람은 이들 베드로와 요한에게서 무엇인가 받을까 하여 그들을 쳐다보았던 것입니다. 그러나 그는 기대한 것을 받지 못했습니다. 베드로가 말했습니다. "은과 금은 내게 없거니와 내게 있는 것으로 네게 주노니 나사렛 예수 이름으로 일어나 걸으라" 그가 기대한 것은 은과 금이었습니다. 그러나 그는 그 기대와 전혀 다른 대답을 들을 수밖에 없었습니다.

이 메시지는 무엇입니까? 베드로의 진술은 설교자로 하여금 그것에 대한 부정적인 국면이 있음을 알려 줍니다.

설교자가 하지 않을 어떤 일이 있다는 것입니다. 설교자가 하려고 덤비지 않아도 될 어떤 일이 있는 것입니다. 그러나 설교자가 준비하고 있어야 할 특수한 임무는 따로 있습니다. 설교자는 바로 그 일에 부름을 받았으며 그 일을 할 수 있게 되어 있습니다.

그렇다면 설교자의 원리는 무엇입니까? 우선적으로 메시지나 설교는 단순히 시사적인 내용으로 구성되는 것이 아니라는 사실입니다. 다시 말하면 설교자는 그 주간에 일어난 사건들, 신문에 대문짝 만하게 실린 정치적인 일이나 기타 좋아하는 사건들 등을 얘기하는 것이 아니라는 것입니다.

주일 메시지를 신문에서 읽은 것을 기초로 해서 설교를 작성하는 설교자가 분명히 있습니다. 그는 신문에서 읽은 사건을 논평하는 것으로 설교를 대신합니다. 그것이 바로 시사적인 설교라고 불리는 것입니다. 또 어떤 설교자는 자기가 읽은 책에 의존하곤 합니다.

예를 들어 읽은 소설들 가운데서 유익한 말을 합니다. 그들은 자신들이 최근에 읽은 소설들의 스토리와 소설의 주제 등을 말합니다.

이것은 도덕적인 적용이나 도덕적인 궤변을 말하려는 것에 불과합니다.

적극적인 사고방식의 설교

또 어떤 사람들은 설교가 하나의 도덕적 수필이나 무언가 탁월한 어떤 모양의 윤리적 행동을 역설하고 부르짖는 윤리적 원리에 대한 논설쯤으로 생각합니다. 또 어떤 이들에겐 메시지가 하나의 정신 함양이나 일종의 심리학적 요법입니다. 그런 메시지가 설혹 기독교적 용어로 표현되었다 할지라도 그것은 설교가 아니라 기독교적 강연에 불과합니다. 그런 용어들은 사람들에게 심리적으로 어떤 무엇을 하기 위해 사용되며 그들로 평안을 느끼게 하기 위해 사용되기도 합니다. 또는 더 훌륭한 것을 느끼게 하며, 인생의 문제들을 정돈하는 법을 가르치는 데도 사용됩니다. 소위 "적극적 사고방식" 류의 어떤 것들 말입니다. 그것은 20세기에 굉장한 인기를 모았습니다.

미국의 로버트 슐러목사님의 적극적인 사고방식의 설교는 엄청난 인기를 얻었습니다. 특별히 한국교회에서는 더 큰 인기를 얻었던 것이 사실입니다. 어쩌면 한국 정서와도 가장 일치하는 것이 아닌가도 생각해 보았습니다. 그러나 그것이 설교의 전부가 될 수는 없습니다. 또 적극적인 사고방식이 모든 성경의 의도처럼 말하는 것은 문제가 있습니다. 이런 설교를 하시는 분의 특징이 무엇인지 아십니까?

첫째로 본문은 달라도 항상 결론은 똑같다는 것입니다.
창세기를 설교해도 결론은 적극적인 삶입니다. 출애굽기를 설교해도 결론은 적극적인 삶입니다. 요한계시록을 설교해도 마찬가지입니다. 완전히 짜 맞추기입니다. 코에 걸면 코걸이가 됩니다. 귀에 걸면 귀걸이가 됩니다. 눈에 걸면 눈걸이가 됩니다. 이러면 안됩니다. 하나님의 말씀은 모순이 없는 인격 그 자체입니다. 아무에게나 똑같은 말을 하는 앵무새가 아닙니다. 창세기에는 창세기의 특정된 말씀이 있습니다. 출애굽기는 출애굽기의 특정된 말씀이 있습니다. 요한계시록은 요한계시록의 특정된 말씀이 따로 있습니다. 결론이 똑 같으면 안됩니다.

둘째로 긍정적인 삶을 강조하기 위한 말씀이 반복적으로 쓰여진다는 것입니다. 기도할 때도, 설교할 때도 항상 같은 말씀이 반복됩니다. 대표적인 말씀이 무엇입니까? 마가복음 9장 23절과 빌립보서 4장 13

절 말씀입니다.

"예수께서 이르시되 할 수 있거든이 무슨 말이냐 믿는 자에게는 능치 못할 일이 없느니라 하시니", "내게 능력 주시는 자 안에서 내가 모든 것을 할 수 있느니라"라는 말씀입니다. 그래서 이 말씀을 만병통치약 주문처럼 사용합니다. 사용하는 것이 안 하는 것보다 훨씬 능력이 있겠지만 남발하는 것은 문제가 있습니다. 특히 빌립보서 말씀은 만병통치약의 말씀이 아닌데도 그렇게 적용하고 있습니다. "내게 능력 주시는 자 안에서 모든 것을 할 수 있다"라는 말씀은 예수님 때문에 가난도 겪을 수 있고, 부자로서 살아갈 수도 있으며 어떠한 처지에서도 견뎌 내는 능력을 가졌다는 말씀입니다. 절대로 병이나 태산같은 문제가 해결된다는 의미로 쓰여진 것이 아닙니다. 빌립보서 4장 11절에서 13절에 이 사실을 분명하게 언급하고 있습니다.

"내가 궁핍하므로 말하는 것이 아니라 어떠한 형편에든지 내가 자족하기를 배웠노니 내가 비천에 처할 줄도 알고 풍부에 처할 줄도 알아 모든 일에 배부르며 배고픔과 풍부와 궁핍에도 일체의 비결을 배웠노라. 내게 능력 주시는 자 안에서 내가 모든 것을 할수 있느니라."
의미를 충분히 살펴보고 적용해야 할 것입니다.

성경은 달콤한 솜사탕이 아니다

이처럼 '적극적이고 긍정적인 삶'이 나쁜 것은 아니지만 이것이 성경의 전체인양 사용하는 것은 항상 문제를 초래한다는 사실을 기억해야 합니다. 성경은 우리를 교훈하고 있습니다. 이 세상에 교훈을 받을 때 어느 누가 좋겠습니까? 그러나 그 말씀이 우리를 바른 길로 인도하기 때문에 우리는 순종해야 하는 것입니다.

디모데후서 3장 16절을 보면 "모든 성경은 하나님의 감동으로 된 것으로 교훈과 책망과 바르게 함과 의로 교육하기에 유익하니"라는 말씀이 있습니다.

성경에는 교훈이 있습니다. 책망이 있습니다. 바르게 함이 있습니다. 의로 교육함이 있습니다. 이것이 감동으로 쓰여진 하나님의 말씀입니다. 절대로 달콤한 솜사탕만 있는 것이 아닙니다. 몽둥이와 채찍이 있습니다.

어떤 분이 저에게 말씀하시기를 "설교란 일주일 동안 삶에 지친 교인들을 위로하고 힘을 불어 넣어 주는 설교를 해야 한다. 그러기 위해서는 절대적으로 어두운 부분을 설교해서는 안된다"고 말씀하셨습니다. 지옥, 심판, 십자가, 고난 같은 단어를 자제하라는 말씀이었습니다. 그래서 제가 말했습니다. "그럴 바에는 차라리 설교를 안하는 게 낫겠습니다. 우리 할아버지는 일제의 통치 속에서도 목숨을 걸고 십자가를 증거했는데 그까짓 사람이 주는 눈치 때문에 좋은 말만 한다면 저는 설교자임을 포기하겠습니다" 라고 말했더니 저보고 꼭 '못 싸워서 안달이 난 투사 같다' 는 것이었습니다.

한국교회를 망친 원흉이 누구입니까? 바로 적극적인 사고방식이라는 인본주의 사상이 아닙니까? 물론 성경도 '적극적인 사고방식' '적극적인 믿음' 을 강조하는 것은 사실입니다. 그러나 이것은 어디까지나 단편적인 부분입니다. '이런 설교를 해야만 교회가 부흥한다' 는 주장은 인본주의적 발상입니다. 인본주의는 적극적인 인간의 노력이 모든 것을 가능케 한다고 설교합니다. 이에 대해 하나님은 뭐라고 하십니까?

에스겔 2장 4절을 보면 "이 자손은 얼굴이 뻔뻔하고 마음이 강퍅한 자니라 내가 너를 그들에게 보내노니 너는 그들에게 이르기를 주 여호와의 말씀이 이러하시다 하라."

무슨 의미입니까? 사람의 말을 하지 말고 하나님의 말씀 그대로를 전하라는 거것입니다. 하나님의 말이 아닌 사람의 말을 하면 오류가 발생하기 때문입니다. 그래서 오류가 발생하는 것입니다.

인본주의 설교의 오류

여기서 우리는 두 가지 큰 오류를 발견하게 됩니다.

첫째 오류는 이기주의를 양상 한다는 점입니다.

예수님의 사상을 한마디로 요약하면 이타주의(利他主義)입니다.

예수님은 자신의 유익을 위하지 아니하시고 타인의 유익을 위하여 이 세상에 오셨습니다. 이렇듯 우리도 교훈과 책망과 바르게 하는 교정, 그리고 의의 교육을 통하여 하나님의 온전한 사람이 되어 선한 일을 감당하도록 성경은 가르칩니다. 즉 자신의 유익보다는 타인의 유익을 위해 성경이 쓰여졌다는 것입니다. 그러나 이 세상의 모든 설교는 온통 '자신만의 유익'만을 위한 설교로 가득 차 있습니다.

이것이 바로 적극적인 삶에서 비롯되었다는 사실을 기억해야 합니다. 병고치는 것이 누구의 유익입니까? 결국은 자신만의 유익을 위한 것이 아닙니까? 사업성공이 누구의 유익입니까? 자신만의 유익입니다. 소원 성취하는 것이 누구의 유익입니까? 자신만의 유익입니다.

이것은 성경의 정신이 아닙니다. 성경의 목적이 아닙니다. 그러니까 천만이 넘는 크리스천이 있어도 말짱 도루묵입니다.

하나님이 우리를 구원하신 목적이 뭐라고 성경은 말씀합니까?

에베소서 2장 10절을 보십시다.

"우리는 그의 만드신 바라 그리스도 예수 안에서 선한 일을 위하여 지으심을 받은 자니 이 일은 하나님이 전에 예비하사 우리로 그 가운데서 행하게 하려 하심이니라."

둘째 오류는 하나님의 말씀의 기근을 불러 왔다는 것입니다.

하나님의 말씀이 사라지고 있습니다. 어디를 가도 말씀다운 말씀을 듣기가 힘들어 집니다. 이것은 점차 가속화되어 나중에는 하나님의 말씀을 아예 찾을 수 없는 현상이 발생하게 될 것입니다.

아모스서 8장 11절에서 13절을 보면 "주 여호와께서 가라사대 보라 날이 이를지라 내가 기근을 땅에 보내리니 양식이 없어 주림이 아니며 물이 없어 갈함이 아니요 여호와의 말씀을 듣지 못한 기갈이라. 사람이 이 바다에서 저 바다까지 북에서 동까지 비틀거리며 여호와의 말씀을 구하려고 달려 왕래하되 얻지 못하리니 그 날에 아름다운 처녀와 젊은 남자가 다 갈하여 피곤하리라"는 것입니다.

이게 무슨 해괴한 소리입니까? 한국에 무려 5만 교회나 있습니다. 10만이 넘는 목회자가 있습니다. 서점에 가서 몇 만원만 주면 고급 성경책을 구입할 수 있습니다. 그런데도 말씀의 기갈 현상이 생긴다니 이렇게 어처구니없는 일이 어디 있습니까? 그러나 사실입니다. 앞으로 분명하게 이루어 질 것입니다. 이미 그런 현상은 시작되었습니다. 청년들이 미치고 있습니다. 하나님의 말씀을 찾기 위해 이 교회, 저 교회로 다녀 보지만 하나님의 말씀은 어디에서도 찾을 수 없을 것입니다. 눈에 불을 켜고 헤매다가 지쳐서 쓰러지고 있습니다. 이러한 현상이 왜 생겼습니까? 말씀이 사라졌기 때문입니다.

십자가에 못 박히신 예수를 증거하라

아주 유명한 교회에서 설교할 기회가 있었습니다.

무슨 제목으로 설교할까 고민하다가 복음을 설교하기로 했습니다.

아주 단순하게 예수 그리스도께서 우리의 죄를 담당하셨고 우리는 하나님의 은혜로 값없이 의롭다 하심을 얻었다고 설교했습니다. 설교가 끝난 뒤에 한 청년이 저를 찾아 왔습니다. 청년의 눈에는 눈물이 고여 있었습니다. 그 청년이 말했습니다. "목사님! 예수님께서 나의 죄를 담당하시고 십자가에 못 박히셨다는 말씀을 가장 듣고 싶었어요" 그리고 덧붙이기를 '요즘은 교회에서 복음에 대해 들어보기가 힘들다'고 털어 놓았습니다. 한국에서 가장 유명하고 좋은 교회에서도 복음을 듣기가 어려워졌다는 것입니다. 백번을 들어도 좋은 말씀이 무엇입니까? 천번을 들어도 좋은 말씀이 무엇입니까? 오직 하나님의 말씀입니다. 그런데 하나님의 말씀이 사라진다는 것입니다. 이 찬송을 아십니까?

'주예수 크신 사랑 늘 말해 주시오. 평생에 듣던 말씀 또 들려주시오. 저 뵈지 않는 천국 주 예수 계신 곳. 나 밝히 알아듣게 또 들려주시오. 평생에 듣던 말씀 평생에 듣던 말씀 주 예수 크신 사랑 또 들려주시오.'

이 찬송은 행키(A.C Hankey)양이 작시한 시(詩)입니다.

1866년 행키양은 중병에 걸렸습니다. 그러나 그녀는 병상에서 '원하는 이야기들'이란 제목으로 50절 이상 되는 장문의 시를 썼습니다. 바로 그 시가 '주 예수 크신 사랑 또 들려주시오'라는 찬송이 되었습니다.

세상이 할 수 있는 일이라면…

'적극적이고 긍정적인 삶'도 문제이지만 지적인 부분을 강조하는 설교도 똑 같이 문제가 됩니다. 깊은 명상, 사상을 가미한 철학 운동과 활동, 심리학 등 학문적인 설교가 인기를 누리고 있습니다.

한동안 '가정사역'이 한참이나 인기를 누렸습니다. 계속해서 내적 치유가 유행을 타고 있습니다. 하나님의 말씀이 아니라 심리학적인 방법이 제시되고 있습니다. 자꾸 철학적 궤변을 늘어 놓습니다. 또 어떤 사람은 완전한 코미디언처럼 사람들을 웃기는 데만 집중하고 있습니다. 복음의 핵심을 벗어납니다. 저는 이 모든 것이 전적으로 그릇되어 있다고 주장합니다. 이것은 강단에 선 사람이 할 일이 아닙니다. 왜 그렇습니까? 그것은 세상이 할 수 있는 일이기 때문입니다.

세상에서도 남편 기(氣) 살리기 운동이 전개되고 있습니다. 내적 치유가 정신과 병원에서 구체적으로 이루어지고 있습니다.

심리학적인 치료가 세상 속에서 더 수준 높게 제시되고 있습니다. 마치 그에 대해 하나도 이상할 것이 없습니다. 저는 그것을 금과 은의 범주 안에 넣으려고 합니다. 세상은 그렇게 하며, 그렇게 할 수 있습니다.

그러나 그것은 설교자에게 맡겨진 메시지는 아닙니다. 그렇다고 해서 설교의 효과가 사람들을 더 행복하게 만들어서는 안된다고 말하는 것은 아닙니다. 설교는 반드시 사람들을 더 행복하게 해야 합니다.

왜냐하면 설교는 전인에 영향을 미치는 것이기 때문입니다. 그러나 그런 식으로 생겨나는 효과나 결과는 부수적일 뿐입니다. 메시지 전달 과정에서 나온 결과요 추이(推移)일 뿐입니다. 시사(時事)에 적용시키는 것은 부수적이고 결과적인 것이지 원초적인 것이 아닙니다. 그런

시사적인 일은 윤리적, 철학적, 사회적, 심리학적 모임이나 단체 안에서 할 수 있는 일입니다. 설교자는 그런 일을 하라고 부름을 받지 않았습니다.

사신(使臣)으로서의 설교자

그렇다면 설교자가 해야 할 일들은 어떤 것입니까?

적극적인 면으로 시선을 돌려 성전 미문에 있는 사람 앞에선 베드로와 요한을 유추해 보십시오. 그 메시지는 무엇이었습니까? 그것은 "내게 있는 것으로"라는 말속에 해답이 있습니다. 다른 것은 가진 게 없습니다. 다른 것은 내 소관이 아니고 내가 할 일은 더더욱 아닙니다. 나는 다른 일을 하기에 적당치 않은 사람입니다. 설교자는 "내게 있는 것으로 네게 준다"고 말해야 합니다. 나는 무엇인가 얻었는데 그것은 내게 주어졌고 맡겨졌다. 나는 위임을 받았다. 그래서 "내게 있는 것으로 네게 준다"고 말해야 하는 것입니다.

사도바울은 그 점을 다음과 같은 식으로 표현했습니다.

"나는 내가 받은 것을 너희에게 전하노라" 그처럼 메시지나 설교를 결정짓는 것은 설교자가 받은 것입니다. 자신의 주장이나 자신의 견해가 아닙니다.

바울이 자주 사용한 다른 말은 "사신"(使臣)이란 말입니다. "사신"은 자기의 생각이나 견해, 자기 소원을 말하지 않습니다. 사신의 신분에 있어서 가장 진수가 되는 점은 그가 다른 사람 대신 말하라고 '보냄'을 받은 사람이란 것입니다. 그는 그의 정부나 대통령, 또는 왕이나 황제, 또는 정치형태에 따라서 어떤 다른 형태의 정부를 대변하는 대언자입니다. 그는 자기의 견해나 생각을 토로하는 사람이 아닙니다.

그는 메시지의 전달자요, 이것을 하라고 임명되어 보냄을 받은 사람입니다. 그는 반드시 그 일을 해야 합니다.

다른 말로 하면 설교 내용은 신약에서 "말씀"(The Word)에 해당되는 것입니다. 따라서 "말씀을 강론하다", "복음을 전하다"는 말의 뜻은 바로 "성경의 메시지"를 의미하는 것입니다. 그렇다면 메시지란 무엇입니까? 메시지란 내가 받은 말씀을 의미합니다.

나는 내 자신의 사상과 생각을 나타내지 않으며 나는 사람들에게 내가 생각하고 추측한 것을 결코 말하지 않는 것입니다. 나는 그들에게 내가 받은 바를 전해 줍니다. 나는 매개체요, 통로요, 도구요, 대리자이다' 라는 것입니다.

만약 왕의 메시지를 받은 사신이 왕의 메시지를 무시하고 자신의 입장이나 자신의 주장을 피력했다면 그는 사형을 받아도 할 말이 없습니다.

자신이 전해야 할 메시지가 그 상황에 합당한 말이 되지 못하더라도 사신은 전달받은 내용을 전달해야 합니다. 그 메시지보다 더 좋은 내용이 있을지라도 그 내용을 제시해서는 안됩니다. 사신의 임무는 무조건 전달하는 것입니다. 때로는 목숨을 걸어야 할 상황이 있을 수 있습니다. 그 때에도 무조건 주어진 메시지를 전달하는 것은 사신의 임무요 사명입니다.

케리그마와 디다케

중요한 메시지는 바로 그것입니다.

그러나 이것은 분명히 두 가지 주요 항목으로 나눠져야 합니다.

성경의 메시지 가운데서 이 두 항목을 인식해야 함은 매우 중요한 일입니다. 첫째 구원의 메시지라 할 수 있는 케리그마(κηρυγμία)로서 전도 설교를 결정하는 것입니다.

둘째는 교훈적인 면으로 이미 믿음을 가진 사람들을 정립시켜 주는 것인 디다케($\delta\iota\delta\alpha\chi\eta$'), 즉 성도의 덕성 함양입니다. 바로 이것이 우리가 언제든지 그어 놓아야 하는 구분선 입니다. 이것은 설교자가 설교를 준비할 때 하나의 지배 요인이 되어야 합니다.

그러면 첫째로 구원의 메시지, 복음 전도의 설교는 어떤 설교입니까? 데살로니가전서의 단 두절 말씀 속에서 이에 대한 완벽한 요약이 있습니다. 바울은 데살로니가 교인들에게 자신이 처음 그들 가운데 왔을 때, 그들에게 실제적으로 전했던 것이 바로 그것이라는 점을 상기시키고 있습니다. 데살로니가교회에 전한 말씀은 이렇습니다.

데살로니가전서 1장 9절에서 10절을 보겠습니다.

"저희가 우리에 대하여 스스로 고하기를 우리가 어떻게 너희 가운데 들어간 것과 너희가 어떻게 우상을 버리고 하나님께로 돌아와서 사시고 참되신 하나님을 섬기며 또 죽은 자들 가운데서다시 살리신 그의 아들이 하늘로부터 강림하심을 기다린다고 말하니 이는 장래 노하심에서 우리를 건지시는 예수시니라."

바울은 그것의 또 다른 요약을 그가 예루살렘으로 떠나려 할 때 그를 전송하러 나온 에베소 교회 장로들에게 고별 인사로 말했습니다. 사도행전 20장을 보면 그에 대한 아름다운 기사가 나와 있습니다. 그는 그들에게 자신의 말씀 강론의 성격을 상기시켰습니다. 그는 "공중 앞에서나 각 집에서나" 전전하면서 강론하며 눈물로 가르쳤습니다. 그가 가르친 메시지가 무엇입니까?

사도행전 20장 17절에서 21절을 보겠습니다.

"하나님께 대한 회개와 우리 주 예수 그리스도에 대한 믿음입니다."
이것이 자기 자신이 전한 메시지에 대한 사도의 요약입니다.

우리의 목적을 위해서 그것을 이렇게 표현할 수도 있습니다.
이 설교 형식은 맨 먼저 하나님의 존재를 선언합니다.
"우상을 버리고 하나님께로 돌아와서 사시고 참되신 하나님을 섬기며" 이름있는 전도 설교는 하나님으로부터 시작하여 그의 사심과 능력과 영원에 대한 선언으로 이어져 나갑니다.
우리는 신약 전체에서 그 점을 발견하게 될 것입니다. 그것은 정확히 바울이 아덴에서 행한 것입니다. "나는 너희에게 알리리라" 누구를? "하나님을" 우상과 대조하여 하나님에 대해 설파했고 우상의 허무함과 아무것도 아님을 파헤쳤습니다. 그 다음으로 오직 유일한 구세주이신 예수 그리스도에 대한 믿음으로 인도해 주어야 합니다.
바로 그것이 구원의 메시지입니다. 그것이 소위 전도 설교라고 하는 것입니다. 그것은 요한복음 3장 16절에 나와 있습니다.

"하나님이 세상을 이처럼 사랑하사 독생자를 주셨으니 이는 저를 믿는 자마다 멸망치 않고 영생을 얻게 하려 하심이니라."

누구든지 예수를 믿으면 멸망치 않습니다. 누구든지 예수 그리스도를 영접하면 영생을 얻습니다. 이것이 바로 복음의 진수입니다.
사도바울은 이 복음을 위해 자신의 목숨도 아끼지 않겠다고 했습니다. 어떠한 위험이나 칼이나 적신이나 고통이 그를 둘러싸도 그는 목숨을 걸고 이 복음을 전하겠다고 선언했습니다. 사도행전 20장 24절을 보면 사도바울의 결연한 모습이 흘러나옵니다.

"나의 달려갈 길과 주 예수께 받은 사명 곧 하나님의 은혜의 복음 증거하는 일을 마치려 함에는 나의 생명을 조금도 귀한 것으로 여기지 아니하노라."

웃을 때가 아니다

사도바울이 이런 선언을 할 때 그의 표정이 어떠했을까요?

웃으면서, 여유를 가지고 이런 말을 했을까요? 아닙니다. 그의 표정은 진지했을 것입니다. 그의 표정은 숙연했을 것이고 정열로 불타 오르고 있었을 것입니다. 구원의 메시지가 전해지는 시간에는 진지함과 정열이 함께 어우러져야 합니다. 저는 사복음서 어디에서도 '예수님이 웃으셨다' 는 사실을 발견하지 못했습니다.

한 마리 잃은 양을 찾기 위해 산과 들로 다니실 때 웃으면서, 농담을 하면서, 여유를 가지고 잃은 양을 찾아 다니셨을까요? 구원설교, 전도설교 이것은 웃으면서 여유를 가지고 사람들을 웃기면서 할 성질의 설교가 아닌 것은 분명합니다.

요즈음 설교자들의 농담이나 코미디가 상식을 넘어서고 있습니다. 그렇게 여유를 부리고 웃을 때라고 생각합니까?

수많은 영혼들이 죽어가고 있는데 뭐가 그리 좋아서 그렇게 히히덕 거리는지 알 수가 없습니다. 반인륜적인 범죄가 득실거리고, 성적인 범죄들로 가득찬 이 세상에서 무엇이 좋다고 히히덕 거립니까? 썩고 부패한 감도를 느끼지 못하고 있다는 것은 똑같이 썩고 부패했다는 증거입니다. 똑같이 미쳤다는 증거입니다.

제가 어렸을 때 동네에 초상이 났습니다. 울고불고 야단이 났습니다. 지금은 초상이나도 곡하는 소리를 듣기가 힘듭니다. 그때만 해도 곡을 하지 않으면 완전히 후레자식으로 인정해 버립니다. 그래서 울기 싫어도 울어야 합니다. 정 울기 싫으면 두 가지 방법 중에 하나를 써야 합니다.

첫번째는 사람들이 올 때만 우는 방법이고, 다른 하나는 아예 곡을 하는 전문가를 사 오는 것입니다. 그래서 대신 울게 합니다. 어쨌든 초상집에는 울어야 합니다. 그래야만 분위기가 납니다. 그런데 초상이 난 집의 부인이 실성을 해 버렸습니다. 너무 충격이 큰 탓인지 미쳐버린 것입니다. 이 부인은 울지를 않습니다. 히히덕 거리고 웃기만 합니다. 그러다가 문상온 사람들을 붙잡고 '왜 왔냐'고 묻습니다. 그러다가 사람들이 만류하면 다른 사람쪽으로 뛰어가서 '나 예뻐?'라고 합니다. 딴 짓만 해서 사람들의 마음을 더 아프게 했습니다.

이것이 바로 미친 사람의 모습입니다. 미친 사람은 상황을 모릅니다. 지금이 울어야 할 상황인지, 웃어야 할 상황인지 전혀 모릅니다.

지금은 울면서 복음을 전해야 할 상황입니다. 웃을 때가 아닙니다. 만약에 웃고 있다면 똑같이 미쳐 있다는 증거가 되는 것입니다.

성경을 보십시오. 지금은 자다가도 깰 때이며, 울면서 씨를 뿌려야 할 때라고 말하지 않습니까? 그런데 웃고 있습니다.

일주일의 피로를 풀어 준다고 설교자가 광대역활을 하고 있습니다. 웃음이 쏟아지는 폭소 강단을 만들고 있습니다. 교인들은 재미있어 죽겠다고 합니다. 신바람이 난 광대는 있는 것, 없는 것까지 다 보여주려고 더 노력합니다. 그것이 문제입니다.

성경으로 돌아가야…

둘째로 성도들의 덕성 함양을 위한 설교는 어떤 설교입니까?

구원받아 하나님의 백성된 사람들에게는 덕성 함양을 위한 메시지가 필요합니다. 구원받아 하나님의 백성으로 거듭난 것이 구원이라면, 구원받은 사람은 하나님의 백성으로 살아가는 덕성을 배워야 합니다.

우리는 죄와 세상의 잘못된 유전된 행실로 가득 차 있습니다. 구원받았다고, 거듭났다고, 새사람이 되었다고 한꺼번에 습관과 행실이 새로워지는 것이 아닙니다. 그러므로 하나님의 백성의 덕성을 배워야 합니다. 교훈하고 가르치고, 교정해야 합니다. 의인으로서 살아가도록 의(義)의 교육이 필요합니다.

디모데후서 3장 16절에서 17절을 보면 "모든 성경은 하나님의 감동으로 된 것으로 교훈과 책망과 바르게 함과 의로 교육하기에 유익하니 이는 하나님의 사람으로 온전케 하며 모든 선한 일을 행하기에 온전케 하려 함이니라"고 말씀합니다.

성경은 구원받은 하나님의 백성이 온전케 하는 목적을 가지고 있습니다. 성경은 성도의 두가지 차원의 온전함을 주장하고 있습니다.

첫째로 하나님의 사람으로 온전함입니다. 두 번째는 선한 일을 하기에 온전함입니다. 이 두 가지가 구원받은 성도들의 온전함입니다.

그렇다면 설교의 결론은 무엇입니까?

결론은 성경입니다. 성경으로 돌아가는 것입니다. 성경의 말씀을 강해하는 것이 바로 설교요 동시에 설교자의 임무입니다.

아무리 탁월한 말재주를 가진 사람도 사람을 변화시킬 수 없습니다. 아무리 감동적인 말도 사람의 영혼을 구원할 수는 없습니다. 사람을 변화시킬 수 있는 것은 오직 성경의 말씀입니다.

사람의 영혼을 구원시킬 수 있는 것은 오직 성경의 말씀뿐입니다. 한국교회가 왜 약해졌습니까? 성경을 풀어 주지 않았기 때문입니다. 성경을 강해하지 않기 때문입니다. 성경에만 능력이 있습니다.

갈보리 채플(Calvary Chapel)을 개척하여 지금까지 섬기고 있는 척 스미스 목사님은 철저한 강해설교로 매주 삼만 명이 모이는 대교회로 성장시켰습니다. 안산동산교회 김인중 목사님도 강해 설교를 통해 교회를 크게 부흥시켰습니다. 지구촌교회 이동원 목사님도 철저한 강해설교를 통해 수많은 사람들을 양육시키고 있습니다.

성경을 풀어주는 설교만이 능력이 있습니다. 성경을 가까이 하지 않는 교회는 언젠가는 무너집니다. 아무리 커도 소용없습니다. 그런 교회는 지금부터 낙법(落法)이나 훈련하는 것이 신상에 좋을 것입니다.

네비게이토 창시자인 도슨 트로트맨박사의 설교는 아주 재미가 없었답니다. 왜냐하면 트로트맨 박사의 설교에는 그 흔한 예화도 찾아보기가 힘들었기 때문입니다. 그의 설교는 암송한 하나님의 말씀을 적재적소에 배치하는 것이었습니다. 예화나 사람들의 이야기는 가능한 하려고 하지 않았습니다. 따라서 그의 설교 시간은 길고 지루했으며 실제로 많은 사람들이 꾸벅꾸벅 졸았다고 합니다. 그런데 그의 설교는 능력이 있었습니다. 꾸벅꾸벅 조는 사람도 은혜를 받았습니다. 변화되었습니다. 사명자가 되었습니다. 졸더라도 변화된다면 그 설교는 명설교입니다. 귀를 감미롭게 하지만 변화를 주지 못하는 설교는 죽은 설교입니다. 그런 의미에서 트로트맨의 설교는 최고의 명설교입니다. 저도 부족하지만 강해 설교를 원칙으로 하고 있습니다. 저는 설교를 시작한 때부터 지금까지 절기나 행사를 제외하고는 하나님의 말씀을 풀어주고 그 속에 담겨있는 교훈을 찾는 강해 설교로 성경을 풀어가고 있습니다. 어렵고 힘들고 많은 시간을 요했지만 한 번도 강해설교를 포기한 적이 없습니다.

2000년 3월, 청주침례교회에 부임한 이후에도 강해 설교를 시작했습니다. 교회 외벽에 '아! 마태복음이 정말 좋다' 라는 대형 프랑카드를 걸었습니다. 그리고 한 주, 한 주 마태복음을 강해하기 시작했습니다. 강해하기 어려운 부분도 있었지만 포기하지 않았습니다. 중간에 포기하고 싶은 마음이 하루에도 열 두 번씩 날 때도 있었지만 강해설교를 포기하지는 않았습니다.

그러던 어느날 마태복음의 산상수훈을 강해하던 중 어려운 문제에 봉착했습니다. 목회자에게 가장 어려운 문제는 무엇입니까? 바로 자신조차 지키지 못하는 것을 지키라고 가르쳐야 할 때입니다. 평소에 온유하지 못하기로 정평이 나 있는 제 자신이 '온유한 자의 복'이라는 설교를 해야만 했습니다. 온유하지도 못한 제가 "여러분 온유해야 합니다"라고 어떻게 말할 수 있겠습니까? 그럼에도 성경이 주시는 말씀이기에 피할 도리가 없었습니다. 설교를 마치고 내려 오면서 저는 깊은 진리를 깨달았습니다. 그 설교는 성도들만을 향한 설교가 아니라 바로 나 자신에게 하는 설교였다는 사실을 말입니다.

이러듯 강해 설교는 하나님의 말씀을 하나님의 말씀답게 만드는 특징을 가지고 있을 뿐만 아니라 사람을 온전히 변화시키는 능력이 내포되어 있습니다. 저는 자신있게 말씀드릴 수 있습니다. 하나님의 말씀을 풀어가는 강해 설교로 성장한 성도들은 5년 뒤, 10년 뒤가 확실히 다릅니다. 제목 설교나 귀를 감미롭게 하는 설교를 듣고 성장한 교인들과는 하늘과 땅의 차이를 갖게 될 것입니다.

성경적인 신사의 조건

성경은 성경적인 신사(紳士)를 소개합니다.

어떤 사람들이 신사입니까? 옷을 잘 입는 멋쟁이가 신사입니까? 지성으로 무장된 사람이 신사입니까? 차를 탈 때 여자들에게 문을 열어주고 먼저 타게 하는 사람이 신사입니까? 경제적으로 유력한 사람이 신사입니까? 영화 '귀여운 여인' 에서 리챠드 기어같은 사람이 신사입니까? 맞습니다. 이런 사람들도 신사입니다. 그러나 이런 신사들은 세상적인 신사들입니다. 성경에서 말하는 신사는 따로 있습니다.

사도행전 17장 11절을 보면 "베뢰아 사람은 데살로니가에 있는 사람보다 더 신사적이어서 간절한 마음으로 말씀을 받고 이것이 그러한가 하여 날마다 성경을 상고하므로"는 말씀이 있습니다.

신사의 첫 번째 조건은 간절한 마음으로 말씀을 받는 것입니다. 말씀을 들을 때 자는 사람은 신사가 아닙니다. 간절한 마음으로 말씀을 듣는 사람이 신사입니다. 여자들도 말씀 시간에 잠을 자는 사람이 있습니다. 이런 사람은 자신이 잠자는 숲 속의 공주라고 생각하는 사람들입니다. 또 말씀을 들을 때 딴 짓을 하는 사람도 있습니다. 앞에 있는 사람의 머리를 보면서 쓰리쿠션을 생각합니다.

어떤 사람은 사랑의 밀서(密書)를 주고받는 사람도 있습니다. 입을 크게 벌리고 하품하는 하마가 되는 사람도 있습니다. 이런 사람은 무용지물 교인입니다. 신사는 말씀을 간절한 마음으로 받습니다.

신사의 둘째 조건은 성경을 상고하는 것입니다.

왜 성경을 상고합니까? 들은 말씀이 하나님의 말씀인지 아닌지를 분별하는 것입니다. 그 말씀이 하나님의 말씀인지 설교자의 말씀인지를 성경을 통해 재확인해 보는 것입니다. 그리고 그 말씀이 하나님의 말씀이면 받아들이고 하나님의 말씀이 아닌 세상의 말이라면 쓰레기통에 버립니다. 이런 사람이 신사입니다. 하나님의 말씀을 해도 '아멘' 하고, 사람의 말을 해도 '아멘' 하면 안 됩니다. 심지어 기침을 해도 아멘 하고 농담을 해도 아멘 합니다. 또 어떤 교인은 설교자가 펄쩍 펄쩍 뛸 때마다 '아멘 아멘' 합니다. 이렇게 비합리적이고 기복적인 사람이 어떻게 신사가 될 수 있습니까? 그런데 한국교회에서는 이런 사람들이 환영을 받습니다. 이런 사람들을 믿음이 좋은 사람이라고 칭찬합니다. 오히려 설교자가 전한 말씀을 성경을 통해 확인하려는 사람은 믿음이 없는 사람이나, 사상이 불건전한 사람으로 이해합니다. 얼마나 큰 오류입니까? 이런 분위기 속에서 얼마나 잘못된 말씀이 빈번하게 자행되겠습니까?

실제로 그런 경우가 너무나 많습니다. 설교시간 내내 자기의 자랑이나 뜬금없는 소리를 해도 누구 하나 그 말씀에 이의를 제기하지 않습니다. 성경의 의도와는 상관없이 지껄여 대도 누구 하나 뭐라고 하지 않습니다. 단 한 번도 그 말씀이 성경과 일치하는지 확인하지 않습니다. 한국교회가 이렇게 흘러간 것의 책임은 설교자에게 있지만 동시에 교인들에게도 있음을 기억하십시오.

하나님의 말씀이 선포되어야 할 그 시간에 다른 복음이 전해지고 있다면 결단코 막아야 합니다. 그것은 교인들의 몫입니다. 사도바울은 갈라디아서 1장 8절에서 9절 말씀을 통해 선언했습니다.

"그러나 우리나 혹 하늘로부터 온 천사라도 우리가 너희에게 전한 복음 외에 다른 복음을 전하면 저주를 받을지어다. 우리가 전에 말하였거니와 내가 지금 다시 말하노니 만일 누구든지 너희의 받은 것 외에 다른 복음을 전하면 저주를 받을지어다."

말씀을 분별하라

교인들은 말씀시간중에 잘못 선포되는 말씀에 대해서는 성경에 비추어 분별해야 합니다. 성경에 비추어 보십시오. 만약 성경의 의도와 전혀 다르게 선포되었다면 무엇이 잘못되었는지 성경을 통해 신중히 분별하십시오. 그리고 잘못된 부분에 대해서는 조용히 설교자를 찾아가 분명하게 수정을 요구하십시오. 그러나 그 말씀이 성경에 비추어 하나님의 말씀으로 확신된다면 그 때는 생명을 걸고 지키십시오. 온전히 복종하십시오. 그것이 바로 교인의 도리이며 신사의 도(道)입니다. 이런 말씀을 21세기 열린교사 세미나 중에 한 적이 있습니다. 그랬더니 어떤 목사님이 찾아와서 "교인들이 일일이 찾아와서 이의를 제기한다면 부담이 되어서 어떻게 설교를 할 수 있겠습니까?"라고 말씀하시는 것이었습니다. 그래서 제가 대답했습니다. "맞습니다. 부담이 되는 것이 사실입니다. 저도 설교자의 한 사람으로 엄청난 부담뿐만 아니라 겁이 나기도 합니다. 그러나 그 만큼 하나님의 말씀이 바로 전해져야 하지 않겠습니까?"라고 대답했습니다.

솔직히 제 자신도 두렵습니다. 제 개인적으로 그런 교인이 있으면 부담이 되고 싫을 것 같습니다. 그런 교인을 좋아할 사람이 어디 있겠습니까? 그러나 그런 교인이 있어야 합니다. 그런 교인이 있으면 분명히 말씀을 똑바로 증거하려고 노력할 것입니다. 쓸데없는 말이 사라질 것입니다. 하나님의 말씀을 똑바로 연구하여 똑바로 증거할 것입니다. 감히 어떻게 자기 자랑이 튀어나오겠습니까? 감히 어떻게 지역 감정을 조장하는 말이 흘러나오겠습니까? 감히 어떻게 하나님의 말씀이 아닌 것이 하나님의 말씀으로 둔갑할 수 있습니까? 절대로 불가능합니다.

어떤 사람은 말하기를 "이런 식으로 한다면 설교자는 다 죽는다"고 합니다. 아닙니다. 그렇지 않습니다. 오히려 설교자를 바로 세우는 길입니다. 이렇게 하면 설교자가 살아납니다. 가정이 살아납니다. 교회가 살아납니다. 사회가 살아납니다. 국가가 살아납니다. 젊은이들이 살아납니다.

극동방송과 기독교방송의 차이가 뭔지 아십니까?
극동방송은 복음을 전하는 방송이고, 기독교방송은 기독교문화를 전하는 방송입니다. 복음을 전하는 방송은 생명이 있습니다. 변화가 있습니다. 죽은 영혼이 살아납니다. 수많은 영혼이 그리스도께로 돌아옵니다. 한국 사람들뿐 아니라 방송을 듣는 모든 사람들이 회개하고 예수님을 영접합니다. 삶을 바꾸어 버립니다. 인생이 가치관이 달라집니다. 들을수록 힘이 넘쳐 납니다. 듣지 않고는 견딜 수 없도록 만들어 버립니다. 이것이 바로 복음방송입니다.

반면 기독교 문화를 예수님을 전한다는 기독교 방송은 어떻습니까? CCM이 흘러 나옵니다. 유익한 프로그램들이 있습니다. 그러나 복음과 문화가 섞이도록 만들어 놓았습니다.
듣기에 거부감이 없습니다. 그러나 변화가 없습니다. 생명이 없습니다. 삶이 바뀌지 않습니다. 능력이 없습니다. 이것이 바로 기독교 방송의 한계입니다. 복음과 문화가 혼합하면 기독교 문화가 창출될 것 같지만 오히려 사탄의 문화가 나옵니다. 혼합하면 망합니다. 혼합하면 심판을 받습니다. 혼합하면 하나님의 진노가 임합니다.

하나님의 말씀은 그 무엇과 섞일 수 없습니다. 그 자체이어야 합니다. 순수해야 합니다. 구별되어야 합니다. 하나님의 말씀이 철학과 섞이면 안됩니다. 문화와 섞이면 안됩니다. 지식과 섞이면 안됩니다. 세상의 기준과 섞이면 안됩니다. 섞이면 죽습니다. 섞이면 능력이 상실됩니다. 섞이면 가짜가 됩니다. 복음은 그 어떤 것과도 섞일 수 없습니다.

하나님의 말씀으로 승부를

하나님의 말씀은 살아 있는 능력입니다.

하나님의 말씀으로 승부를 내십시오. 하나님의 말씀으로 나아가면 반드시 승리합니다. 다른 그 무엇과 혼합할 것이 없습니다. 하나님의 말씀으로 족합니다. 강연을 말씀으로 바꾸십시오. 말씀에만 능력이 있습니다. 히브리서 4장 12절을 보십시오.

"하나님의 말씀은 살았고 운동력이 있어 좌우에 날선 어떤 검보다도 예리하여 혼과 영과 및 관절과 골수를 찔러 쪼개기까지 하며 또 마음의 생각과 뜻을 감찰하나니"라고 합니다. 하나님의 말씀은 살아 있습니다. 운동력이 있습니다. 좌우에 날선 어떤 칼보다도 예리합니다. 우리의 혼과 영과 관절과 골수를 찌르고 쪼개 버립니다. 하나님의 말씀으로 나아갑시다. 하나님의 말씀으로 승리합시다.

불순결(不純潔)을 순결(純潔)로 바꾸라

어떤 교회에서 전도사가 혼전에 교회 자매와 동거를 했습니다. 그 누구도 그 행위가 잘못되었다고 책망하는 사람이 없었습니다. 오히려 "언제 국수 먹느냐?"며 혼전의 동거를 축하해 주는 분위기였습니다. 이것이 한국 교회의 자화상입니다. 불신자들은 교회를 가리켜 '연애당'이라는 맹렬한 비난을 서슴지 않습니다. 이러한 비난속에 크리스천들이 세상 속에서 영향력을 발휘하며 살아갈 수 있습니까?

불순결(不純潔)을 순결(純潔)로 바꾸라

뜨거운 감자 성과 순결

성(性)은 뜨거운 감자입니다.

누구나 반드시 접해야 하는 문제임에도 모두들 뜨거워서 회피하는 문제이기 때문입니다. 성은 우리 인간과 뗄레야 뗄 수 없는 관계를 가지고 있습니다.

인생의 성공과 실패, 행복과 불행도 성과 밀접한 관계를 가지고 있습니다. 그럼에도 역사적으로 보면 성은 하나의 터부의 대상이었습니다. 성을 터부시하는 것은 예나 지금이나 마찬가지입니다. 그러다 보니 성에 대한 올바른 교육이 이뤄지지 않고 있는 실정입니다. 심지어 성에 대해 분명한 지침과 교훈을 제시해야 할 교회마저 사명을 멀리하고 있습니다. 성경에서 가르치는 성에 대한 지침과 교훈들을 회피합니다. 그로 인해 교회밖의 젊은이는 물론이고 교회안의 젊은이들마저 크게 망가지고 있습니다. 이러한 사실은 비단 국내뿐만 아닙니다.

'깨진 바가지 나가서도 샌다' 라는 옛말처럼 외국에서까지 악명(惡

名)을 떨치고 있습니다.

도망자 교회

미국 LA에서 우리 나라 교포 청소년들의 혼전 임신율이 일본계에 비해 무려 세배나 높다고 합니다. 중국계에 비해선 무려 여섯 배나 높습니다. 그러면서도 우리는 일본의 문화가 퇴폐 문화니 음란 문화라고 하면서 비난하고 있습니다.

그러나 실제적으로 우리 청소년들의 상태가 그들보다 더 심합니다. LA안에 중국 교회나 일본 교회는 불과 몇 개밖에 되지 않습니다. 그에 비해 한인 교회는 무려 천개가 넘습니다. 그럼에도 불구하고 교포 청소년들의 성 가치관이 중국이나 심지어 일본의 청소년들보다 뒤지고 있습니다. 이런 현상이 무엇을 증명하는 것입니까?

이 모두가 신앙과 행동이 별개라는 사실을 단적으로 증명하는 것입니다. 일본계나 중국계의 대부분은 크리스천이 아닙니다. 그들 가운데에는 교회 '교'자도 모르는 사람이 많습니다. 예수님의 '예'자도 모르는 사람이 많습니다.

그런데 미국의 조사 기관의 객관화된 평가에 의하면 일본계나 중국계의 행실이 우리보다 낫다고 합니다. 이게 무슨 망신입니까? 그런 현상이 왜 일어나는지 아십니까?

한 마디로 교회 책임입니다. 사회를 향해 윤리적 사명을 분명히 나타내야 할 교회가 책임에서 도피했기 때문입니다.

하기야 제 몸 하나 추스르지 못하는 교회가 무슨 힘으로 세상 속에서 책임을 감당하겠습니까? 세상이 잘못하고 있을 때 "이것이 잘못되었다"라고 무슨 낯으로 책망을 하겠습니까? 오히려 책임을 다하지 않는다고 세상으로부터 호된 책망을 받고 도망가고 있는 실정입니다.

　오래 전 TV에서 매주 토요일에 방영되던 드라마가 있었습니다. 제목이 '도망자 로간' 입니다.
　저는 그 영화를 아주 재미있게 본 기억이 납니다. 매주 내용은 다르지만 '로간' 이라는 주인공이 잡혔다가 탈출하여 도망가는 내용은 항상 똑같습니다. 로간의 주특기는 도망입니다.
　그래서 제목이 '도망자 로간' 입니다. 그런데 로간에 버금가는 도망자가 있습니다. 어쩌면 로간보다도 훨씬 용의주도(Precaution)하게 도망을 잘 하는지 모릅니다. 그 이름이 무엇입니까? 바로 '도망자 교회' 입니다. 사회적인 책임을 회피하고 열심히 도망합니다. 도망자 로간같이 합리적인 이유도 없습니다. 다만 책임을 지기 싫어서 도망할 뿐입니다. 세상이 어떻게 되든 상관이 없습니다. 나만 잘되면 된다고 생각합니다.

　왜 그러한 현상이 생길까요?
　신앙이 관념화(觀念化) 되었기 때문입니다. 신앙이 관념화되면 현실에서 도망칠 수밖에 없습니다. 신앙이라는 관념에 치우쳐 현실에서 벗어났기 때문입니다. 따라서 교회는 현실이라는 세상에서 도망하여 교회라는 아지트(Agitation point)에서 자기들만을 위한 파티를 벌이고 있는 셈입니다.

신앙의 본질이란

신앙의 본질이 무엇입니까?
교회에 잘 나가는 것입니까? 헌금을 잘 하는 것입니까? 기도를 잘

하는 것입니까? 목사님이 시키는 것을 순종하고 따르는 것입니까? 열심히 전도하는 것입니까? 아닙니다.

그런 것들은 절대로 신앙의 본질이 아닙니다. 교회에 잘 나가고,. 헌금을 잘하고, 목사님의 말씀에 순종하는 것은 좋은 신앙 현상입니다. 절대로 신앙의 본질이 아닙니다. 신앙의 내용이 아니라 신앙의 좋은 현상일 뿐입니다. 좋은 현상은 좋은 본질에서 시작되는 것입니다. 본질이 없는 신앙은 껍데기일 뿐입니다. 따라서 교회는 신앙의 본질부터 강조하고 가르쳐야 합니다.

하나님의 뜻을 알려주어야 합니다. 신앙의 현상에만 매달려선 안됩니다. 그런 것들은 본질에 충실하기만 하면 자동적으로 따라오게 돼 있습니다. 대부분의 교회에서는 본질적인 부분들을 외면합니다. 신앙생활이라고 하면 주일성수, 교회봉사, 목회자에 대한 순종, 헌금생활 등으로 국한시켜 버립니다. 그래서 주일 성수만 잘하면 좋은 교인이 됩니다. 교회 봉사를 잘하면 좋은 일꾼으로 인정합니다. 목회자에 대해 순종만 잘하면 칭찬을 받습니다. 헌금 생활을 잘하면 직분을 얻습니다. 그러나 교회밖에 나가면 엉망이 되어 버립니다. 불신자들에게 욕을 얻어 먹습니다. 손가락질 당합니다.

신앙의 본질은 하나님의 뜻에 순종하는 삶입니다. 말씀대로 사는 삶입니다. 하나님이 명령하신 것을 지켜 행하는 것입니다. 그 명령을 실천하는 장소는 교회 안이 아닙니다. 세상 밖으로 나와야 합니다. 교회 안에서 지지고 볶고 자기들끼리 속닥속닥 하는 것은 하나님의 뜻이 아닙니다. 크리스천들이 세상 속에서 하나님의 말씀을 지켜 행할 때 사회는 변화되는 것입니다. 크리스천은 교회라는 울타리를 벗어나야 합니다.

세상이라는 넓은 운동장으로 나와야 합니다. 그리고 세상 속에서 하나님의 나라를 실현해야 합니다.

젊은이들의 범죄

세상 속에서 청년들이 가장 범하기 쉬운 죄가 무엇입니까? 바로 불순결의 죄입니다. 그래서 성경은 이 시대의 청년들에게 하나님의 뜻을 전하고 있습니다.

데살로니가전서 4장 3절에서 5절을 보면 "하나님의 뜻은 이것이니 너희의 거룩함이라. 곧 음란을 버리고 각각 거룩함과 존귀함으로 자기의 아내 취할 줄을 알고 하나님을 모르는 이방인과 같이 색욕을 좇지 말고……"라는 말씀이 있습니다.

하나님의 뜻이 무엇입니까? 거룩함 즉 순결입니다. 음란을 버리는 것입니다. 거룩함으로 아내를 취하는 것입니다. 색욕을 좇지 않는 것입니다. 사도바울은 '거룩함'이란 말이 다른 뜻으로 해석될 것을 염려해서 '거룩함이란 음란을 버리는 것이다'라는 부연 설명을 합니다.

성경이 이 시대의 젊은이들에게 무엇을 가르치고 있습니까?

거룩한 삶, 순결한 삶입니다. 하나님이 우리를 부르신 목적은 분명합니다. 계속해서 7절에서 8절을 보면 "하나님이 우리를 부르심은 부정케 하심이 아니요 거룩케 하심이니 그러므로 저버리는 자는 사람을 저버림이 아니요 너희에게 그의 성령을 주신 하나님을 저버림이니라"고 말씀하고 있습니다.

그런데 교회 안의 젊은이들이 그렇게 살아갑니까? 하나님을 믿는다는 사람들이 하나님의 말씀에 순종하고 있습니까? 교회 안에서 혼전에 순결이 지켜지고 있습니까? 그렇지 못합니다. 젊은이들 사이에 혼전 성관계가 너무 빈번하게 자행되고 있습니다.

그러나 그 누구도 이것이 잘못되었다고 책망하는 사람을 찾아보기 힘듭니다. 성경은 이런 모습을 가르켜 '하나님을 저버리는 행위다' 라고 단언합니다. 자연스럽게 행해지는 불순결이 궁극적으로는 하나님을 저버리는 엄청난 죄악이라는 사실입니다.

어떤 교회에서 전도사가 혼전에 교회 자매와 동거를 했습니다. 그 누구도 그 행위가 잘못되었다고 책망하는 사람이 없었습니다. 오히려 "언제 국수 먹느냐?"며 혼전의 동거를 축하해 주는 분위기였습니다. 이것이 한국 교회의 자화상입니다. 불신자들은 교회를 가리켜 '연애당' 이라는 맹렬한 비난을 서슴지 않습니다. 이러한 비난속에 크리스천들이 세상 속에서 영향력을 발휘하며 살아갈 수 있습니까? 세상을 변화시키는 주역이 될 수 있다고 보십니까? 천만에요. 불가능합니다. 영향력을 상실했습니다. 무기력합니다. 자신이나 변화시킬 힘이 있으면 다행입니다.

서서히 불고 있는 순결의 바람

다행히 일부 선교 단체와 대학 크리스천 동아리에서 새로운 바람이 불고 있습니다. 하나님의 뜻을 실천하자는 운동입니다.

이 바람 중의 대표적인 바람은 순결의 바람입니다. 이제까지 그들은 무엇을 하고 있었습니까? 제자훈련과 성경 공부만 열중하고 있었습니다.

제자훈련을 통해 지적으로 성장한 젊은이들이 한국 교회를 향해 취한 태도는 진취적이지 못했습니다. 왜 그렇습니까? 그들은 제자에 불

과했기 때문입니다. 제자들은 교회를 비판하고 교회의 문제점은 지적
할 수 있었습니다. 그러나 갱신(更新)을 위해서는 정작 아무것도 할
수 없었습니다. 왜냐하면 제자들은 배우는 것으로 만족하기 때문입니
다. 제자들은 듣고 말하는 것을 좋아합니다. 그러나 일어나서 실천하
는 것은 약합니다.

그러던 제자들이 변하기 시작했습니다. 배웠던 것들을 실천하기 시
작했습니다. 위기의식을 느꼈기 때문입니다. 그들은 더 이상 제자로
머물기를 거부하기 시작했습니다. 하나님의 말씀이 먼 나라의 이야기
가 아니라 생존의 문제로 인식하기 시작한 것입니다. 그래서 그들이
일어났습니다. 제자가 일어나면 사도가 됩니다.

이들이 제일 먼저 시작했던 운동이 무엇인지 아십니까? 바로 순결
운동입니다. 순결하게 살자고 외쳤습니다. 깨끗하게 살자고 소리쳤습
니다. 그들의 소리는 공허하지 않았습니다. 조국의 젊은이들의 심장에
깊이 박혔습니다. 젊은이들이 변화되기 시작했습니다.

지금까지 순결하게 살아오지 못한 죄를 회개했습니다. 그리고 앞으
로 순결하고 거룩한 삶을 살겠다고 하나님 앞에 서약했습니다.

전주대학교에서 혼전순결 서약식을 인도한 적이 있습니다.

구성애씨가 성교육을 맡고 제가 혼전순결 서약식을 맡았습니다. 혼
전순결 서약식에는 크리스천은 물론 불신자들까지 대거 참석했습니
다. 구성애씨가 성에 대해 재미있게 풀어 주었습니다. 이젠 제가 순결
서약식을 인도할 차례가 되었습니다. 그런데 그 상태로는 도무지 순결
서약식을 진행하기가 어려웠습니다. 코믹하고 장난스러운 분위기로는
서약식을 진행할 수가 없었습니다. 그래서 주최측에게 성에 대한 올바
른 인식이 없이 순결 서약식을 진행할 수는 없다고 했습니다. 주최측

에서 깜짝 놀란 분위기였습니다.

　기독교적인 차원보다는 윤리적인 차원에서 행사를 주관하려던 주최 측에서 놀란 것은 당연한 일이었습니다. 그러나 양보할 수 없었습니다. 그 곳에 모인 젊은이들에게 양해를 구했습니다. 그리고 성경이 가르치는 성에 대해 강의했습니다. 강의중에 그 곳에 모인 젊은이들에게 순결해야 한다고 했습니다. 깨끗하게 살지 않으면 안된다고 했습니다. 회개하고 예수 그리스도를 영접하라고 소리쳤습니다. 그렇지 않으면 우리 모두 망한다고 하면서 울었습니다. 그리고 통성으로 기도했습니다. 이 강의가 어떻게 씨가 먹히겠습니까? 대부분이 불신자들입니다. 안 먹힐 줄 알았지만 '밑져야 본전' 이라고 생각하고 열심히 증거했던 것입니다. 어떻게 되었을까요? 의외로 분위기가 숙연했습니다.
　눈을 뜨고 바라보았습니다. 이곳 저곳에서 젊은이들이 흐느끼고 있었습니다. 가슴을 치면서 회개하는 사람들도 있었습니다. 눈물의 강의가 끝나고 순결서약식이 진행되는 순간에도 흐느낌은 멈추지 않았습니다. 젊은이들에게 '지금부터 예수 그리스도를 영접하고 순결하게 살기로 작정한 사람은 일어나라' 고 했습니다. 모두들 일어났습니다. 그리고 찬송가 521장을 힘차게 불렀습니다.

　그들의 표정은 너무나 엄숙했습니다. 순결 서약식이 끝난 후 한 학생이 저를 찾아 왔습니다. 그리고 말하기를 "목사님 저는 순결을 잃은 사람예요. 오늘 말씀을 듣고 제 행위가 얼마나 잘못된 것인가를 깨닫고 회개했습니다. 너무나 귀한 말씀에 감사를 드려요. 앞으로 죽는 날까지 순결하게 살겠습니다. 저를 위해서 기도해 주십시오" 그리고 무릎을 꿇었습니다. 저는 그 학생의 머리 위에 손을 얹고 간절히 기도했습니다. 기도시간 내내 학생은 펑펑 울었습니다.

저와 여러분은 밑지는 한이 있더라도 순결하게 살아야 한다고 해야
합니다. 순결하게 살자고 하면 놀라운 일이 생깁니다. 전혀 예상치도
못한 사람들이 울면서 돌아옵니다. 괴팍하게 생긴 철학도가 회개하고
예수님을 구주와 주님으로 영접하는 일이 생깁니다.

교회의 의무

교회도 하나님께서 분부하신 순결한 삶을 강조할 의무가 있습니다.
　순결한 삶을 강조하지 않는 교회는 교회가 아닙니다. 교회는 모든
사람들이 하나님과 사람과의 관계에서 순결하게 살아가야 함을 가르
쳐 지키게 할 의무를 가지고 있습니다. 왜 그렇습니까? 그것은 교회의
사명이기 때문입니다.
　신문, 잡지, 영화, TV, PC통신 등 각종 매스 미디어를 통하여 성의
자극물들이 홍수처럼 범람하고 있습니다. 이러한 가운데 세상 속에서
젊은이들에게 순결을 가르치는 것은 하나님의 뜻입니다.
　소돔과 고모라가 왜 심판을 받아 멸망했습니까? 하나님이 심심해서
한 심판이 아닙니다. 반드시 뜻이 있습니다.

　베드로후서 2장 6절에는 "소돔과 고모라 성을 멸망하기로 정하여
재가 되게 하사 후세에 경건치 아니할 자들에게 본을 삼으셨으며"라
는 말씀이 기록되어 있습니다.

　무슨 뜻입니까? 쉽게 이야기하면 "순결하지 않으면 이렇게 작살난
다"는 것입니다. 소돔과 고모라를 멸하시면서까지 후세에 경건치 못한
자들에게 본때를 보여 주시기를 원하시는 하나님의 의도를 교회는 알
아야 합니다.

그런데 놀랍게도 한국 교회는 이에 대하여 속수무책인 채 침묵하고만 있습니다. 저는 혼전순결 운동을 하면서 많은 교회들이 동참해 주기를 바랬습니다. 그러나 교회들은 관심조차 보여주지 않았습니다. 외로운 사역에 지쳐버린 저는 한때 로뎀나무밑의 엘리야처럼 주저앉아 울었습니다.

그 때 하나님은 기적을 보여 주셨습니다. 불신자들을 통해 제 사역을 돕게 하신 것입니다. 까마귀를 통해 필요를 공급하시는 '하나님의 예비하심'을 깊이 체험할 수 있었습니다. 그때부터는 사람들을 절대로 의지하지 않고 사역에 임할 수 있었습니다. 하나님은 교회들이 잠잠하면 불신자들을 통해서라도 역사하십니다.

누가복음 19장 40절을 보면 "내가 너희에게 말하노니 만일 이 사람들이 잠잠하면 돌들이 소리 지르리라"는 말씀이 있습니다. 가만히 있으면 안됩니다. 가만히 있으면 돌들이라도 소리지르지만 잠잠한 교회와 성도에게는 벌이 있습니다.

순결음악회(White Concert)

예수의 사람들 선교회(JPM)에서는 성경적인 성교육과 순결을 위한 '한국 크리스천 성교육 센터' 건립을 추진하고 있습니다.

이미 국민일보를 비롯한 교계신문을 통해 전국에 소개되었습니다. 뿐만 아니라 건립을 위해 전국을 순회하는 순결음악회(White Concert)를 개최했습니다. 서울을 비롯하여 지방의 도시를 순회하면서 순결음악회를 개최했습니다. 순결음악회를 통해 센터는 반드시 건립되어야 한다고 했습니다.

국내 복음 가수들이 총출연하여 찬양으로 건립을 도왔습니다. 많은 중·고등학생 후원자들이 나왔습니다. 불신자들과 타종교인들도 후원을 보내 주었습니다. 그들의 작은 후원으로 센터는 건립 준비를 하고 있습니다. 성경적인 성교육과 순결운동은 백년 후의 한국을 아름답고 풍성하게 할 것입니다. 그런 의미에서 성교육센터는 한국 교회의 장래를 위해서 반드시 필요합니다. 그러나 교회들은 침묵하고 있었습니다. 제 볼일에 바빠서 이런 일에 관여할 여유가 없다고 합니다. 제 욕심에 잠잠하고 있는 것입니다. 그럴 때 하나님은 불신자들을 통하여 역사하실 수 있음을 기억하십시오.

가만히 있는 것은 범죄

이스라엘 백성이 사마리아 성에서 아람군대에 포위되어 있었습니다. 사마리아 성에 갇힌 이스라엘 백성들은 굶어 죽게 될 상황이었습니다.

얼마나 먹을 것이 없었던지 비둘기 똥이 비싼 값에 매매되고, 심지어는 어머니가 아이를 잡아먹는 비정한 일이 현실로 다가왔습니다. 그때 하나님의 역사가 시작됩니다. 포위하고 있던 아람군대가 하나님의 발자국에 놀라 모든 것을 버리고 도망간 것입니다.

아람군대가 먹을 것을 다 버리고 도망을 갔어도 그 사실을 아는 이스라엘 사람은 단 한 사람도 없습니다. 여전히 굶주려 있었습니다. 그 사실을 아는 그 누군가가 알려주어야 합니다. 그 때 마침 문둥이들이 너무 배가 고픈 나머지 목숨을 걸고 아람군대 진지로 먹을 것을 얻어 먹으려고 갔습니다. 그리고 그들은 아람군대가 도망간 것을 발견합니다. 그래서 문둥이들은 마음껏 먹고 마시고 은과 금과 의복까지 챙겼습니다. 웬 횡재입니까? 그렇지만 그들은 갑자기 이스라엘 백성을 생각합니다. 굶어 죽는 이스라엘을 생각한 것입니다. 자신들을 성밖으로 내 몰랐던 이스라엘 백성들을 생각합니다. 안 알려줘도 됩니다. 자기들끼리 퍼 마시고 다 챙겨도 뭐라고 할 사람이 없습니다. 그러나 문둥이들은 그렇지 않았습니다. 열왕기하 7장 9절을 보면 문둥이들의 결단이 나옵니다.

"문둥이가 서로 말하되 우리의 소위가 선치 못하도다 오늘날은 아름다운 소식이 있는 날이어늘 우리가 잠잠하고 있도다 만일 밝은 아침까지 기다리면 벌이 우리에게 미칠찌니 이제 떠나 왕궁에 가서 고하자 하고"말합니다. 바로 이것입니다. 인간의 도리로는 가만있어도 됩니다. 그러나 하나님의 도리로는 가만히 있는 것은 범죄입니다.

사오정들이 모여 있는 곳

성개방의 시대에 살고 있음에도 교회의 강단은 하나님의 사명을 감당하고 있지 못합니다. 다른 얘기만 열나게 하고 있습니다. 복받으라고 합니다. 열심히 기도하라고 합니다. 죽도록 충성하라고 합니다. 주일성수 잘하라고 합니다. 지금은 그런 얘기를 할 때가 아닙니다. 망할 판에 복받는 것이 뭐 그리 중요합니까? 불난집에 들어갔으면 불이나 끌 생각을 해야지 딴 짓을 하고 있어서는 안됩니다.

한 때 사오정시리즈가 인기를 끌었습니다.
엉뚱한 소리나 하고 엉뚱한 짓을 하는 사람을 가리켜 사오정이라고 합니다. 사오정이 가장 많이 모여 있는 곳이 어디일까요? 바로 교회입니다.
정작 해야 할 얘기는 안하고, 안해도 될 얘기만 열나게 하고 있는 곳이 교회의 강단이 아닙니까? 심각성을 조금도 느끼지 못하고 있는 분위기입니다. 그러니 어떤 현상이 생기겠습니까? 대답은 뻔합니다. 불순결한 문제들이 이곳 저곳에서 터져 나오고 있습니다.

순결하라는 강력한 메시지를 접하지 못한 젊은이들이 어떻게 자의적으로 순결을 지키겠습니까? 못지키는 것이 당연합니다. 그러다 보니 어떤 현상이 발생합니까? 상대적으로 사교의 기회가 많은 크리스천 젊은이들이 성적으로 무너질 수밖에 없지 않겠습니까?

포도원을 허는 작은 여우를 잡으라

어떤 교회에 청년회 헌신예배를 인도하러 갔습니다. 가서 보니 청년회 회장과 부회장은 없고 총무가 안내를 하고 사회도 보는 것이었습니다.

엄청나게 큰 교회인데 청년회장과 부회장이 없는 것이 이상해서 "청년회장과 부회장은 어디 갔느냐?"고 총무에게 물었습니다. 그랬더니 얼마 전에 청년회장과 청년회 부회장이 결혼을 했다고 합니다. 그래서 '서로 좋아 결혼을 했나 보다' 라고 생각했습니다. 그런데 알고 보니 모종의 사건이 있었습니다.

청년회 총무에 의하면 회장과 부회장이 청년회 일로 자주 만나다 보니까 사랑을 하게 되었답니다. 청년회 집회가 끝나고 교회 일로 늦게까지 교회에 남아 있다가 회장이 부회장의 집까지 데려다 주곤 했습니다. 얼마나 멋있고 낭만적입니까? 여기서 얘기가 끝나면 좋았겠는데 남녀관계란 밤에 더 뜨겁게 역사하지 않습니까? 밤늦게 보는 부회장의 호박같은 얼굴이 수박같이 예쁘게 보였던지 그만 일을 저질러 버렸습니다.

그런데 설상가상으로 부회장이 임신해 버렸습니다. 그래서 할 수 없이 결혼해 버렸다는 것입니다. 그래서 청년 회장과 부회장이 갑자기 청년회를 떠나게 되어서 공석이 되었다는 것입니다. 그 말을 하는 총무의 얼굴은 상당히 부럽다는 표정으로 가득차 있었습니다.

이것이 문제입니다. 이 작은 범죄가 교회를 무너뜨립니다. 교회의 쇠퇴는 이러한 작은 범죄를 방관한데서 시작합니다. 교회를 허는 작은 범죄를 잡아야 합니다. 교회는 예수 그리스도를 위하여 온전히 보전되어야 합니다. 그 사랑을 보전하기 위해서는 예수 그리스도와 교회의 관계를 파괴하는 작은 범죄를 잡아야 합니다. 구약의 아가서는 그리스도에 대한 교회의 사랑을 묘사하고 있습니다.

아가서 2장 15절을 보면 "우리를 위하여 여우 곧 포도원을 허는 작은 여우를 잡으라 우리의 포도원에 꽃이 피었음이라"고 말씀하고 있습니다.

미혼모의 37%가 크리스천

단적인 예지만 얼마 전 미혼모를 대상으로 설문 조사를 실시했는데 미혼모의 37%가 크리스천이었습니다. 이는 총인구에서 크리스천이 차지하는 25% 보다 월등하게 높은 수치입니다. 이는 실로 대단한 충격이며 이 사회의 윤리적 잣대가 되어야 할 크리스천들의 추락한 모습입니다.

성(性)에서 가장 기본적인 원칙은 순결입니다.
순결이 배제된 성은 이미 그 목적과 의미를 상실한 것입니다. 순결은 크게 두 가지로 나눌 수 있습니다.
영적(靈的)인 순결과 성적(性的)인 순결입니다. 영적 순결이 하나님과의 관계이라면 성적 순결은 사람과의 관계입니다. 그러나 영적이나 성적 순결의 본질은 동일합니다. 둘이 아니고 하나입니다. 성경은 성적인 순결과 영적인 순결을 단 한 번도 분리해서 말씀하지 않습니다. 똑같이 보고 있습니다. 따라서 영적으로나 성적으로 불순결할 때 사탄의 밥이 됩니다. 영육이 순결하면 사탄은 우리의 밥입니다.

그러나 우리가 불순결하면 우리는 사탄의 밥이 됩니다. 사탄이 사람들을 침몰시키는 두 가지 방법이 있습니다.

하나는 핍박이고, 다른 하나는 불순결입니다. 사탄은 핍박을 통해 하나님과의 관계를 끊으려고 했습니다. 그러나 크리스천들은 핍박을 받을수록 더 강해졌습니다. 사탄은 다른 방법을 사용하기로 했습니다. 바로 그 방법이 우리를 불순결하게 만드는 것입니다. 불순결은 하나님과의 관계를 단절시키기 위한 최선의 방법이었습니다.

영적으로든지 성적으로든지 불순결하게만 하면 됩니다. 사탄은 그 방법을 적극적으로 활용하기 시작했습니다. 하나님의 종들이 우수수 떨어져 나갔습니다. 옛날부터 지금까지 수많은 주의 종들이 침몰 당하고 있음을 기억하십시오.

불순결의 배후 세력

불순결의 범죄에는 엄청난 배후 세력이 있습니다. 괜히 잘못 건들였다간 큰 코 다칩니다. 지피지기(知彼知己)하지 않으면 크게 당하고 맙니다. 철저한 준비와 기도로 무장하지 않고 나아가다간 상처만 입고 물러나게 됩니다.

왜 그렇습니까? 이 모든 범죄의 배후에는 막강한 사탄의 세력이 웅크리고 있기 때문입니다. 사탄은 '정말 재미있고 행복한 길은 죄의 길'이라고 주장합니다. 부도덕한 성관계도 자유롭게 행하고, 술도 마시고, 마약도 복용하는 것이 괜찮으며 재미있다고 저와 여러분을 유혹합니다. 또한 '내 멋대로' 사는 것이 가장 행복한 길이라고 우리에게 속삭입니다. 정말 그렇습니까? 절대로 그렇지 않습니다. 그러나 이 속임수에는 남녀노소를 막론하고 누구든지 현혹 당하여 쓰러졌습니다. 위대한 승군 다윗도 침몰 당하고 말았습니다.

저는 구약과 신약 성경을 통틀어 다윗을 가장 위대한 사람으로 생각합니다. 그의 이름과 명성은 성경에 무려 880번이나 나오고 있습니다. 이는 예수님을 제외한 성경 속의 그 누구보다도 더 많은 횟수입니다. 그는 승군(勝君)이었으며 시인(詩人)이었으며, 의로운 목자(牧者)였습니다. 다윗은 대부분의 시편을 썼습니다. 그는 이스라엘을 대강국으로 이끌었던 사람입니다. 실로 그는 위대하며, 현명하며, 강하며 하나님의 마음을 그 누구보다도 잘 알던 사람이었습니다. 그리고 그는 순결한 사람이었습니다.

그러나 죄가 그에게 다가왔을 때 그는 아무 스스럼없이 죄를 범하고 말았습니다. 그 죄가 바로 불순결의 범죄입니다. 아무런 저항 없이, 오히려 죄를 즐기는 사람처럼 그는 범죄하고 말았습니다. 많은 측면에서 죄는 그를 파괴시켰고 거의 죽을 지경까지 이르게 했습니다.

너무나 잘 알다시피 유부녀인 밧세바와의 추하고 더러운 범죄를 저질렀습니다. 그는 그녀가 우리아 장군의 아내인줄을 알게 되었음에도 불구하고 동침하는 등 하나님이 가장 싫어하시는 불순결의 죄를 범했습니다.

불순결한 범죄의 전개와 발전

저는 다윗의 저지른 죄의 전개와 발전을 살펴보았습니다.

이스라엘이 전쟁 중이었으나 하나님의 도우심으로 승전에 승전을 거듭하고 있었습니다.

침상에서 일어나 여유를 가지고 산책을 하고 있었습니다. 아직 별다른 문제가 없었습니다. 그러나 그는 한가했고 죄를 지을 여유가 그에게 있었습니다. 먼저 그는 목욕하는 여인을 지켜보았습니다. 그리고 성적 욕망을 느끼자 사람을 보내었고 그녀와 함께 죄를 저질렀습니다.

이것이 죄의 발전 단계입니다. 처음에는 모든 죄는 순수한 호기심에서 출발합니다. 그러나 계속 발전되어 결국 죄의 사슬에 빠져 버립니다.

불순결의 죄의 특징이 있습니다.

처음에는 쉽게 시작하게 되며 자신의 의사대로 진행됩니다. 그러나 일단 진행만 되면 헤어 나오기가 어려워지고 나중에는 자신의 의사로는 결코 벗어날 수 없어집니다.

이는 술을 많이 마시는 사람들의 이야기와 동일합니다. 처음에는 사람이 술을 먹지만, 어느 정도 취해지면 술이 술을 마시게 되고 나중에는 술이 사람을 마신다는 이야기와 똑같습니다. 이때가 되면 절대로 술에서 벗어날 수 없으며 사람은 인사불성이 되어 버립니다. 그러나 다른 점은 인사불성이 된 사람은 술이 깨면 다시 정신을 차릴 수 있지만 누구든지 불순결의 죄에 한 번 걸리기만 하면 그때는 영영 헤어날 수가 없다는 점입니다.

불순결한 죄의 구체적인 특성은 이렇습니다.

첫째로 불순결한 죄는 우리 자신이 원하는 것보다 훨씬 더 멀리 가게 한다는 사실입니다. 이성적으로 판단해 보면 다윗은 그의 지붕에서 내려다 본 나체의 여인에 대해 처음부터 간음할 생각은 없었다고 생각합니다. 목욕하는 여인을 보는 즐거움으로서 있을 뿐이었습니다. 그 자체가 '죄를 짓는 것은 아니다' 라고 생각했을지 모릅니다. 그러나 그 아름다운 여인의 나체를 바라보는 다윗의 머리에는 서서히 음란한 생각이 들기 시작했습니다. 그리고 주체할 수 없는 욕정에 빠지게 됩니다. 결국 그는 사람까지 보내어 그 여인을 데려오게 했습니다. 다윗은 그 행위가 자신이 생각한 것보다 더 멀리 가게 될 줄은 꿈에도 몰랐을 것입니다. 그는 단지 보기만 했을 뿐인데 사탄은 그를 보고 즐기는 데에서 끝나게 하지 않았습니다. 사탄은 하나님의 귀한 사람이었던 다윗을 그 자신과 나라를 망쳐 버릴 때까지 그 죄의 진창 속에서 허우적거리도록 만들어 버렸습니다. 이는 누구에게나 똑 같이 적용됩니다.

어느 목회자 후보생의 고백

예수대축제기간 중에 한 젊은 전도사와 이야기를 나눌 기회가 있었습니다. 그 전도사는 저에게 솔직히 고백할 일이 있다고 했습니다.

그는 얼마 전부터 교회에서 지도하던 한 여학생에게 강한 성욕을 느끼기 시작했습니다. 그리고 마음으로부터 음란한 생각이 일어나면서 견딜 수 없을 만큼의 욕정에 잠을 이루지 못했습니다. 잠을 자려고 누우면 그 여학생의 모습이 생각나서 도저히 잠을 이룰 수가 없었습니다. 처음에는 그 여학생을 안 보려고 얼굴도 돌리고 백방으로 노력해 보았습니다. 그러나 나중에는 숨어서 지켜보았고, 그녀를 상상하면서 자위행위를 하게 되었습니다. 그는 깊은 자책감과 죄의식을 느끼고 있었으며 그로 인해 목회자의 길을 포기할 생각을 하고 있었습니다. 이것이 죄의 실상입니다.

단 한 번에 우리의 눈과 마음이 불순결의 죄에 빠지면 그것은 우리를 원하는 것보다 훨씬 더 멀리 가게 만들어 버립니다.

이 비극적인 사실들은 제 자신과 우리 주변에서 쉽게 찾아 볼 수 있는 문제들입니다. 더 나아가 성경의 인물들도 이러한 문제에서 쉽게 빠져나오지 못했음을 성경을 통해 보게 됩니다.

위대한 사사였던 삼손이 처음 블레셋 여인과 교제를 시작할 때는 처음부터 간음을 목적으로 교제를 시작하지 않았을 것입니다. 그러나 그는 결국 불순결을 선택했으며 그로 인해 자살로 인생을 마치게 되었습니다. 달콤하게 다가오는 불순결을 물리치기를 거부했던 장사 삼손은 제 할 일 하나 제대로 이루지 못하고 아까운 목숨을 버려야만 했습니다. 불순결의 죄가 그에게 어떤 영향을 미쳤습니까? 사명(使命)을 잠재웠습니다. 지혜를 시험했습니다. 간음을 행하게 했습니다. 그리고 최종에는 자살로 그를 인도해 갔습니다. 만약 그가 불순결의 죄가 자기가 원하는 것보다 더 멀리 가게 한다는 사실을 알았더라면 그는 결코 블레셋 여인과 목숨을 담보로 한 사랑을 나누지 않았을 것입니다.

불순결의 죄는 가지고 놀 만한 기구가 못 됩니다. 만약 그것으로 인해 파멸되고 싶지 않다면 그 죄가 우리를 감싸기 전에 그 일을 중단해 버려야 합니다. 왜냐하면 불순결의 죄는 항상 우리가 가기 원하는 것보다 더 멀리 우리를 갖다 놓기 때문입니다.

위장된 즐거움

사탄은 우리 사회를 도색잡지, 나체, 그리고 모든 면에 성을 유혹하는 것으로 푹 빠지게 하고 있습니다.

미국의 어느 T.V 평론가는 말하기를 대부분의 미국 사람들은 '성시간' (Time for Sex)이란 프로를 보면서 잠을 깬다고 합니다.

우리는 확실히 하루종일 TV에서 나오는 성에 관련된 장면을 보고 있습니다. 할리우드에서 만들어지는 대부분의 영화 필름에는 성적인 충동을 유발하는 것이 많이 들어 있습니다.

우리가 즐겨 보고 있는 일일 방송극에는 그 주된 주제가 이중성과 부도덕 그리고 간음입니다. 매 프로그램마다 환락을 쫓는 생활과 성적으로 물들여진 생활의 위장된 즐거움이 그려져 있습니다.

몇년 전 모 방송국에서 인기리에 방영되었던 '애인'이라는 드라마가 그렇습니다. 그 드라마를 보고 감동적이라고 하는 세태 속에 살고 있습니다. 오늘날 남자들이 매시간 쏟아지는 죄의 진흙 덩이에서 그의 생각과 마음을 깨끗이 하기란 정말 불가능한 것 같습니다. 여자들까지도 TV장면이나 도색잡지를 통해 유혹 받고 있으며 이로 인해 결혼한 여자들의 부정행위가 날로 늘어나고 있습니다.

기억하십시오! 이것이 바로 망할 징조입니다. 지난 세대에 멸망한 문명들이 모두 성적 문란 때문에 망했다는 사실을 기억해야 합니다. 음란해 지면 나라가 망합니다.

산업이 발달해도 소용없습니다. 과학과 기술이 발전해도 소용없습니다. 음란하면 망합니다. 음란한 가정은 망합니다. 음란한 나라는 반드시 망하게 되어 있습니다.

그러나 절망하지 마십시오. 하나님의 은혜는 욕망 때문에 멸망하는 우리를 구해 주실 수 있다는 사실입니다. 우리가 하나님을 의지하여 잘못된 것에 단호하게 대처하기만 하면 하나님은 우리에게 기쁨과 능히 감당할 힘을 주십니다.

고린도전서 10장 13절을 보면 "사람이 감당할 시험밖에는 너희에게 당한 것이 없나니 오직 하나님은 미쁘사 너희가 감당치 못할 시험 당함을 허락지 아니하시고 시험 당할 즈음에 또한 피할 길을 내사 너희로 능히 감당하게 하시느니라"고 말씀하고 있습니다.

불순결의 범죄는 다른 유형의 죄를 낳는다.

둘째로 불순결의 죄는 또 다른 유형의 범죄를 낳게 된다는 사실입니다.

사무엘하 11장을 보면 다윗이 밧세바와 범죄한 후 아기를 갖게 된 것을 볼 수 있습니다. 이런 황당한 일이 어디 있습니까? 남의 아내를 임신시켰으니 어떻게 합니까? 그때 머리 좋은 다윗이 어떻게 합니까? 다윗은 그의 남편 우리아로 하여금 전쟁에서 오게 합니다. 그리고 그의 아내와 동침시킨 뒤 아기가 그 우리아의 아기인 것처럼 꾸미려고 잔머리를 굴립니다. 그러나 그 잔머리가 제대로 먹혀들어 갑니까? 안 먹혔습니다. 하나님이 개입하시면 될 것도 안됩니다.

진정한 충신이며 명장인 우리아는 왕의 명령을 거부합니다. 자기 동료는 전쟁에서 죽어 가고 있는데, 자기 아내와 잠이나 잘 수 없다면서 거부합니다. 어떡하면 좋습니까? 이쯤 되면 다윗은 왕의 신분을 이용해서 우리아에게 고백해야 합니다. 얼굴에 좀 미안한 표정을 짓고 "내가 사실 네 마누라와 하룻밤 잤는데 임신했다고 하는구나 어떡하면 좋니? 정말 미안하지만 네 마누라 나 줘라"고 해야 합니다. 뻔뻔스럽지만 어떡합니까? 그것이 충신을 죽이는 것보다 훨씬 낫지 않습니까?

그런데 다윗은 또 잔머리를 굴립니다. 우리아를 전쟁의 최전선에 보내게 하여 죽게 합니다. 이것은 살인죄입니다. 그리고 나서 다윗은 그 아기가 제 아이임을 승인하고 마침내 밧세바와 결혼하게 됩니다.

틀림없이 다윗은 밧세바를 하룻밤의 노리개로 생각했을 것입니다. 잠깐 즐기고는 그녀를 잊으려고 했을 것입니다. 그러나 그는 죄가 다른 유형의 죄를 낳는다는 사실을 미처 몰랐습니다.

이것이 바로 죄의 실상입니다. 죄는 죄를 낳고 그 죄는 또 다른 유형의 죄를 낳게 됩니다. 죄는 죄를 낳습니다. 똑 같은 죄가 나오는 것이 아닙니다. 더 크고, 더 무섭고, 더 강한 죄가 태어납니다. 그리고 그 죄는 더 감당하기 어려워집니다. 성경은 말씀합니다.

"스스로 속이지 말라 하나님은 만홀히 여김을 받지 아니하시나니 사람이 무엇으로 심든지 그대로 거두리라."(갈6:7)

콩을 심으면 콩을 거둡니다. 팥을 심으면 팥을 거둡니다. 그러나 심은 것보다 훨씬 많이 거두게 됩니다. 최소한 30배, 60배, 100배로 거둔다는 사실을 기억하십시오.

엄청난 대가를 치루어야 하는 성범죄

셋째로 불순결의 죄는 우리의 생각보다 훨씬 큰 대가를 치르게 한다는 사실을 기억해야 합니다.

사무엘 11장과 그 이하를 읽어보십시오. 거기엔 죄가 다윗이 생각한 것 이상으로 많은 대가를 치르게 하는 내용이 나와 있습니다. 어떤 내용입니까?

첫째, 그는 밧세바의 남편인 우리아를 최전선에 내보내 죽게 합니다. 살인까지 한 것입니다.

둘째, 그 관계로 생긴 아이는 죽습니다.

셋째, 다윗의 한 부인에서 난 암논이란 아들이 다른 부인에게서 난 이복동생인 다말을 연애하게 되자 그 누이를 강간합니다. '그 아비에 그 아들' 입니다.

넷째, 간음 당한 다말의 친오빠가 암논을 죽입니다.

다섯째, 다윗이 무척 아끼던 아들 압살롬은 다윗을 배신하고 왕위를 탈취하려 합니다.

여섯째, 마지막으로 다윗의 마음은 산산이 부서져 절망 상태로 부르짖게 됩니다. 죄의 결과가 어떻습니까? 마치 줄줄이 사탕같지 않습니까?

한편 다윗 자신의 죄값은 어떻습니까?

첫째로 사람을 죽게 합니다.

둘째로 자기 아이를 죽게 합니다.

셋째로 그의 아들이 그의 누이 곧 다윗의 딸을 간음케 합니다.

넷째로 그의 아들이 또 이복형을 죽입니다.

다섯째로 총애하던 압살롬이 그의 나라를 멸망케 하려 합니다. 이것을 다윗이 미리 알았더라면 애초에 죄를 시작하지도 않았을 것입니다. 보십시오! 자신이 치러야 할 댓가가 이렇게 엄청난 것을 알았더라면 지혜로운 다윗은 절대 욕정 어린 눈으로 밧세바를 쳐다보지도 않았을 것입니다.

불순결의 죄는 우리가 원하는 것보다 더 많은 대가를 요구합니다.

이렇게 자신의 죄값을 생각보다 크게 치렀던 사람들을 저는 많이 보아 왔습니다. 하나님은 불순결의 죄를 그 어떤 죄보다도 미워하십니다. 성경에서는 가장 큰 범죄를 불순결의 죄라고 정의하고 있습니다.

그 어떤 범죄가 불순결의 범죄만큼 참담한 결과를 가져오게 합니까?
없습니다. 간음하는 자에 대한 하나님의 심판은 준엄합니다. 따라서
성적인 순결과 영적인 순결을 지킬 때에만 하나님의 축복을 받습니다.

　순결은 크리스천의 기본입니다. 진정한 크리스천이 되고자 하는 사
람은 반드시 순결을 지켜야 합니다. 결혼을 앞두고 교제하는 중에 절
대로 혼전 성관계를 가지면 안됩니다. '어차피 우리는 결혼할 사이인
데…' 이것은 사탄의 생각입니다. 하나님의 큰 사역을 감당하기를 원
하는 사람들은 순결을 지켜야 합니다. 하나님의 쓰임을 받기를 원하십
니까? 순결을 지키십시오. 순결은 하나님을 볼 수 있게 합니다.순결은
여러분을 가장 훌륭한 삶을 살 가치를 제공합니다. 뿐만 아니라 순결
은 여러분을 신뢰할 자로 만들어 주며, 육체적으로 정신적으로 영적으
로 우리를 힘있게 해줍니다. 순결은 우리에게 진정한 기쁨과 행복을
주며 훌륭한 친구들을 선물로 줍니다.
　더 나아가 순결은 당신으로 하여금 크리스천의 봉사를 할 자격을
갖추어 줍니다. 따라서 순결한 삶이란 손해가 하나도 없고 이익만 있
다는 것을 기억하십시오.

불순결한 천재보다 순결한 바보가 위대하다

얼마 전 기독교서점에서 아주 이상한 순위(順位)를 보았습니다.
　성경공부 교재 베스트 셀러 순위였습니다. 이제까지 도서에 관한
베스트 셀러 순위는 봤어도 성경공부 교재 순위는 본 적이 없었습니
다. 그런데 더 이상한 것은 1위를 차지하고 있는 교재의 제목이 아주
특이했습니다. '불천순바위' 라는 제목이었습니다. 그래서 서점주인에
게 이 교재가 어떤 교재냐고 물어 봤습니다. 그랬더니 '불순결한 천재

보다 순결한 바보가 위대합니다.' 라는 교재인데 제목이 너무 길어서 문장을 줄여서 '불천순바위' 라고 이름을 붙였다고 했습니다. 그 얘기를 듣고 저는 깜짝 놀랐습니다.

왜 놀랐는지 아십니까?

첫째는 그 교재는 제가 쓴 교재이기 때문이었고, 둘째로 줄임말이 너무 멋있기 때문이었고, 셋째는 이제까지 터부시되던 교재가 베스트셀러 1위가 되었으니 놀랄만도 하지 않겠습니까?

서점 주인의 말에 의하면 그 교재가 대학교 동아리와 선교 단체에서 단체로 구입해 간다는 것이었습니다. 저는 그 자리에 그대로 무릎 꿇고 감사의 기도를 드렸습니다. 제가 그렇게 오랫동안 사역하던 순결운동이 서서히 열매를 맺기 시작했다는 증거입니다. 그렇습니다. 불순결한 천재보다 순결한 바보가 위대하면 그 나라는 됩니다. 불순결한 대통령보다 순결한 농부가 위대하면 그 나라는 망하지 않습니다.

진정한 애국이란

그렇다면 이제 우리는 어떻게 해야 할까요?

우리 먼저 순결한 삶을 살아야 합니다. 뿐만 아니라 이 민족의 젊은 이들에게 순결을 가르치고 지키게 해야 합니다. 어색하더라도 어쩔 수 없습니다. 반드시 해야 합니다. 이것이 크리스천의 의무이고 애국입니다. 애국이 무엇입니까? 어떻게 사는 것이 진정한 의미로서의 애국입니까? 애국가를 잘 부르는 것입니까? 아니면 국기에 대한 경례를 잘 하는 것입니까? 장사를 잘해서 달러를 벌어오는 것입니까? 아니면 박찬호 선수 같이 운동을 잘 해서 국위를 선양하는 것입니까?

저는 한 때 애국을 국가를 홍보하고 알리는 것이라고 생각한 적이 있습니다. 외국에 나가면 모두 애국자가 된다는 말이 있습니다.

유학시절 지도 교수의 초청을 받아 그 집을 방문한 적이 있습니다.

그 집에 가보니 T.V가 있는데 일본의 SONY 제품이었습니다. 제가 어떻게 했겠습니까? 당장 그 집을 나와 우리나라 제품인 삼성 T.V를 사서 지도교수에게 선물을 했습니다. 그리고 우리나라 제품의 우수성을 침이 마르도록 설명했습니다. 저는 그런 행동이 애국인줄 알았습니다. 뿐만 아니라 한국 과자 '빼빼로'를 박스채 구입해서 클라스메이트들에게 나누어 주며 한국과자의 맛을 증명해 보이려 했습니다. 그런 것이 애국입니까? 맞습니다. 그것도 애국입니다. 그러나 그런 것은 작은 애국에 불과합니다. 진정한 애국은 이 민족의 젊은이들을 하나님께로 인도하는 것입니다. 그리고 성을 창조하신 하나님의 목적과 성경이 명령하는 올바른 성을 가르쳐 지키게 하는 교육을 통해 젊은이들이 순결하게 살도록 하는 것입니다. 그래서 이 나라가 하나님의 축복을 받는 것입니다.

오직 하나님의 축복으로만 이 나라가 우뚝서게 된다는 사실을 믿으십니까? 그렇다면 순결하게 살아가십시오. 그리고 주위에 있는 사람들에게 순결을 가르치고 지키게 하십시오.

이사야서 26장 15절에 "여호와여 주께서 이 나라를 더 크게 하셨고 이 나라를 더 크게 하셨나이다 스스로 영광을 얻으시고 이 모든 경계를 확장하셨나이다"고 이사야는 고백했습니다.

다니엘 4장 17절에서 다니엘은 모든 나라의 주권이 하나님께 있음을 고백했습니다.

"이는 순찰자의 명령대로요 거룩한 자들의 말대로니 곧 인생으로 지극히 높으신 자가 인간 나라를 다스리시며 자기의 뜻대로 그것을 누구에게든지 주시며 또 지극히 천한 자로 그 위에 세우시는 줄을 알게 하려 함이니라 하였느니라."

나라의 흥망성쇠는 하나님께 달려 있습니다. 전적인 하나님의 주권입니다. 역사가 이를 증명하고 있습니다. 그렇다면 우리는 하나님이 기뻐하시는 나라가 되도록 해야 합니다. 바로 이것이 애국입니다.

힘들어도 가르쳐라

일산 신도시에서 목회 하시는 어느 목사님으로부터 전화를 받은 적이 있습니다. 그 목사님은 제가 먼저 쓴 책을 읽어보시고 나서 전화를 하시게 되었다고 말씀하셨습니다. 그러면서 그 목사님은 20여년 동안 목회를 하시는 동안 단 한 번도 성(性)에 관련된 설교를 해보지 못했다고 말씀하시면서 어떻게 성과 순결에 대해 설교할 수 있겠는가를 물어 오셨습니다.

저는 그분과 전화 통화를 통해 느낀점은 그 목사님뿐만 아니라 많은 설교자들이 성과 순결에 대해서 설교를 기피하고 있다는 점입니다. 물론 성과 순결에 대해 설교하기가 그렇게 쉬운 일은 아닙니다.

특히 여성도들이 대부분을 차지하고 있는 한국 교회에서 섣불리 성 문제를 화두(話頭)로 꺼내기가 쉽지 않을 것입니다. 그러나 아무리 어려워도 성과 순결에 대한 설교를 해야 합니다.

뿐만 아니라 일선에서 청소년들을 지도하시는 전도사님들이나 교사들은 사춘기에 있는 청소년들에게 성경이 가르치는 성에 대한 지침을 분명하게 알려줘야 합니다. 불순결하면 하나님으로부터 심판을 받으며 개인에게, 사회에, 국가에 엄청난 심판이 있음도 거듭 거듭 말해 주어야 합니다. 하나님께서도 성에 대한 문제를 성실하게 가르치기를 기뻐하십니다.

하나님께서 성경에 나오는 소돔과 고모라를 심판하신 이유가 있습니다. 소돔과 고모라의 죄악과 불순결이 극에 달할 정도로 심한 상태였지만 길이 참으시는 하나님의 사랑은 더 기다릴 수 있었습니다. 그러나 불순결을 미워하시는 하나님에게는 샘플(Sample)이 필요했습니다. 하나님은 음란을 미워하시며 불순결을 심판하신다는 사실을 후세의 사람들이 알도록 예고하시기 위해서입니다.

유다서 1장 7절을 보면 "소돔과 고모라와 그 이웃 도시들도 저희와 같은 모양으로 간음을 행하며 다른 색을 따라 가다가 영원한 불의 형벌을 받음으로 거울이 되었느니라"고 말씀하고 있습니다.

구약의 율법 아래에서 많은 불순결한 자들이 죽음의 형벌을 받았습니다. 레위기 20장 10절에서 "간부와 음부는 반드시 죽일지니라"고 말씀하고 있습니다. 우리는 그 밖에도 모세의 율법은 간음죄를 지은 자들을 반드시 돌로 쳐죽이도록 되어 있음을 잘 알고 있습니다. 결코 겁주는 것이나 위협하는 것이 아니라 실제적인 하나님의 말씀을 가감하지 않고 전달하는 것입니다.

순결운동을 하다보면 어떤 분들은 "성경이 꼭 순결에 대해서만 기록된 것이 아니지 않는가? 그렇다면 성도 중요하고 순결도 중요하지만 이 부분을 조화있게 가르치는 것이 합당하다"고 하시면서 잘못하면 순결이 율법이 되어 버린다"고 경고하시는 분이 있습니다. 저는 그분들의 이야기에 상당한 일리가 있다고 생각합니다.

또 그 분의 이야기가 틀렸다고 생각하지는 않습니다. 그리고 어떤 의미에서 그런 이야기를 했는지 잘 알고 있습니다.

그러나 문제가 있습니다. 그 분의 말씀이 틀렸다는 것은 아니지만 순결은 하나님 백성의 의무이자 특권이기에 백번을 강조해도 지나침이 없습니다. 동시에 순결은 하나님 앞에서 가장 기본 의무입니다.

이는 마치 결혼한 부부가 서로 순결함의 터전 위에 가정이라는 집을 세워 나가는 것과 같습니다. 부정행위를 한 뒤에 "사랑한다"고 말을 해서 관계가 회복되는 것이 아닙니다. 부정한 사람이 아무리 맛있는 식사를 준비해 주어도 별로 달가운 일이 아닙니다. 부정한 사람이 아무리 좋은 옷을 사준다고 해서 기뻐할 사람이 없습니다.

하나님을 볼 수 있는 사람은 누구인가

하나님의 입장도 똑 같습니다.

예수믿고 구원받아 하나님의 백성이 된 크리스천들의 가장 기본적인 의무는 순결입니다. 물론 순결이 구원의 조건은 아닙니다. 분명 순결은 구원 다음입니다. 그러나 하나님의 나라에 들어가기 위해선 순결해야 한다는 사실에 주의해야 합니다.

시편 기자가 자문(自問) 자답(自答)하는 것을 지켜봅시다.

"여호와의 산에 오를 자 누구며 그 거룩한 곳에 설 자가 누군고?" 그런 다음 그는 자기 질문에 대해 이렇게 대답합니다. "곧 손이 깨끗하며 마음이 청결하며 뜻을 허탄한데 두지 아니하며 거짓 맹세치 아니하는 자로다. 저는 여호와께 복을 받고 구원의 하나님께 의를 얻으리니 이는 여호와를 찾는 족속이요 야곱의 하나님의 얼굴을 구하는 자로다.(셀라)"(24:3-6)

　신약 성경 히브리서 12장 14절에도 이러한 사실에 대해 분명하게 지적하고 있습니다.

　"모든 사람으로 더불어 화평함과 거룩함을 좇으라 이것이 없이는 아무도 주를 보지 못하리라." 계속해서 성경은 말합니다. "마음이 청결한 자는 복이 있나니 저희가 하나님을 볼 것임이요."(마5:8) 마음이 청결한 상태에서만 하나님을 뵈올 수 있으며 죽음 이후에도 하나님을 만날 수 있다는 말입니다.

　이와 같은 말씀에 대한 해석함에 있어 오류가 있을 수 없습니다. 우리가 하나님을 뵈옵고 천국에 들어가기를 원한다면 우리 자신이 순결해야 합니다. 기도도 중요하고, 봉사도 중요하고, 찬양도 중요하지만 선행되어야 할 과제는 순결입니다.

　골로새서 3장 5절에서 6절을 보면 "그러므로 땅에 있는 지체를 죽이라 곧 음란과 부정과 사욕과 악한 정욕과 탐심이니 탐심은 우상 숭배니라. 이것들을 인하여 하나님의 진노가 임하느니라."라는 말씀이 나옵니다.

　앞에서도 언급했듯이 순결한 삶으로 말미암아 구원을 얻을 수 있다는 말은 아닙니다. 구원은 예수 그리스도께서 내 죄를 지시고 십자가에 못 박혀 대속의 피를 흘리심을 믿는 믿음으로 오는 것입니다. 그러나 순결한 삶이란 예수 그리스도께서 우리를 구원해 주신 은혜에 대한 보답의 삶입니다.
　우리는 우리를 죄에서 구원해 주신 은혜에 감사하며 성도로서 순결하고 깨끗한 삶을 통해 하나님께 영광을 돌려야 할 것입니다.

순결운동은 예수운동이다.

저는 지금까지 혼전순결운동을 통해 수많은 젊은이들을 주님께로 인도했습니다.

지금까지 약 5만여명의 젊은이들이 서약을 했는데 그들은 서약전에 반드시 예수 그리스도를 영접합니다. 예수 그리스도를 구주와 주님으로 영접하지 않으면 서약을 받지 않습니다.

왜냐하면 순결서약은 예수를 믿지 않으면 아무런 소용이 없기 때문입니다. 혼전순결운동은 도덕 재무장운동이 아닙니다. 절대적인 예수운동입니다.

함께 읽으면 좋은 책

『순결, 그 아름다운 성이야기』 박종신 지음/생명의말씀사 펴냄

『뜨거운감자 성과 순결』 박종신 지음/베드로서원 펴냄

『불순결한 천재보다 순결한 바보가 위대합니다』 박종신 지음/베드로서원 펴냄

삶의 패턴을 바꾸라

5. 직업을 소명으로 바꾸라.

6. 가난을 풍성으로 바꾸라.

7. 부정을 긍정으로 바꾸라.

8. 악을 선으로 바꾸라.

직업을 소명으로 바꾸라

목회의 길에도 하나님의 소명이 있지만 직업에도 소명이 있습니다. 세상에서도 자신에게 잘 맞는 직업을 가리켜 '천직'(天職)이라고 합니다. 하늘이 준 직업이라는 것입니다. 그와 같이 세상의 직업 속에서 자신의 탤렌트를 가지고 일하는 것은 하나님의 소명에 순종하는 행위입니다. 노래를 잘 부르는 사람은 노래를 불러야 합니다. 춤을 잘 추는 사람은 댄서가 되어야 합니다.

직업을 소명(召命)으로 바꾸라

소명에 대한 오해

성경에 의하면 모든 크리스천들은 소명(Vocation)을 가지고 있습니다.

소명에 대해서는 많은 오해가 있습니다.

일반적으로 '소명을 받았다' 하면 그것은 목사와 선교사, 전문 사역자로서의 소명으로만 이해하려고 합니다. 인식이 많이 바뀌긴 했지만 교회와 성도들 사이에서는 여전히 목사, 선교사, 전문 사역자 소명만을 인정하려는 경향이 아직도 농후합니다.

그래서 교회 내에서 믿음이 좋은 형제가 있으면 현재 무슨 일을 하던지, 무엇을 전공했던지 개의치 않고 "다 때려치우고 신학교에 가라"고 권면합니다. 믿음 좋은 자매에 대해선 "너는 사모가 돼야 한다"고 강요를 하기도 합니다.

뿐만 아니라 신앙생활을 잘 하던 사람이 사업에 실패하면 그 실패의 요인을 분석할 생각은 하지 않고 "그 것 봐라! 하나님의 일을 하지 않고 세상일을 하니까 하나님이 치셨다"고 하면서 '지금 하던 것 당장 정리하고 신학을 해야 한다'고 주장합니다. 과연 그럴까요?

전도사 시절 섬기던 교회에서 부흥회를 한 적이 있었습니다.
부흥강사는 한국에서 유명한 목사님으로 많은 사람들에게 존경을 받는 분이셨습니다.
지금은 부흥회를 해도 사람들이 많이 모이지 않지만 그 당시만 해도 부흥회 하면 빈자리가 없을 정도로 많은 성도들이 몰려들곤 했습니다. 본 교회 성도는 물론이고 앞에 있는 교회, 옆에 있는 교회 성도들까지 부흥회에 참석하여 은혜를 받았습니다. 그 교회에는 믿음이 아주 좋은 자매가 있었는데 부흥회 시간만 되면 맨 앞자리에 앉아서 목사님의 말씀이 입에서 떨어지기 무섭게 '아멘' 으로 화답하면서 은혜를 받고 있었습니다.

당연히 목사님의 눈에 그 자매가 예뻐보일 수밖에 없었을 것입니다. 그래서 그랬는지 모르지만 목사님은 마지막 날 축복기도를 해 주시면서 그 자매에게 "너 사모의 소명을 받았으니 반드시 사모가 되어 주님을 섬겨라"라고 기도해 주었습니다. 그때부터 그 자매는 심각한 고민에 빠졌습니다. 왜냐하면 자매에겐 장래를 약속한 약혼자가 있었기 때문이었습니다.
그러나 그 목사님의 말씀을 하나님의 소명으로 받아들였던 자매는 주위의 반대를 무릅쓰고 약혼자와의 파혼(破婚)을 선언한 뒤 어느 가난한 전도사와 결혼을 강행하였습니다.

결혼 후 그녀의 삶은 참으로 비참했습니다. 퀴퀴한 곰팡이 냄새가 나는 지하교회 옆에 있는 단칸짜리 방에서 딸 셋을 키우면서 고생하는 얼굴에는 수심만 가득했습니다. 매년 기관지 천식으로 고생하는 딸들을 부둥켜안고 밤을 지새우는 모습은 그리 아름답지도 은혜롭지도 못했습니다. '차라리 신앙이 좋았던 약혼자와 결혼하여 가정을 통해, 직장을 통해 예수 그리스도를 나타내고 살았다면 더 좋았을걸' 이라는 생각이 듭니다.

신앙이 좀 있으면 이제까지 해 왔던 일이나 전공에 상관없이 신학교 가라는 말은 이제 없어져야 합니다.

믿음이 좋은 자매만 보면 '사모가 되라' 는 말도 없어져야 합니다. 신앙이 있는 사람이 다 신학교가서 전도사 되고, 목사 되고, 선교사 되면 어떻게 직장에서, 학교에서, 연구소에서 예수 그리스도의 복음이 증거될 수 있겠습니까? 오히려 신앙좋은 형제 자매들이 학교에 들어가고, 직장에 들어가고, 연구소에 들어가고, 연예계에 들어가야만 그곳이 변화되고 예수 그리스도의 복음이 증거되지 않겠습니까?

신학교는 재취업학교가 아니다

사업에 실패한 사람들 중엔 '하나님의 일을 하지 않고 세상일을 했기 때문에 실패했다' 고 이해하려는 사람들이 있는데 그것 역시 올바른 판단이 아닙니다. 물론 개중에 목회자 또는 선교사로서의 소명을 받은 사람이 있을 수 있습니다.

소명을 받은 사람이 하나님의 부르심을 거부하고 세상 직업을 가질 때 하나님은 여러 가지 방법으로 치실수 있습니다. 그러나 대부분의 경우 하나님이 치신것이 아닙니다. 여러 가지 사유로 인하여 사업에 실패하고 망하기도 하는 것이지 신학교 가서 목회하라고 사업을 망하게 하시는 하나님이 아닙니다.

그렇게 하나님께서 속이 좁은 분이십니까? 그렇게 하나님으로 이해하는 것은 하나님을 철저하게 잘못 이해한 것입니다. 하나님이 사람이 없어 그 사람의 사업을 망가뜨리면서까지 그 사람을 부르셨다는 착각에서 벗어날 수 있는 분별력이 있어야 합니다. 사업에 실패했다면 사업의 실패 요인이 파악해야 합니다.

그리고 더 열심히 기도하고 노력하여, 사업에 성공해서 하나님께 영광을 돌려야 합니다. 이것이 옳은 것입니다. 사업에 실패하기만 하면 '하나님의 부르심에 거절하여 치심'이라고 생각하여 '모든 것 다 때려 치우고 신학을 하고 목회를 해야한다'는 강박관념을 가질 필요는 없습니다. 신학교는 사업에 실패한 사람들이 모이는 패배자 학교가 아닙니다. 하나님의 선지 동산이지 실패하면 모여드는 '재취업 학교'가 아닙니다.

전병욱 목사는 그의 저서 '새벽무릎'에서 이스라엘 백성이 블레셋과의 전쟁에서 패배한 이유를 '이스라엘에 철공(鐵工)이 없었기 때문이다'라고 정의하고 있습니다.

'기도하지 않기 때문에 졌다'는 것도 틀린 말은 아니지만 이스라엘 철공들이 제대로 일하지 않기 때문에 졌다는 전병욱목사의 지적이 옳다는 생각이 듭니다.

사무엘상 13장 19절에서 22절을 보면 "때에 이스라엘 온 땅에 철공이 없어졌으니 이는 블레셋 사람이 말하기를 히브리 사람이 칼이나 창을 만들까 두렵다 하였음이라. 온 이스라엘 사람이 각기 보습이나 삽이나 도끼나 괭이를 벼리려면 블레셋 사람에게로 내려 갔었는데 곧 그들이 괭이나 삽이나 쇠스랑이나 도끼나 쇠채찍이 무딜때에 그리하였으므로 싸우는 날에 사울과 요나단과 함께 한 백성의 손에는 칼이나 창이 없고 오직 사울과 그 아들 요나단에게만 있으니라.”

싸우려면 칼과 창이 있어야 하는데 칼과 창을 만들어야 할 철공들이 놀고 있었습니다. 그러니 당연히 싸움에서 질 수밖에 없지 않겠습니까?

한국이 어느 정도 발전한뒤 더 이상 발전하지 못하는 한계(限界)는 과학, 기술, 연구분야에서 뒤떨어지기 때문입니다.

왜 뒤떨어집니까? 한마디로 인재가 없기 때문입니다. 공부를 조금 잘한다 하면 법대(法大)가서 판사, 검사, 변호사되고, 성적이 좋기만 하면 의대(醫大)가서 의사만 되려고 하니 연구는 누가하고, 기술개발은 누가 한단 말입니까? 수재도 천재도 아닌 사람들이 세계의 선진국들의 풍부한 노하우속에 발전에 발전을 거듭하고 있는 다른 나라의 수재와 천재들과 대결하니 뒤떨어질 수밖에 없는 것입니다.

왜 공부 잘하면 법대를 가야하고 의대를 가야 합니까? 권위주의 때문입니다. 일류가 아니라 이류 머리만 되도 얼마든지 판검사로 법을 집행할 수 있고, 의사의 일을 감당할 수 있습니다. 그놈의 권력과 돈, 그리고 체면문화가 복합된 권위주의사상 때문에 인재를 잃고 있으니 어느 천년에 다른 나라를 제치고 앞장설 수 있을까요?

다 목회하면 교인은 누가하나

신앙만 좋으면 목사가 되고, 사모가 되고, 선교사가 되는 것도 같은 맥락에서 이해할 수 있습니다.

신앙과 믿음이 좋다고 무조건 목회자되는 것은 하나님의 뜻이 아닙니다. 물론 하나님은 신앙이 좋은 사람들 즉 하나님을 신뢰하는 사람들 사이에서 당신의 사역자를 부르시는 것은 당연한 일입니다. 그러나 어찌 다 목사이고 어찌 다 교사이겠습니까?

고린도전서 12장 29절을 보면 "다 사도겠느냐 다 선지자 겠느냐 다 교사겠느냐 다 능력을 행하는 자겠느냐"라고 말하고 있습니다.

섣불리 '주의 종이 되라', '사모가 되라', '선교사가 되라' 고 하지 마십시오. 언제나 당신의 뜻이 하나님의 뜻과 일치하지는 않습니다.

손봉호 장로님은 '한국 교회의 지도자상' 이라는 논문에서 '지도자는 철저한 헌신과 더불어 상당한 지적 능력을 가져야 하고 그것이 잘 개발되어 있어야 한다' 고 했습니다.

물론 그리스도를 믿는 사람 모두가 능력있는 사람일 필요는 없고, 하나님 앞에서는 능력있는 사람들이 그렇지 않은 사람보다 더 귀하다는 보장이 없다고 했습니다. 오히려 세상에서는 능력없는 사람이 하나님 앞에서 겸손하기 때문에 천국백성이 되기가 더 쉽다는 것입니다.

그러나 목회자가 되려는 사람은 철저한 헌신과 더불어 상당한 지적 능력이 필수입니다. 왜냐하면 성경을 올바로 이해하고, 하나님의 뜻을 정확하고 설득력있게 전하며, 옳은 신학과 잘못된 신학으로부터 구별할 수 있으며, 사회 문화적 상황과 크리스천들 하나 하나의 형편을 올바로 파악하여 하나님의 말씀에 따라 바로 지도할 수 있어야 하기 때문입니다. 그러나 그렇지 못한 사람이 뜨거운 마음만 가지고 목회자가 되겠다는 생각은 잘못될 가능성이 높습니다.

집사의 조건이 성령충만과 지혜충만이라면 목회자가 될 사람은 여기에 한가지를 더 추가해야 합니다. 그것은 지식입니다. 성령충만, 지혜충만, 높은 지식이 목회자의 필수조건입니다.

이 조건이 구비되지 않았으면 목회자가 되려고 하지 마십시오. 자신도 피곤하고 남들까지 피곤하게 만듭니다.

신학교를 잘못 선택하는 경우

왜 많은 사람들이 분명한 소명없이 신학교에 입학하려고 합니까?

분명한 소명이 없음에도 불구하고 신학교를 선택하는 잘못된 이유를 몇 가지를 열거해 보면 다음과 같습니다.

첫째로 대접받는 직업으로 이해하기 때문입니다.

유교에는 군사부일체(君師父一體)라는 사상이 있는데 임금과 스승, 그리고 아비를 똑같이 존경해야 한다는 뜻을 가지고 있습니다. 여기서 목사도 스승과 같은 존재로 대접을 받고 존경을 받는 직업으로 이해하는 사람들이 있습니다.

둘째로 신분상승의 길이라고 생각하기 때문입니다.

도저히 사회적인 방법으로 신분 상승이 어려운 사람들이 목사라는 직분을 통해 신분 상승을 꾀하려는 방법을 사용하기도 합니다. 사회질서에 의거한 신분 상승에는 여러가지 어려움이 있기 때문에 손쉬운 방법으로 목회의 길을 선택하기도 합니다. 실력이 없는 사람, 학벌이 부족한 사람, 경제적인 어려움이 있는 사람 등이 바로 그런 경우라고 할 수 있습니다.

판, 검사를 마음대로 할 수 있습니까?, 의사를 마음대로 할 수 있습니까?, 교수를 마음대로 할 수 있습니까? 심지어는 교사도 마음대로 할 수 없습니다. 우선 자격시험을 통해 자격을 얻어야 합니다. 연수를 통해 자질을 높여야 합니다. 물론 목회자의 길이 마음대로 된다는 말은 아닙니다. 그러나 분명한 것은 세상의 다른 직업에 비해 엄격한 자격심사가 이루어 지지 않는다는 것입니다. 그래서 상대적으로 용이한 목회자의 길을 통해 신분상승을 꾀하려는 사람들이 있습니다.

셋째로 할 일이 없기 때문입니다.

사업에 실패한 사람, 직장을 잃은 사람, 다른 곳에서 받아 주지 않는 사람들이 할 일이 없어서 빈둥거리다가 목회의 사역이 쉬운 줄 알고 뛰어드는 사람이 있습니다. 다른 것도 문제지만 특별히 이 문제는 더 심각합니다. 목회자의 자질이 떨어지게 만드는 주요소가 되기 때문입니다. 거기다가 비인가 신학교에서 '통신 신학생 모집', '6개월 과정으로 목사 안수' 라는 말도 안되는 문구로 백수(白手)들을 유혹합니다. 이로 인해 엉터리 목회자가 배출되는 것입니다.

또 군소교단의 경우 교세를 확장하려는 의욕에서 할 일없는 사람들을 대거 끌어들여 목회자를 삼는 경우도 있습니다. 이는 마치 조그마한 사무실에서 할일 없는 건달들을 불러모아 회장, 부회장, 총무, 전무라는 직위를 남발하는 것과 유사합니다.

넷째로 자신이 목회를 하면 잘 할 수 있다는 착각 때문입니다.

착각은 북한에서도 자유라지만 이것은 심해도 너무 심한 것 같습니다.

종종 찾아오는 사람들 가운데 '대학이나 직장을 그만두고 신학교에 입학하겠습니다' 라고 하는 형제들이 있습니다. 그럴 때 먼저 소명에 대한 확신을 점검하고 타당성이 있을 경우 축복하고 목회자의 길을 걷도록 도와줍니다.

그러나 들어보니 내용이 엉터리 같고 무분별한 선택같아 보이면 야단을 쳐서 돌려보내곤 합니다. 특히 자신이 대단해서 하나님께서 부르셨다고 착각하는 사람들이 있습니다. 자신이 목회를 하면 당장 수천 명의 사람들이 구름떼와 같이 몰려들 것이라는 환상을 꾸는 사람이나, 설교나 특별한 은사가 있어 목회에 자신 있다는 교만한 사람이 있는데 이러한 연유로 목회를 한다면 잘못된 것입니다. 목회는 자신의 힘으로 하는 것이 아닙니다. 예레미야 1장 7절을 보면 예레미야가 하나님의 소명을 받는 모습이 나옵니다.

"여호와께서 내게 이르시되 너는 아이라 하지 말고 내가 너를 누구에게 보내든지 너는 가며 내가 네게 무엇을 명하든지 너는 말할지니라."

하나님이 가라고 하는대로 가는 것이 소명입니다.
하나님께서 말하라는 것을 말하는 것이 소명이라는 것입니다. 절대로 내 뜻대로, 내 맘대로, 내 힘대로 하는 것이 목회가 아닙니다. 목회자는 아무나 되는 것이 아닙니다. 특별한 사람만이 되는 것입니다. 되도록 안되려고 노력하다가 하나님의 강권하심에 이끌려 할 수 없이 하는 것이 목회입니다. 그리고 그 부르심에 대해 확신을 가질 때 생명을 걸고 하는 것이 목회입니다. 예레미야 같이 사양하고 또 사양하다가 그래도 하나님의 뜻이라는 확신이 서면 목숨을 내놓고 하는 것이 목회입니다. 절대로 어중이, 떠중이, 백수들이 하는 것이 아닙니다. 그런 사람들은 빨리 다른 직업을 찾아보는 것이 신상에 좋을 것입니다.
다른 직업을 통해 하나님께 영광을 돌리는 길이 당신을 향한 하나님의 소명일 수가 있다는 것입니다.

직업도 하나님의 소명이다

목회의 길에도 하나님의 소명이 있지만 직업에도 소명이 있습니다.

세상에서도 자신에게 잘 맞는 직업을 가리켜 '천직(天職)'이라고 합니다. 하늘이 준 직업이라는 것입니다.

그와 같이 세상의 직업 속에서 자신의 텔런트를 가지고 일하는 것은 하나님의 소명에 순종하는 행위입니다. 노래를 잘 부르는 사람은 노래를 불러야 합니다. 춤을 잘 추는 사람은 댄서가 되어야 합니다. 운동을 잘하는 사람은 운동선수가 되어야 합니다. 연구를 좋아하는 사람은 과학자가 되어야 합니다. 가르치기를 좋아하는 사람은 교사가 되어야 합니다. 사업에 소질있는 사람은 사업을 해야 합니다. 그림을 잘 그리는 사람은 화가가 되어야 합니다. 문학에 소질있는 사람은 작가가 되어야 합니다. 요리를 잘하는 사람은 요리 전문가가 되어야 합니다. 컴퓨터를 잘 하는 사람은 컴퓨터 관련 업무를 해야 합니다. 연기를 잘하면 연예인이 되어야 합니다. 정치에 소질이 있으면 정치인이 되어야 합니다. 그래야 행복합니다. 이것이 바로 은사입니다. 텔런트입니다. 모두가 목회자일 필요가 없다는 말입니다.

얼마 전 신실한 청년이 찾아와서 가수가 되고 싶다고 했습니다.

가수 지망생인 이 청년은 음악에 상당한 재능을 가진 청년입니다. 가수가 되어 예수 그리스도를 소개하고 복음을 전하는 삶을 살고 싶다고 했습니다. 이 청년은 복음가수나 CCM 가수보다는 불신자들을 만날 기회가 있는 대중 가수의 길을 걷고 싶다고 했습니다. 저는 이 청년의 그런 의사에 전적으로 동의하며 대중 가수가 되라고 축복기도해 주었습니다. 주님을 찬양하고 기독교 문화를 발전시키는 차원에서 CCM을 하는 것도 좋겠지만 대중 가수가 되어 더 많은 사람을 만나서 예수 그리스도를 전하는 것이 더 바람직하다고 했습니다.

그랬더니 이 청년은 감사하면서도 아주 의아스럽게 생각을 했습니다. 왜냐하면 다른 목사님이나 집사님들에게 '대중 가수가 되겠다'고 하니까 '어떻게 예수믿는 사람이 사탄음악을 할 수 있느냐'며 펄펄 뛰더랍니다.

그런데 목사님은 흔쾌히 허락하시고 거기다가 축복기도까지 해주시니 오히려 의아스럽다고 고백했습니다. 그래서 저도 한마디했습니다. "복음을 전하겠다는데 안 도와 주는게 오히려 이상하지" 다양한 직업을 통해 주님을 섬기는 삶은 너무나 아름답습니다. 가수, 연예인 스포츠맨이라는 직업을 가지고 있으면서 그 가운데에서 현장 선교사가 되어 주님을 섬기는 모습을 주님은 기뻐하실 것이라고 확신합니다.

세상의 직업도 성직(聖職)이다

대부분의 사람들은 이분법적인 논리를 가지고 모든 것을 판단하려고 합니다.

일을 이해할 때 보면 세상적인 일과 영적인 일로 분류해서 이해하려고 합니다. 직업을 세상적인 직업과 영적인 직업으로 분류하여 영적인 직업을 성직(聖職)이라 부르고 세상적인 일을 세속적이며 먹고살기 위해 할 수 없이 하는 일로 분류합니다.

그러다 보니 하나님의 일을 하는 사람은 거룩한 사람이고 세상적인 일을 하는 사람은 그렇지 못하다고 생각하여 심지어 죄책감마저 갖고 있는 경우도 있습니다. 노래를 불러도 복음성가를 부르면 거룩하고 대중가요를 부르면 저속하고 향락적인 것으로만 이해합니다. 심지어는 세상 음악은 사탄 음악이라고 정죄를 하는 경우가 허다합니다.

물론 세상의 음악 가운데 사탄의 음악이 있다는 사실은 부인할 수 없습니다. 그 사실을 부정하는 것은 아닙니다. 그렇다고 세상의 모든 음악을 사탄의 음악으로 이해하는 것은 어불성설(語不成說)입니다.

세상 음악중에는 클래식도 있을 수 있고, 경음악도 있을 수 있고, 민요도 있고 전래음악도 있습니다. 이 모든 음악을 사탄의 것이 아닌 하나님의 작품이라고 말할 수 있다면 이런 음악에 종사하는 사람 역시 하나님의 작업에 동참하고 있다고 말할 수 있을 것입니다. 따라서 모든 일은 귀하며 직업에는 귀천이 있을 수 없습니다.

주님의 교회를 담임하시던 이재철 목사님이 1998년 3월 15일 주일 낮 설교에서 이런 예화를 교인들에게 들려주었습니다.

셋째 아들 승윤이가 초등학교시절 반장 선거에 도전했다가 번번이 실패 했습니다. 승윤이는 연이은 실패에도 아랑곳하지 않고 꾸준히 재도전을 시도하더니 2학년 2학기에 부반장으로 당선이 되었습니다. 부반장이 된 후 처음에는 무척 자랑스러워하더니 차차 의기소침 하기 시작했습니다. 그 이유를 물어 보았습니다.

아이의 대답은 이러했습니다. "부반장이란 아무것도 할 일이 없는 자리예요. 반장이 혼자서 무엇이든지 제마음대로 다한단 말이예요. 이 다음에는 반드시 반장이 되어야 하겠어요." 그러더니 그 애는 과연 3학년 1학기에 반장으로 출마했습니다. 그리고 압도적인 지지를 얻어 반장으로 당선이 되었습니다. 하도 신기해서 애에게 물어 보았습니다.

"애야 네가 어떻게 정견 발표를 했기에 표가 그렇게 쏟아져 나왔니?" 아들의 대답은 걸작이었습니다. 투표전에 "나는 여러분의 걸레가 되겠습니다."라고 말했어요.

나는 아이의 머리에 손을 얹고 기도했습니다.

"하나님 승윤이가 공약한대로 친구들의 걸레가 되게 하여 주옵소서."

이것이 바로 많은 사람들에게 귀감이 되고 있는 이재철 목사님의 바른 믿음입니다.

직업에는 귀천이 없습니다. 직업은 귀중하고 고귀한 하나님의 소명입니다.

일하시는 하나님

하나님은 어떤 분이십니까?

성경은 '하나님은 일하시는 하나님이다' 라고 묘사하고 있습니다.

뿐만 아니라 성경은 일에 대해 매우 고귀한 견해를 갖고 있음을 보여주고 있습니다. 구약 성경의 기자들은 매우 대담하게 하나님을 수공업자 즉 세상을 만들기 위해 손과 손가락으로 일하시는 분으로 묘사하고 있습니다.

'그는 진흙에 손을 담그시는 토기장이시다.' (사45:9) '모든 만물은 주의 손으로 지으신 것이다.' (시8:2-3) 등등 일하시는 하나님을 묘사하고 있습니다.

신약에 와서 예수님 역시 자신의 주된 삶의 목표를 일과 관련된 용어로 묘사하셨습니다. 그의 사역 초기에 제자들이 일을 멈추고 식사를 하시도록 재촉하자 요한복음 4장 34절에서 그는 다음과 같이 말씀하셨습니다.

"예수께서 이르시되 나의 양식은 나를 보내신 이의 뜻을 행하며 그의 일을 온전히 이루는 이것이니라" 그리고 그의 삶이 끝나는 날이 왔을 때 이렇게 기도하셨습니다.

요한복음 17장 4절에서 예수님은 "아버지께서 내게 하라고 주신 일

을 내가 이루어 아버지를 이 세상에서 영화롭게 하였사오니" 라고 기
도했습니다.

안식일에 일하시는 예수님을 향해 유대인들이 핍박하자 "예수께서
저희에게 이르시되 내 아버지께서 이제까지 일하시니 나도 일한다 하
시매"(요5:17)라고 하시면서 일에 대한 예수님의 분명한 견해를 밝혀
주셨습니다. 뿐만 아니라 십자가상에서 남긴 말씀은 '다 이루었다
(Full Paid)'는 말씀이었습니다.

예수님의 주요 사역은 구속 사역이었습니다. 그러나 그 분은 보다
통상적이고 평범한 의미에서 일하시는 분이었습니다. 그 분과 동시대
에 살던 사람들은 예수님을 '나사렛의 목수'로 이해하고 있었습니다.
그 옛날 목수직은 육체적으로 힘든 직업이었습니다. 추측하건대 가구
나 집을 만들기 위해 나무를 사용하려면 직접 산이나 숲에서 나무를
잘라와서 가공까지 해야 했을 것입니다. 식탁이나 의자를 하나 만들려
고 해도 자기 자신이 직접 재목을 잘라서 가공해서 가구를 만들었을
것입니다.

그렇게 예수께서는 그의 생활에 있어 3년간을 제외하고는 모든 시
간을 목수라는 거친 직업에 종사하며 보내셨던 것입니다. 거친 육체적
일이 하나님의 아들로서의 위엄을 손상시키시는 것이 아님을 예수님
은 손수 우리에게 보여주셨습니다.

일을 하라

일하시는 하나님의 배경을 바탕으로 본다면 성경이 일에 대해 고귀
한 견해를 가지고 있다는 것은 별로 놀랄일이 못됩니다.

창세기의 처음 몇 장을 보면 일이라는 것이 창세때부터 인간을 위한 하나님의 이상적인 창조계획 중의 일부라는 사실이 매우 명백하게 드러나 있습니다. 아담은 에덴 동산을 '다스리고 지키도록' 명령을 받았습니다. 이는 농업적 일과 토지 관리를 합친 힘든 일을 뜻하는 것이었습니다. 이보다 더 일찍 내려진 하나님의 명령은 창세기 1장 28절에서 "일을 하라"는 것이었습니다.

세상의 많은 사람들이 다양한 분야와 서로 다른 업종에서 일하고 있는 것은 "땅에 충만하라 땅을 정복하라"는 하나님의 명령을 수행하고 있는 것으로 봐야 합니다. 성경적인 관점에서 보면 '하나님은 사람들의 일을 통해 자신의 창조 사역을 계속 진행하고 계시다' 라고 말하는 것은 결코 잘못되었다고 할 수 없습니다. 예를 들어 "우리에게 일용할 양식을 주옵소서"라는 간단한 기도에 응답하는 것에 있어 사람들의 일이 얼마나 많이 관여되어 있는가를 깨닫기 위해서는 식품업에 얼마나 많은 사람들이 종사(從事)하고 있는지를 나열해 보면 알 수 있습니다.

종교 개혁자들은 이점을 분명히 파악하고 있었던 것 같습니다. 마르틴 루터는 "하나님께서는 당신을 통해 심지어 젖소의 젖을 짜기를 원하신다"라고 주장했습니다. 따라서 일을 사람의 죄 때문에 생긴 부작용이나 사람들이 느긋하게 즐기는 것을 방해하기 위해 사탄이 발명해 낸 것으로 보는 것은 잘못입니다.

요한 계시록 14장 13절을 보면 "또 내가 들으니 하늘에서 음성이 나서 가로되 기록하라 지금 이후로 주 안에서 죽는 자들은 복이 있도다 하시매 성령이 가라사대 그러하다 저희 수고를 그치고 쉬리니 이는 저희의 행한일이 따름이라 하시더라"는 말씀이 있습니다.

이 말씀에서 우리는 지금 하고 있는 일의 가치를 하늘나라에 가서도 잃어버려지지 않을 것이라는 확신을 갖게 합니다. '주안에서 죽은 자들은 저희 수고를 그치고 쉰다' 고 하는데 여기서 '수고'(Labor)라는 단어의 의미는 인간의 타락의 유물로 일의 불쾌하고도 고통스러운 측면을 가리키는 용어입니다.

이 구절에 대한 레온 모리스(Leon Morris)박사의 해석을 음미해 볼 가치가 있습니다. "하늘나라는 아무런 일도 하지 않는 곳이라기 보다는 고통이 끝난 곳이다. 성도는 자기의 수고를 그치고 쉬게 된다. 그러나 일은 무덤 저편의 삶에까지 이루어지는 것이다" 이러한 사실은 크리스천들이 종사하고 있는 모든 일들에 존엄성을 부여합니다. 그들은 무의미한 일에 종사하고 있지는 않을 것이다" 일이 없는 낙원을 꿈꾸는 것은 분명 하늘나라에 대해 올바로 상상을 하는 것이라고 볼 수 없습니다.

실제적인 성경의 결론

성경은 분명하게 일하시는 하나님에 대해 증거하고 있으며 사람 역시 일하는 자로 만들어졌다는 사실을 증거하고 있습니다. 이러한 성경의 증거에 대해 우리는 세 가지 실제적인 결론을 이끌어 낼 수 있을 것입니다.

첫째로 사람이 일을 거부하면 안 된다는 것입니다.

이것은 신구약에서 성경 자체가 강조하고 있는 결론입니다. 바울은 데살로니가후서 3장 10절에서 냉혹하고 엄격하게 "우리가 너희와 함께 있을 때에도 너희에게 명하기를 누구든지 일하기 싫어하거든 먹지도 말게 하라 하였더니"라고 말하고 있습니다.

구약의 잠언 6장 6절을 보면 "게으른 자여 개미에게로 가서 그 하는 것을 보고 지혜를 얻으라"고 하면서 게으름뱅이들을 가차없이 꾸짖고 있음을 봅니다.

철혈재상이란 별명을 가지고 있는 비스마르크(Bismarck Otto Von)는 초대 수상으로 독일 제국을 통치하면서 국민들에게 외쳤습니다. "일하라, 더 일하라, 끝까지 일하라"고 했습니다. 1890년 빈헬름 2세와 충돌로 사직하기까지 20년간 독일을 다스리면서 독일 국민을 일하는 국민으로 만들어 버렸습니다. 이로 인해 독일 국민은 '라인강의 기적'을 창출하는 능력의 국민이 될 수 있었습니다.

둘째로 이와 같은 근거에서 인간에게서 일을 빼앗아 가는 일도 나쁜 것임에 틀림없습니다. 하나님께서 사람이 일하는 존재가 되도록 하셨기 때문에 일을 하기에 적합한 사람에게 고용의 기회를 빼앗는 것은 완전한 인간의 속성에 있어 필수적인 어떤 것을 강탈해 가는 것입니다.

사회보장이 아무리 잘 되어 있고 연금이 주어진다고 해도 그것은 강요된 실직(失職)에 대한 적절한 보상이 되지 못합니다. 윌리엄 템플(William Temple)이 1920년대와 30년대의 경제 대공황시에 제로우(Jarrow)시(市)에 있었던 실업자에 대해 언급하면서 썼듯이 "그 정부에 있어 가장 중대하고도 쓰라린 상처는 육적인 불만이나 기아 또는 곤란이 아니며 심지어 공허함과 권태에 대한 정신적 불만도 아니다. 그것은 사회의 일반적 생활과 복지에 기여할 기회를 부여받지 못하고 있다는 심령적 불만이다"라고 말했습니다. 한국 기업의 구조 조정으로 인한 실직자들과 한끼의 식사를 위해 줄지어 서 있는 노숙자들의 얼굴에 나타나 있는 냉담하고도 슬픈 표정은 일이 없는 삶의 공허함을 단적으로 증거하고 있는 것입니다.

셋째로 성경은 일이 매우 귀중한 가치를 지니고 있음을 가르치고 있습니다.

일을 불가피하고 답답하고 귀찮은 것으로 생각하는 것은 성경의 정신과 일치하지 않습니다. 봉급을 받기 위해 마지 못해 하는 것이나 필요한 수단 정도로만 여기는 것으로 일을 이해하는 것은 성경이 말하는 정신과 일치하지 않다는 것입니다. 하나님께서 일하신다는 사실은 모든 일에 존귀성을 부여한다는 의미로 받아들여야 합니다. 일주일에 하루만 일을 하기를 바란다던가 아무런 일을 하지 않으면서도 불로소득을 기대한다는 것은 크리스천의 건전한 생각이라 할 수 없습니다.

이러한 차원에서 볼 때 직업을 소명과 '그외 직업'으로 나누는 것은 성경의 정신과 일치하지 않습니다. 일에 대한 성경의 접근 방법은 모든 사람은 직업을 가져야 하고, 모든 크리스천들은 자신의 직업이 무엇이든 간에 소명을 갖고 있어야 한다는 점입니다. 결국 소명이란 '부르심'을 뜻하는 것입니다. 그렇다고 해서 소명의 의미를 우리가 주중에 직장에서 일하는 것만으로 국한시켜 버린다면 우리는 성경의 의미를 지독하리만큼 제한해 버리는 것입니다. 모든 크리스천들은 '하나님에 의해서' 자신의 삶이 진행되며 또 그분을 위해 그 무엇이 진행되도록 부르심을 받는 것입니다.

똑같이 귀하다

사도바울은 에베소교회에 보내는 편지를 쓸 때에 그는 자신이 매우 각양각색(各樣各色)의 회심자들에게 말하고 있다는 사실을 알고 있었습니다. 회심자들 중에는 종들과 마찬가지로 고용주, 전직 도둑들, 주

부들과 어린아이들도 있었습니다. 그러나 그들이 이렇게 매우 다양한 직업을 갖고 있었음에도 불구하고 그의 편지를 읽는 수신자들에게 부르심에 합당하게 행하라고 가르쳤습니다. 에베소서 4장 1절을 보겠습니다.

"그러므로 주 안에서 갇힌 내가 너희를 권하노니 너희가 부르심을 입은 부름에 합당하게 행하여"라고 말하고 있습니다.

또 바울은 고린도전서 12장을 통해 교회 내에서 일부 직업을 파렴치하게 몰아내려는 것을 몸의 각 기관과 수족 사이에서 일어나는 내란(內亂)으로 비유했습니다. 그는 가장 중요한 기능을 수행하는 기관이 덜 중요하다고 생각하는 기관을 간과할 수 있음을 지적하면서 결국에는 각 지체가 한 몸임을 강조하고 있습니다.

고린도전서 12장 24절에서 25절을 보면 "우리의 아름다운 지체는 요구할 것이 없으니 오직 하나님이 몸을 고르게 하여 부족한 지체에게 존귀를 더하사 몸 가운데서 분쟁이 없고 오직 여러 지체가 서로 같이 하여 돌아보게 하셨으니"라고 했습니다.

만일 이러한 설득력을 모든 일에 확장시키는 것이 성경의 정신이라면 크리스천들은 어떤 직업을 다른 직업보다 더 귀하게 생각하려는 유혹에 빠지지 말아야 할 것입니다. 바울의 주장대로라면 선교사같은 영적(靈的)인 일을 청소부같은 세속적 일보다 높이 치는 것은 눈(眼)이 코 보다 더 중요하다고 말하는 것과 마찬가지라는 것입니다.

미국에서 목회를 하시는 선배 목사님의 아들에게 어떤 집사님이 물었답니다. "얘 너는 커서 뭐가 될거니?" 그러자 그 아이는 너무나 담담하게 "저는 청소부가 될 거예요"라고 대답을 하는 것입니다.

그런 얘기를 옆에서 듣고 있던 목사님이 내심 기분이 상했습니다. 그래서 집사님들이 돌아 간후 아이를 불러 물었습니다. "아까 들으니까 청소부가 되겠다는 말을 하던데 왜 갑자기 청소부를 하기로 작정했니?" 그러자 아이가 대답했습니다. "청소부 아저씨의 힘이 대단해서요. 청소차가 와서 종을 울리면 잠을 자고 있던 아줌마든, 밥을 하고 있는 아줌마든, 흑인이든, 백인이든 벌떡 일어나서 쓰레기통을 들고 막 달려가잖아요. 그 모습을 보니까 목사가 되는 것보다 훨씬 재미있을 것 같아서요." 그 얘기를 들은 선배 목사님은 더 이상 할 말이 없었다고 합니다. 목사의 직분이 귀하다면 청소부의 직업도 똑 같이 귀한 것입니다. 선교사의 사역이 귀하다면 똥푸는 사람의 직업도 귀합니다. 사모의 직분이 귀하다면 가정부의 직업 역시 귀한 것입니다. 분명히 기억할 것은 크리스천이 관련되어 있는 한 모든 직업은 영적입니다. 왜냐하면 그것이 하나님의 뜻에 순종하여 행해지기 때문입니다. 동시에 모든 직업은 세속적입니다. 왜냐하면 그 일이 세상에서 행해지는 것이기 때문입니다.

하나님 앞에서

만일 어떤 사람이 하나님으로부터 소명을 받은 사실을 확신하고 있다면 필연적으로 일을 하는 그의 동기 또한 깊이 영향을 받을 것입니다. 소명을 가진 크리스천들에게는 무엇보다도 우선하는 하나의 동기가 있습니다. 그것은 무엇보다도 하나님을 기쁘시게 하기 위하여 자신의 일을 감당한다는 것입니다. 신약에서 이러한 독특한 동기의 원천에서 나온 결과를 가장 명백하게 말한 사람은 사도 바울입니다.

그는 골로새서 3장 23절에서 24절을 통해 크리스천 종들에게 "무슨 일을 하든지 마음을 다하여 주께 하듯하고 사람에게 하듯하지 말라. 이는 유업의 상을 주께 받을줄 앎이니 너희는 주 그리스도를 섬기느니라"라고 말하고 있습니다.

그리스도를 섬기는 사람은 어떤 자세를 가지고 일을 해야 한다는 말입니까? 하나님께 하듯 해야 한다는 말입니다. 종교 개혁자 칼빈의 대표적인 신앙은 '하나님 앞에서' 입니다. 그는 모든 일을 하나님 앞에서 일을 하듯 했습니다.

사람의 눈은 피할 수 있지만 하나님의 눈은 피할 수 없습니다. 모든 일을 하나님께 하듯 할 때 사람으로부터 칭찬과 신뢰를 얻을 수 있는 동시에 하나님으로부터 유업의 상을 얻게 됩니다. 즉 어떤 일을 하든지 마음을 다해서 하는 것은 하나님께 상을 얻는 방법입니다.

에베소에 있는 종들에게도 같은 맥락에서 이야기하면서 조금 더 상세하게 설명합니다.

에베소서 6장 5절에서 7절에서 사도바울은 "종들아 두려워하고 떨며 성실한 마음으로 육체의 상전에게 순종하기를 그리스도께 하듯하여 눈가림만 하여 사람을 기쁘게 하는 자처럼 하지 말고 그리스도의 종들처럼 마음으로 하나님의 뜻을 행하여 단 마음으로 섬기기를 주께 하듯하고 사람들에게 하듯하지 말라"고 말하고 있습니다.

자기 목숨을 버리는데 까지…

소명 의식을 가진 엘리트 크리스천은 필연적으로 거룩한 야망을 가지고 있는 사람들입니다. 전심을 다하려면 어떤 크리스천도 일을 다 마치는 최후의 순간까지 긴장을 풀어버릴 수 없을 것입니다. 하나님의 부르심은 소명자의 육체적, 정신적 능력의 한계까지 몰아갈 수 있습니다. 그럼에도 소명받은 엘리트 크리스천은 "다른 사람과 똑같이 되게 해 주소서"라고 기도 할 수 없습니다.

칼 헨리(Carl Henry)는 "작업대의 열에 서서 같은 인내로 나사를 돌리는 일도 그것이 그 사람의 최고의 창조력을 나타내는 것이라면 비난거리가 되지 않는다. 그러나 섬길 수 있는 더 많은 잠재력을 갖고 있는 크리스천 제자에게는 그러한 제한은 죄받을 만한 것이다"라고 말했습니다.

더 할 수 있음에도 더 하지 않는 것은 하나님 앞에서 떳떳한 것이 되지 못한다는 말입니다. 소명에 대한 확신이 하나님의 부르심에 대한 순종이라면 사명은 자기 목숨을 버리는데 까지 헌신하는 순교 정신입니다. 우리 주님은 친히 말씀하시기를 예수님과 복음을 위하여 목숨을 버리라고 말씀하셨습니다. 마가복음 8장 34절에서 35절을 보겠습니다.

"무리와 제자들을 불러 이르시되 아무든지 나를 따라 오려거든 자기를 부인하고 자기 십자가를 지고 나를 좇을 것이니라. 누구든지 제 목숨을 구원코자 하면 잃을 것이요 누구든지 나와 복음을 위하여 제 목숨을 잃으면 구원하리라"고 말씀하셨습니다.

변화를 일으키는 선교사가 되라

우리가 일하는 일터에서, 산업의 현장에서, 학교에서, 병원에서 생명을 다해 우리에게 주어진 사람들을 변화시켜야 할 책임을 가지고 있습니다. 내가 있는 곳이 나 때문에 변화되어야 합니다. 입술이 아닌 몸으로 예수 그리스도를 전해야 합니다.

어떤 자매의 간증을 들은 적이 있습니다. 자매는 고등학교를 졸업하고 직장에 들어갔습니다. 그 직장은 철공소였는데 사무를 보게 되었습니다. 직장에서 만나는 남자들은 무식하고 입이 거칠은 사람들이었습니다. 그들은 자매를 대상으로 성적 농담을 즐겼으며 얼굴을 대할 때마다 심한 욕을 서슴지 않았습니다. 자매는 더 이상 이 사무실에서 근무할 수 없다는 생각을 했습니다.

얼마 뒤 자매는 휴가를 이용하여 '선교한국'이라는 집회에 참석하게 되었습니다. 그 곳에서 자매는 진정한 선교를 배웠습니다. 그리고 선교의 현장에 얼마나 어려움이 많으며 선교사들이 어떠한 가운데 선교의 사역을 감당하는지를 배웠습니다. 자매는 변화되었습니다. 직장으로 돌아온 자매는 이 거칠은 남자들이 모두 선교의 대상이라는 사실을 깨달았습니다. 그들을 불쌍히 여겼습니다. 담배꽁초와 오줌으로 범벅이 된 화장실을 청소했습니다. 성적 농담이나 심한 욕설에 대해 웃음으로 대해 주었습니다. 잔심부름을 시킬 때에 기쁨으로 달려가서 들어 주었습니다.

오히려 도와 줄 일이 없느냐고 물었습니다. 쉬는 시간에 성경을 읽었으며 그들의 이름을 책상에 붙여놓고 기도해 주었습니다. 그들의 가정에 어려운 일이 있을 때 찾아가 위로했으며 그들의 생일날에는 정성으로 만든 카드를 보내 주었습니다.

그들은 자매의 변화된 모습에 깜짝 놀랐을 뿐 아니라 그들도 서서히 변화되기 시작했습니다. 음담패설이 사라졌습니다. 욕설이 사라졌습니다. 어려운 일이 있으면 어떻게 해야 하느냐고 물어 왔습니다. 당신이 나가는 교회가 어디에 있는가를 물었습니다.

어느 날 성가대에서 찬양하던 자매는 깜짝 놀랐습니다. 공장에 함께 다니는 형제들이 모두 꽃다발을 들고 교회로 찾아왔던 것입니다. 그리고 그 직장의 직원들 모두 예수 그리스도를 영접했습니다. 이렇게 되면 세상은 분명 바뀝니다. 이런 모습이 바로 직업을 소명으로 받아들이는 자세입니다.

엘리트 크리스천은 하나님이 허락하신 일과 직업에 대해 소명으로 받아 들여야 하는 결단을 가져야 합니다. 그리고 그 소명에 충실하게 임해야 합니다. 그 소명이 어떤 일이든 하나님으로부터 주어진 소명임을 확신한다면 그 소명을 위해 목숨까지도 바칠 수 있는 결단과 헌신을 필요로 합니다. 우리 모두는 부르심에 대한 철저한 사명 의식이 필요합니다. 예수님과 복음을 위해서 목숨을 잃을 때까지 최선을 다해야 합니다. 그리고 우리는 이렇게 고백하여야 합니다.

"이와 같이 너희도 명령 받은 것을 다 행한 후에 이르기를 우리는 무익한 종이라 우리의 하여야 할 일을 한 것뿐이라 할지니라."(눅 17:10)

함께 읽으면 좋은 책

『소 명』오스기니스 지음/IVP 펴냄
『직업과 소명』데이빗필드 지음/IVP 펴냄
『목회 소명』에드몬드클로네이 지음/생명의 말씀사 펴냄

가난을 풍성으로 바꾸라

가난하고 궁핍하게 사는 것은 하나님의 뜻이 아닙니다. 그것은 본인의 뜻일진 몰라도 하나님의 뜻은 분명히 아닙니다. 가난하고 궁핍한 것을 좋아하는 것은 사탄의 뜻입니다. 두드러지는 증거가 있습니다. 지금 당장 지구본이나 세계지도를 펴서 잘 사는 나라와 못 사는 나라를 파악해 보십시오. 잘 사는 나라는 어떤 나라이고, 못 사는 나라는 어떤 나라입니까? 잘 사는 나라들은 기독교 국가들입니다. 하나님이 주인인 나라입니다. 그러나 못 사는 나라들은 불교 국가이거나 이슬람 국가들입니다. 사탄이 왕노릇하는 나라입니다.

가난을 풍성으로 바꾸라

하나님의 복은 풍성하다

예수 그리스도를 개인의 구주와 주님으로 모신 크리스천은 하나님이 주시는 풍성한 삶을 누리고 살아야 합니다.

하나님은 우리에게 복을 주시며 풍성한 삶을 살기를 원하십니다. 쉬운 말로 표현하면 가난하게 살지 말라는 것입니다. 궁핍하게 살지 말라는 것입니다. 꾸어줄지언정 꾸면서 살지 말라는 것입니다. 왜 그렇습니까? 사탄이 오는 것은 죽이고 멸망시키려는 것뿐이지만 예수님이 세상에 오신 것은 그의 백성들이 생명을 얻고 더 풍성한 삶을 누리도록 하시기 위함이기 때문입니다. 요한복음 10장 10절에서 예수님은 이렇게 말씀하셨습니다.

"도적이 오는 것은 도적질하고 죽이고 멸망시키려는 것뿐이요 내가 온 것은 양으로 생명을 얻게 하고 더 풍성히 얻게 하려는 것이라."

사탄이 오는 목적은 죽이고 멸망시키려는 것뿐입니다. 사탄의 목표는 도적질하고 빼앗아 못살게 하는 것입니다. 그리고 사탄의 최종 목표는 죽이는 것입니다. 처음에는 부드러운 듯이, 달콤하고 논리적으로 찾아오는 것 같지만 가난하게 하고 병들게 하고 죽이는 것이 사탄의 목표입니다.

사탄은 사람들이 궁핍하게 살고 가난에 찌들은 모습을 좋아합니다. 이것을 저주(詛呪)라고 합니다. 그러나 하나님은 우리가 그렇게 사는 것을 좋아하시지 않습니다. 우리 주님이 오신 목적이 무엇입니까? 우리 모두가 생명을 얻고 풍성한 삶을 영위(營爲)하기 위함입니다. 사람을 창조하신 목적도 이와 동일합니다. 하나님께서 사람을 왜 창조하셨습니까? 사람에게 복 주시고 기뻐하시기 위해서입니다. 하나님의 최고의 작품인 사람이 풍성한 삶을 누리게 하기 위함이셨습니다.

창세기 5장 2절에 보면 "남자와 여자를 창조하셨고 그들이 창조되던 날에 하나님이 그들에게 복을 주시고 그들의 이름을 사람이라 일컬으셨더라"고 말씀하고 있습니다.

무슨 뜻입니까? 사람이 창조되던 날, 사람의 시작이 있던 날에 하나님은 사람에게 복을 주셨다는 말씀입니다. 즉 사람이란 말 자체에 '복 받을 자' 라는 의미가 있다는 말입니다.

저주에 길들여진 크리스천

그러나 많은 사람들이 풍성한 삶을 누리기 보다는 저주속에 거하며 가난과 질병, 그리고 고통속에 살고 있습니다.

당연히 하나님이 주시는 풍성한 복 가운데 살아야 할 크리스천들마저 오히려 저주와 가난, 고통스러운 삶속에 길들여 그것이 마치 당연한 삶인 양 살고 있는 것입니다. 왜 그렇게 살고 있습니까? 대가(對價)가 지불되었다는 점을 모르고 있기 때문입니다. 가난하고 병든 삶도 무조건 하나님의 은혜인줄로만 알고 있기 때문입니다. 그저 그렇게 사는 것이 크리스천의 미덕(美德)인줄로 착각하기 때문입니다.

예수 그리스도께서 우리를 율법의 저주에서 구속하셨습니다. 현재 우리를 둘러싸고 있는 가난과 질병, 그리고 영적 죽음에서 우리를 자유케 하시고 속량하셨습니다. 모든 값은 십자가에서 지불되었고 우리는 해방되었습니다. 더 이상 가난하고 궁핍하게 살 필요가 없어졌습니다. 이제 우리는 풍성한 삶을 누리며 살아야 합니다.

갈라디아서 3장 13절을 보면 "그리스도께서 우리를 위하여 저주를 받은바 되사 율법의 저주에서 우리를 속량하셨으니 기록된바 나무에 달린 자마다 저주 아래 있는 자라 하였음이라"고 말씀하고 있습니다.

예수 그리스도께서 우리가 받을 저주를 대신 받으셨다는 말씀입니다. 우리가 받아야 할 저주 즉 가난, 질병, 영적 죽음을 나무에 달려 대신 받으셨다는 것입니다.

율법의 저주가 무엇입니까? 그것을 알기 위해서는 율법이 무엇인가를 알아야 합니다. 율법은 보통 구약의 첫 다섯권인 창세기, 출애굽기, 레위기, 민수기, 신명기를 말합니다. 이것을 살펴보면 하나님의 법인 율법을 지키지 않는 자에게 저주와 벌로 나타나는 것이 세 분야임을 보게 됩니다. 가난, 질병, 그리고 영적 죽음입니다. 그 저주를 예수님이 갈보리 십자가에서 대신 담당하셨다는 것입니다. 따라서 크리스천의 삶은 축복의 삶입니다. 풍성한 삶입니다. 누르고 넘치도록 충만한 삶입니다.

못 사는 것은 저주이다

대부분의 사람들은 생각하기를 기독교는 이 세상의 삶에서 물질적 인연같은 현세의 축복은 약속되어 있지 않다고 믿고 있습니다. 그러나 그렇지 않습니다.

하나님은 우리가 이 세상에 사는 동안에 아름답고 풍성한 삶을 허락하셨습니다. 축복과 풍성한 삶은 하나님의 뜻입니다. 따라서 크리스천의 삶은 풍성하고 넘치는 삶이 되어야 합니다.

가난하고 쪼들리고 어려워서 절절 매는 모습을 하나님은 좋아하시지 않습니다. 어떤 사람은 크리스천의 삶이란 가난하고 누추하고 어려운 삶을 사는 것이라는 확고한 철학을 가지고 있습니다. 그렇게 사는 것이 하나님의 뜻이라고 생각합니다. 과연 그럴까요? 아니오 그렇지 않습니다.

가난하고 궁핍하게 사는 것은 하나님의 뜻이 아닙니다. 그것은 본인의 뜻일진 몰라도 하나님의 뜻은 분명히 아닙니다. 가난하고 궁핍한 것을 좋아하는 것은 사탄의 뜻입니다. 두드러지는 증거가 있습니다. 지금 당장 지구본이나 세계지도를 펴서 잘 사는 나라와 못 사는 나라를 파악해 보십시오. 잘 사는 나라는 어떤 나라이고, 못 사는 나라는 어떤 나라입니까? 잘 사는 나라들은 기독교 국가들입니다. 하나님이 주인인 나라입니다. 그러나 못 사는 나라들은 불교 국가이거나 이슬람 국가들입니다.

사탄이 왕노릇하는 나라입니다. 그런데 이상하게도 그런 나라에도 기독교가 들어가기만 하면 그 나라는 부자가 되고 문명이 발달되는 것을 알 수 있습니다. 그러나 잘 살 던 나라도 종교를 잘못 택하면 여지없이 가난한 나라로 전락해 버리고 맙니다. 하나님을 잘못 믿는 가톨릭 국가도 마찬가지입니다.

아시아의 필리핀, 북미의 멕시코, 유럽의 스페인, 남미의 많은 국가들이 잘못된 신앙을 가진 가톨릭을 선택한 덕분에 주변국가중 가장 못사는 나라로 전락하고 있습니다. 잘못된 신앙을 가지면 저주를 받는다는 하나님의 진리입니다.

왜냐하면 절대로 저주는 까닭없이 임하지 않기 때문입니다. 저주를 받을만 하니까 저주를 받는 것입니다.

잠언 26장 2절에 보면 "까닭 없는 저주는 참새의 떠도는 것과 제비의 날아가는 것 같이 이르지 아니하느니라"고 말씀하고 있습니다.

이유없는 저주는 없다는 말입니다.

우리 나라를 살펴봅시다. 우리 나라는 반만년의 유구한 역사를 자랑하고 있습니다. 그러나 솔직히 우리나라가 반만년의 역사가운데 자랑할 것이 무엇입니까? 뭐 그리 대단한 것이 있었습니까?

한민족의 역사를 무시하는 것이 아니라 역사를 바로 보자는 것입니다. 그것은 가난이었습니다. 여성억압이었습니다. 질병과 보릿고개였습니다. 당파싸움이었습니다. 배고픔이었습니다. 이런 것들이 반만년을 장식한 우리들의 유산(遺産)이 아니었습니까?

이런 것을 반만년, 오천년의 역사의 유산이라고 자랑할 수 있단 말입니까? 정신나간 소리입니다. 배고픔이 뭐 자랑거리입니까? 여성을 억압하고 남자들이 왕처럼 군림하는 것이 민족의 문화 유산이란 말입니까? 못먹어서 머리에 부스럼이 나고 피골(皮骨)이 상접한 채 이빨 쑤시고 앉아 있는 것이 양반문화의 유산이란 말입니까? 아닙니다. 절대로 아닙니다. 이런 것들은 저주입니다. 그것은 복이 아니라 고통이며 눈물이며 한숨이며 저주입니다.

잘 사는 것은 축복이다

그러나 기독교가 들어온지 100여년 만에 우리는 변했습니다.

축복을 받았습니다. 우리 대한민국은 세계속에 주목받는 부유한 나라로 인정받기 시작하였습니다. 이것이 누구의 은혜입니까? 모든 것에 풍성한 하나님의 은혜입니다. 모든 것에 풍성하신 하나님은 그의 백성들에게 필요한 것을 공급하고 나눠줄 수 있는 풍성한 삶을 살도록 복을 주셨던 것입니다. 창세기 27장 28절을 보십시오.

"하나님은 하늘의 이슬과 땅의 기름짐이며 풍성한 곡식과 포도주로 네게 주시기를 원하노라."

이것이 바로 하나님의 은혜입니다. 비를 주시는 것이 하나님의 은혜입니다. 햇빛을 주시는 것이 하나님의 은혜입니다. 병충해를 막아 주시는 것이 하나님의 은혜입니다. 자라게 하시고 거두게 하시는 것이 하나님의 은혜입니다. 이렇게 때를 따라 도움을 주시는 분은 오직 하나님이십니다. 이사야서 30장 23절을 보겠습니다.

"네가 땅에 뿌린 종자에 주께서 비를 주사 땅 소산의 곡식으로 살찌고 풍성케 하실 것이며 그 날에 너의 가축이 광활한 목장에서 먹을 것이요"라고 했습니다.

씨를 뿌립니다. 자라게 하시는 분이 누구입니까? 양식을 주시는 분이 누구입니까? 풍성하게 하시는 분이 누구입니까? 오직 하나님 한 분이십니다.

고린도후서 9장 10절에서 "심는 자에게 씨와 먹을 양식을 주시는 이가 너희 심을 것을 주사 풍성하게 하시고 너희 의의 열매를 더하게 하시리니"라고 하셨습니다.

이래도 가난이 축복이란 말입니까? 궁핍한 것이 은혜란 말입니까? 아닙니다. 모든 것에 풍성하신 하나님은 우리에게 풍성하게 채워 주십니다. 아버지가 부자이면 자식도 부자입니다. 아버지가 풍성하면 자식도 풍성하게 살아 갈 수 있습니다. 아버지가 넉넉하면 자식도 넉넉합니다.

빌립보서 4장 19절을 보십시오. "나의 하나님이 그리스도 예수 안에서 영광 가운데 그 풍성한대로 너희 모든 쓸 것을 채우시리라"고 했습니다. 풍성하고 넉넉한 은혜를 마음껏 누리기를 바랍니다.

하나님의 말씀을 지키라

그럼 어떻게 풍성하고 복된 삶을 살아갈 수 있습니까? 그 해답은 너무나 간단합니다.

첫 번째로 말씀을 듣고 그 말씀을 지키면 됩니다.

하나님의 말씀에 의하면 하나님의 말씀을 듣고 그 명령을 지켜 행하면 풍성하고 복된 삶을 살아갈 수 있다고 말씀하고 있습니다. 그렇게 순종하기만 하면 우리는 복을 받아서 부자가 되고, 이 땅에 가난한 자가 없어지게 된다는 것이 하나님의 말씀입니다. 그렇습니다. 하나님의 명령을 지켜 행하기만 하면 반드시 하나님의 복이 임하여 부자가 되고 하나님이 원하시는 풍성하고 은혜로운 삶을 살아가게 됩니다.

신명기 15장 5절에서 하나님은 "네가 만일 네 하나님 여호와의 말씀만 듣고 내가 오늘날 네게 명하는 그 명령을 다 지켜 행하면 네 하나님 여호와께서 네게 유업으로 주신 땅에서 네가 정녕 복을 받으리니 너희 중에 가난한 자가 없으리라"고 말씀하셨습니다.

하나님의 말씀을 지켜 행하면 가난한 자가 사라지게 됩니다.
부자가 됩니다. 풍성하게 됩니다. 그러나 반대로 하나님의 말씀에 불순종하고 그 명령을 지켜 행하지 않으면 하나님의 저주가 임하여 가난하게 됩니다. 가난은 저주가 분명합니다. 많은 사람들이 이 사실에 대해 반박할 지 모르지만 가난은 저주로, 하나님의 명령에 불순종할 때 발생하는 분명한 현상입니다.
즉 가난이란 하나님의 모든 명령과 규례를 지키지 않음으로 하여 받게 되는 하나님의 형벌이라는 사실입니다. 쉽게 말해서 하나님께서 명하는 그 명령을 지켜 행하지 않음으로 저주를 받아서 가난하게 된다는 것입니다.
따라서 가난은 크리스천의 미덕이 아니라 저주이며 형벌인 것을 크리스천들은 이해할 필요가 있습니다. 풍성함이 하나님의 축복이라면 가난함은 저주라는 사실을 기억하면서 살아가야 할 것입니다. 신명기 28장 15절에서 17절을 읽어보십시오. 분명하게 저주에 대해 언급하고 있습니다.

"네가 만일 네 하나님 여호와의 말씀을 순종하지 아니하여 내가 오늘날 네게 명하는 그 모든 명령과 규례를 지켜 행하지 아니하면 이 모든 저주가 네게 임하고 네게 미칠 것이니 네가 성읍에서도 저주를 받으며 들에서도 저주를 받을 것이요. 또 네 광주리와 떡반죽 그릇이 저주를 받을 것이요"라고 했습니다.

누가 보고 있다

금요철야를 마치고 신앙생활을 막 시작한 자매가 상담을 요청했습니다. 기도에 대한 상담이었습니다. 상담중 자매는 아주 뜻밖의 질문을 했습니다. "하나님께서 자녀들의 기도를 들어준다면 기도를 가장 많이 한 사람들이 복도 가장 많이 받아야 하는 것이 아닙니까?"라는 것이었습니다.

질문에 답을 하기도 전에 자매의 질문은 이어졌습니다.

"우리 교회에 기도를 제일 많이 하시고 신앙생활도 제일 열심히 하시는 분이 왜 가장 가난합니까? 그렇게 많이 기도했다면 복도 많이 받고 더 풍성해야 하는 것이 아닙니까? 저는 그 부분이 가장 궁금하고, 어떤 때는 하나님이 살아계신가? 하는 의혹도 갖게 합니다."

그 질문에 큰 곤혹스러움을 느꼈습니다. 사실 제가 섬기는 교회에서 기도도 제일 열심히 하고 신앙생활도 제일 잘 하는 분이 가장 가난하고 너무나 어려운 처지에 놓여 있습니다.

다른 사람들은 더 큰집을 사느니, 새집을 사느니 하는데 그 분은 사글세도 못 내서 허덕이고 있기 때문입니다. 제 자신도 그 문제에 대해 깊은 딜레마에 빠졌습니다.

'하나님께서 복을 주시고 은혜를 주신다면 다른 사람들보다 훨씬 더 풍성해야 한다. 일부러 가난하게 사는 것도 아니고 열심히 일하지 않는 것도 아닌데 그렇게 어렵다는 것을 어떻게 이해해야 하나?' 하고 오랫동안 기도했습니다.

그러던 어느 날 창세기를 읽던 중 아브라함과 이삭과 야곱이 하나님의 은혜로 풍성함을 누리고 사는 모습을 보았습니다. 그들은 모두 부자였습니다. 하는 일마다 잘 되었습니다. 다른 사람들보다 더 풍성하고 좋은 결과를 얻었습니다. 그 사실은 하나님을 주인으로 모시지 않고 사는 사람들의 고백에서도 흘러 나왔습니다. 아브라함이 그랬습니다.

창세기 21장 22절을 보면 블레셋의 왕 아비멜렉이 아브라함을 찾아와서 화친을 청하면서 아브라함의 하나님을 인정하는 것을 보게 됩니다. "때에 아비멜렉과 그 군대 장관 비골이 아브라함에게 말하여 가로되 네가 무슨 일을 하든지 하나님이 너와 함께 계시도다"고 고백하는 장면이 있습니다. 이삭도 마찬가지입니다. 블레셋의 왕 아비멜렉이 찾아와서 고백합니다.

26장 28절에서 29절을 보면 "그들이 가로되 여호와께서 너와 함께 계심을 우리가 분명히 보았으므로 우리의 사이 곧 우리와 너의 사이에 맹세를 세워 너와 계약을 맺으리라 말하였노라. 너는 우리를 해하지 말라 이는 우리가 너를 범하지 아니하고 선한 일만 네게 행하며 너로 평안히 가게 하였음이니라 이제 너는 여호와께 복을 받은 자니라"고 벌벌 떠는 모습이 보이지 않습니까? 야곱은 어떻습니까? 그의 외삼촌 라반이 야곱을 해하려고 할 때 하나님께서 친히 라반의 꿈에 나타나 야곱을 건들지 말라고 하십니다. 나중에 라반이 야곱에게 말하는 장면이 31장 29절에 나옵니다.

"너를 해할만한 능력이 내 손에 있으나 너희 아버지의 하나님이 어제밤에 내게 말씀하시기를 너는 삼가 야곱에게 선악간 말하지 말라 하셨느니라"고 고백하지 않습니까? 바로 이것입니다.

하나님과 올바른 관계가 정립된 사람을 하나님께서 책임지고 축복하신다는 말씀입니다. 기도를 많이 하는 것이 중요합니다. 찬송을 잘

하는 것도 중요합니다. 예배 출석을 잘 하는 것도 중요합니다. 헌금을 잘 드리는 것도 중요합니다. 그러나 더 중요한 것은 하나님과의 관계 형성입니다.

하나님과 관계가 잘 형성되기만 하면 그때 부터는 하나님이 아브라함처럼, 이삭처럼, 야곱처럼 직접 개입하시면서 복을 주신다는 것입니다. 따라 다니시며 복을 주십니다. 도시락을 싸가지고 다니면서 복을 주십니다. 도망가도 쫓아와서 복을 주시는 분이 하나님이십니다. 어떻게 해야 하나님과의 관계가 잘 형성될까요? 하나님의 말씀에 대한 전적으로 순종하는 것입니다. 전적으로 복종하십시오. 그 명령을 지켜 행하십시오. 그러면 됩니다.

하나님은 한 번 관계를 맺으시면 영원히 변함이 없으십니다. 그후에는 비록 잘못하는 일이 있어도 하나님은 영원히 지켜 주시고 복을 내려 주십니다.

주님의 가난은 나를 부요케 하는 댓가

바울은 빌립보 교회에 편지를 하였습니다.

빌립보서 4장 19절을 보면 "나의 하나님이 그리스도 예수 안에서 영광 가운데 그 풍성한대로 너희 모든 쓸 것을 채우시리라"고 했습니다. 모든 쓸 것에는 경제적, 물질적 기타 모든 필요를 포함하는 말입니다. 특별히 여기에서는 물질적, 경제적 문제에 대하여 말하고 있음을 알 수 있습니다. 예수님께서도 친히 말씀하셨습니다.

마태복음 6장 33절을 보면 "너희는 먼저 그의 나라와 그의 의를 구하라 그리하면 이 모든 것을 너희에게 더하시리라"고 약속하셨습니다.

이 말씀은 이 세상의 삶에서 필요한 먹고, 입고하는 모든 것들을 말씀하고 있는 것입니다. 어떤 이들은 잘못된 개념을 가지고 하나님을 믿는 크리스천 중 경건한 자는 "물질 없이 가난하게 살아야 한다고 믿고 있는가 하면 다 떨어진 모자를 쓰고 밑창이 나간 신발을 신고 궁둥이가 보일 정도의 옷을 입으면서 가난하게 삶을 살아야 한다"고 생각합니다.

또 목회를 하는 목회자들은 머리 둘 곳이 없었던 예수님의 본(本)을 받아 가난하게 살아야 한다고 생각하고 있습니다. 그래서 퀴퀴한 곰팡이 냄새가 나는 지하 단칸방에서 살아야만 예수님의 참 뜻을 기릴 수 있다고 생각합니다. 가난하게 살고 싶으면 가난하게 살면 됩니다. 궁핍하게 살고 싶으면 궁핍하게 사십시오. 그것이 자신에게 기쁨이라면 그 기쁨을 위해서 가난을 겪을 수 있을 것입니다. 그러나 반드시 기억해야 할 점은 예수님의 낮아짐과 가난함 그리고 고통은 내가 짊어져야 할 것이었다는 사실입니다. 내가 가난해야 하고, 내가 아파야 하고, 내가 지옥에 가야 할 것을 예수님이 담당하셨던 것입니다. 그래서 우리를 부요케 하셨습니다. 고린도후서 8장9절을 보겠습니다.

"우리 주 예수 그리스도의 은혜를 너희가 알거니와 부요하신 자로서 너희를 위하여 가난하게 되심은 그의 가난함을 인하여 너희로 부요케 하려 하심이니라"고 했습니다.

따라서 '가난하게 살아야 한다'고 생각하는 것은 예수님의 생각이 아니라 패배자의 생각인 것을 알아야 합니다. 우리 예수님은 갖고 있는 것마저 빼앗는 분이 아니라 "이모든 것을 너희에게 더하시리라"고 약속하시는 분이라는 점을 기억할 필요가 있습니다. 인식을 바꾸십시오. 가난한 것이 하나님의 뜻이 아니라는 것을 말입니다.

온전한 십일조를 드리라

두 번째로 풍성한 하나님의 복을 받기 위해서는 철저한 십일조 생활을 해야 합니다.

십일조 생활이란 모든 것이 하나님의 것임을 고백하는 것입니다. 이 모든 것이 내것이 아니라 하나님의 것임을 고백할 때 하나님은 쌓을 곳이 없도록 부어 주신다는 말씀을 기억해야 합니다. 십일조에 대한 네 가지 오해가 있습니다.

첫째 오해는 '많이만 드리면 된다' 고 생각하는 것입니다.

이러한 개념은 목회자들 속에서도 많이 있는 것 같습니다. 어떤 목사님이 "우리교회에 100만원 십일조하는 교인을 100명 보내 주소서"라고 기도했다고 합니다. 이것은 잘못된 기도입니다. 어떤 의미인지는 알겠지만 그런 식의 기도는 곤란합니다. 100만원짜리 십일조를 위해서 기도할 것이 아니라 온전한 십일조를 위해서 기도해야 할 것입니다. 한달에 1300만원을 버는 사람이 100만원만 십일조를 드려서 되겠습니까? 그런 십일조는 온전한 십일조도 아니며 하나님이 즐겨 받으시는 예물이 될 수 없습니다. 액수의 적고 많음이 문제가 아니라 온전하냐 그렇지 못하냐 하는 차이입니다.

하나님은 말라기 3장10절에서 "만군의 여호와가 이르노라 너희의 온전한 십일조를 창고에 들여 나의 집에 양식이 있게 하고 그것으로 나를 시험하여 내가 하늘 문을 열고 너희에게 복을 쌓을 곳이 없도록 붓지 아니하나 보라"고 말씀하셨습니다.

정확하고 온전한 십일조를 드리기 바랍니다.

둘째 오해는 십분의 일을 정확하게 드리기만 하면 된다는 생각입니다. 물론 그렇습니다 정확하게 드리는 것은 중요합니다. 그러나 십분의 일이라고 다 똑같은 십분의 일이 아닙니다. 수입의 첫 것을 드려야 합니다. 과일의 익은 첫 열매를 드려야 합니다. 장자를 하나님께 드려야 합니다. 첫 것의 개념은 중요합니다. 이것은 하나님이 모든 것에 처음이 된다는 우선순위의 고백인 동시에, 가장 좋은 것을 드린다는 정성의 개념입니다. 뿐만 아니라 첫 것을 드린다는 개념은 '모든 것을 다 드린다' 는 신앙고백입니다.

수입이 있으면 가장 먼저 하나님의 것을 떼어 놓아야 합니다. 십일조에서도 이 개념은 그대로 적용됩니다. 가장 좋은 것을 가장 먼저 드려야 합니다. 먹고 남은 찌꺼기를 드리는 것을 하나님께서는 기뻐하지 않으십니다.

콜게이트 비누회사의 회장인 콜게이트(Bill Colgate)가 처음으로 사업을 시작하려고 할 때 절친한 크리스천 친구가 말을 했습니다. "네가 사업에 성공하려면 두 가지 원칙을 지켜야 한다.

첫째는 버는 돈 가운데 주님의 몫을 꼭 구분하여 드리고, 비누를 만들되 정직한 품질에 정확한 무게의 비누를 만들어라. 그러면 너는 반드시 사업에 성공할 수 있을 것이다." 콜게이트는 이 말을 마음에 잘 간직하고 사업을 시작하였습니다. 그는 뉴욕 침례교회에서 열심히 신앙생활을 하면서 일을 하였습니다.

다른 비누 제조업자들이 비누의 무게를 속이고 겉으로만 좋은 포장을 하고 있을 때 콜게이트는 친구의 말을 기억하면서 충분한 무게와 좋은 질의 비누를 생산해 내었습니다. 그리고 '주님과의 계산' 이라는 장부를 만들어 수익금의 십분의 일을 별도로 적립하였습니다.

하나님은 콜게이트를 놀랍게 축복하셨습니다. 그의 사업은 날로 날로 번성해 나갔습니다. 그의 수익이 점점 늘어나자 콜게이트는 십분의 이를 장부로 보냈다가 나중에는 십분의 오를 그 쪽으로 적립하였습니다. 그래도 수익이 너무 많아 이익금의 십분의 구를 주님의 사업을 위해 바쳤다고 합니다.

하나님을 위해 먼저 떼어놓으십시오. 가장 좋은 것을 드리십시오. 하나님께서 복을 주십니다.

십분의 구도 하나님의 것

셋째 오해는 십일조를 드릴 때 우리가 얻은 수입의 십분의 일만이 하나님의 것이며 나머지 십분의 구는 내 것으로 생각하는 것입니다.

우리가 가지고 있는 모든 것은 물질뿐만 아니라 생명까지도 하나님의 것입니다. 그러므로 우리가 가진 모든 것은 하나님의 것으로서 우리는 다만 하나님께서 맡기신 물질에 대하여 관리하는 하나님의 청지기에 불과합니다. 물질에 대한 관리는 신앙의 한 단면입니다. '내 호주머니 속에 있으니 내 맘대로 사용해도 된다' 라고 하는 것은 하나님의 주권에 대한 도전입니다.

많은 사람들이 십일조를 그렇게 잘하면서도 복을 받지 못하는 이유는 여기에 있습니다. 십분의 일만 하나님의 것이고 십분의 구를 내 것이라고 생각합니다. 아닙니다. 절대로 그렇지 않습니다. 나머지 구도 하나님의 것입니다. 다만 용도의 차이입니다.

십분의 일의 용도가 하나님을 위한 것이라면, 십분의 구는 사람을 위한 것입니다. 사람의 범주안에는 나와 내 가족이 포함됩니다. 동시에 타인도 포함됩니다. 십분의 구를 나와 내 가족만을 위해 쓰는 사람은 복을 받을 수 없습니다. 이웃을 위해 사용되야 합니다. 그것이 온전한 하나님의 뜻입니다.

첫째 계명이 하나님을 향한 계명이었다면 둘째 계명은 이웃을 향한 것입니다. 명심할 것이 있습니다. 이웃을 도우면 가난해지지 않습니다. 이것이 하나님의 법칙입니다. 잠언11장 24절을 보십시오.

"흩어 구제하여도 더욱 부하게 되는 일이 있나니 과도히 아껴도 가난하게 될 뿐이니라"고 말씀하고 있습니다.

무슨 말씀입니까? 흩어 구제하면 더욱 부하게 된다는 것입니다. 반대로 과도히 아껴도 가난하게 됩니다.

옛말에 '아끼다 찌로 간다'는 말이 있습니다.

어떤 사람이 좋은 옷을 아끼느라고 장롱에 꼭꼭 숨겨 놓았습니다. 그리고 큰 행사가 있어 입으려고 보니 좀이 먹어 있더라는 것입니다. 어떻게 해야 합니까? 옷을 붙잡고 통곡해야 합니다. 어떤 사람이 나중에 쓰려고 먹을 것도 안 먹고, 입을 것도 안 입고 돈을 모아 놓았습니다. 그런데 어떻게 되었는지 아십니까? 그 사람이 영양실조로 죽어 버렸습니다. 그리고 그 돈은 엉뚱한 사람이 주어 갔습니다. 이것이 바로 세상의 원리입니다.

어차피 물질은 내 것이 아닙니다. 그리고 어떤 방법으로든 내 손에서 떠나게 되어 있습니다. 그러기 전에 나눠주라는 것입니다. 좋은 말 할 때 구제하라는 것입니다. 부자가 되고 싶습니까? 이웃을 향해 십의 구를 사용하십시오. 미국의 자존심으로 불리는 거부 록펠러가 이웃을 위해 십의 구를 사용했기에 하나님께서 채워 주셨습니다. 결코 손해보는 장사가 아닙니다. 장애인 시설인 '믿음의 집'을 찾아가는 많은 사람들의 간증을 들어보았습니다. 이들의 한결같은 고백이 무엇인지 아십니까? 어려운 가운데에서 구제를 했더니 더 풍성해지더라는 것입니다. 그래서 구제를 하지 않을 수 없다고 고백했습니다. 풍성하고 싶은 사람은 오늘부터 이웃을 향한 사랑의 손길을 베풀기 바랍니다. 자신만을 위해 나머지 구를 사용하는 사람은 많은 복을 받을 수 없습니다.

깨끗한 돈을 드려야

넷째 오해는 어떤 돈이든 상관없이 십일조로 드리면 될 것이라는 생각입니다.

돈을 버는 일도 성경적으로 벌어야 합니다. 정직하고 깨끗한 돈이 하나님께 드려져야 합니다. 부정으로 번 돈, 뇌물로 받은 돈, 도둑질한 돈, 사기친 돈으로 십일조를 드리면 안됩니다. '부정으로 번 돈도 수입이기 때문에 드려야 한다' 는 생각은 아주 위험한 생각입니다.

얼마 전 문민정부에서 공직자로 일하던 사람이 뇌물 수수로 검찰에 구속되었습니다. 검찰은 그 사람이 뇌물로 얻은 돈을 회수하려고 하다 보니 이 돈이 분당의 어느 교회의 건축헌금으로 드려진 것이 밝혀졌습니다. 검찰은 그 교회에 뇌물에 해당되는 돈을 돌려 달라고 청구했고, 교회는 하나님께 드려진 헌금이기 때문에 돌려 줄 수 없다고 주장하고 있습니다. '한번 받은 것은 땡이다' 라는 논리입니다. 이러한 예는 한 두 번이 아닙니다.

수서사건때에도 인천의 모 교회에 출석하는 장로가 이 사건에 연루되어 교회와 검찰간의 팽팽한 신경전이 있었습니다. 이로 인해 검찰은 교회 재산에 대해 가압류를 하는 해프닝이 벌어졌습니다. 세상의 법으로는 부정한 돈은 돌려주게 되어 있으나 교회는 한사코 거부하고 있습니다. 참으로 아이러니한 일입니다.

미국교회는 이러한 부분에 대해서 정확한 지침을 주고 있습니다.

　'부정한 돈이 교회에 사용될 수 없다'는 논리로 잘못된 돈을 발견했을 때는 돌려주는 것을 원칙으로 하고 있습니다. 정직하고 깨끗한 돈을 하나님께 드려야 합니다. 부정과 죄로 얼룩진 돈을 하나님께 드리지 마십시오.

　거룩하신 하나님을 공범(共犯)으로 만드는 안타까운 사건을 만들지 마십시오. 정당하게 번 돈, 땀을 흘린 댓가로 얻은 수입의 십일조를 하나님께 드리십시오. 그리고 더 많은 은혜와 풍성한 복을 누리고 싶다면 십의 일조가 아니라 십의 삼조, 십의 구조를 드리십시오.

　하나님께서 반드시 채워주실 것입니다.

유효기간중에 있는 십일조

　저는 십일조에 대해 가르치기를 아주 좋아합니다. 결코 돈이 필요해서 십일조를 강조하는 것이 아닙니다. 복을 받기 위해서는 십일조가 필수이기 때문입니다.

　물론 어려운 가정의 사람들에게 십일조를 강조하고 가르치기가 그리 쉬운 일은 아닙니다. 그러나 그 가정이 하나님의 복을 받게 하기 위해서는 철저한 십일조 생활을 강조하지 않을 수 없습니다.

　언젠가 십일조에 대해 가르쳤더니 어떤 분이 저를 찾아와서 말하기를 "십일조는 구약 모세의 율법에 속한 것이 아닙니까?"라고 질문을 했습니다. 이것은 성경을 잘못 이해한 것입니다. 아브라함은 모세에게 율법이 주어지기 500년 전에 십일조를 드린 사람입니다. 야곱은 율법이 주어지기 250년전에 십일조를 드렸습니다.

　또 어떤 사람들은 "신약에는 십일조에 대한 말씀이 없지 않습니까?"라고 질문을 합니다. 이런 사람들은 성경을 다시 보아야 합니다.

신약 히브리서 7장 8절을 보십시오.

"또 여기는 죽을 자들이 십분의 일을 받으나 저기는 산다고 증거를 얻은 자가 받았느니라."

예수님께서 받으신다는 말씀입니다. 예수님도 바리새인들의 외식을 책망하시면서 십일조 생활을 언급하셨습니다.

누가복음 11장 42절을 보면 "화 있을찐저 너희 바리새인이여 너희가 박하와 운향과 모든 채소의 십일조를 드리되 공의와 하나님께 대한 사랑은 버리는도다 그러나 이것도 행하고 저것도 버리지 아니하여야 할찌니라"고 말씀하시는 장면이 나옵니다. 십일조 생활을 버리면 안된다는 말씀입니다.

아브라함의 복은 나의 복

하나님의 말씀에서 좋은 약속을 이야기하면 꼭 반대하는 사람이 있습니다.

아브라함의 축복에 대해 설교한 적이 있습니다. 아브라함의 복은 오늘날 우리에게도 똑같이 적용된다고 했습니다. 그랬더니 어떤 사람이 저에게 "그러나 그것은 유대인에게만 해당되는 것입니다. 오늘날 우리와는 상관없는 것입니다"라고 말을 했습니다.

정말 그렇다고 생각하십니까? 아니오 그렇지 않습니다. 아브라함의 축복은 우리에게도 속해 있습니다. 이 약속은 육신적 그의 자손에게만 해당되는 것이 아니고 영적인 후손들인 우리에게도 해당되는 약속입니다. 갈라디아서 3장 14절에서 29절을 읽어 보십시오.

"이는 그리스도 예수 안에서 아브라함의 복이 이방인에게 미치게 하고 … 너희가 그리스도께 속한 자면 곧 아브라함의 자손이요 약속대로 유업을 이을 자니라"라고 말하고 있지 않습니까?

아브라함의 축복은 우리의 것입니다. 우리에게서 이 약속을 빼앗을 자가 없습니다. 어떤 의심하는 자도 불신자도 이것을 빼앗을 수는 없습니다. 아브라함의 축복은 내 것입니다. 그리고 아브라함의 축복은 여러분의 것입니다. 예수 그리스도 안에서 우리에게 주어진 하나님의 약속입니다.

아브라함의 축복은 세 가지였는데 그 중의 하나가 하나님께서 그를 부자가 되게 하겠다는 것이었습니다. 실제로 아브라함은 부자로 살았습니다. 그의 아들 이삭도 부유했습니다. 그의 손자 야곱도 심히 부유했다고 성경은 증언하고 있습니다. 특히 야곱은 맨손으로 부자가 된 사람입니다. 하나님의 약속을 받은 사람은 다 부자가 됩니다. 하나님이 우리를 모두 부자가 되게 한다는 말입니까? 그렇습니다. 그럼 하나님이 우리를 모두 백만장자가 되게 한다는 말입니까? 아닙니다. 그런 뜻은 아닙니다. 그러나 하나님은 분명히 우리를 부자가 되게 할 것을 약속했습니다.

여기서 "부요함"이란 단어의 뜻을 잘 이해해야 합니다. 원어의 의미를 보면 '충분한 공급', '풍성한 제공'이라고 말합니다. 예수 그리스도안에서 이런 축복을 우리에게 주신다는 말입니다.

하나님은 충분한 공급자입니다. 풍성한 물질을 주겠다고 약속하고 있습니다. 일용할 양식을 주겠다고 약속하고 있습니다.

저는 이런 경험을 많이 했습니다. 어려운 일이 생기면 하나님께 매어 달립니다. 불의한 재판관도 과부의 청원을 들어주는데 하물며 좋으신 하나님 아버지께서 들어주시지 않겠습니까? 누가복음 18장 6절에서 7절을 보겠습니다.

"주께서 또 가라사대 불의한 재판관의 말한 것을 들으라. 하물며 하나님께서 그 밤낮 부르짖는 택하신 자들의 원한을 풀어 주지 아니하시겠느냐 저희에게 오래 참으시겠느냐"는 말씀이 있습니다.

이 말씀에 의지하여 하나님께 매어 달립니다. 그러면 하나님께서 풍성하게 채워 주십니다.

예인교회가 처음 시작할 때 적지 않은 개척자금이 필요했습니다. 그래서 기도했습니다. 하나님은 기도를 들으시고 필요한 자금을 다 채워 주셨습니다. 그런데 기도하지 않았던 것이 있었습니다. 바로 장의자입니다. 별로 필요가 없다고 생각하고 현대식으로 접의자를 사용했습니다. 접의자는 상당히 편리한 의자입니다. 필요할 때 폈다가 필요 없으면 접어놓고 쌓아두면 공간을 사용할 수 있습니다. 특히 금요철야예배때는 접어놓고 무릎꿇고 기도하기에 안성맞춤입니다.

얼마전에 하용조 목사님이 시무하시는 온누리교회에서 접의자로 바꾸었다고 합니다. 그래서 장의자 대신 접의자를 사용하려고 장의자를 위하여 한 번도 기도하지 않았습니다. 그런데 교인들이라고 해봤자 몇 사람도 안되는 사람이 "개척교회에서는 장의자가 없으면 안됩니다. 현대식으로 접의자도 좋지만 이상하게 생각할 수도 있습니다. 이단이라고 할 수도 있습니다"라고 반대하는 것입니다. 제가 힘이 있습니까? 그러자고 하고 다시 기도를 시작했습니다.

일주일만에 필요한 만큼 하나님께서 채워 주셨습니다. 그런데 더 놀라운 것은 전혀 알지도 못한 사람이 갑자기 나타나서 '필요한 곳에

쓰십시오’ 라고 하면서 봉투를 내 놓고 사라진 것입니다. 지금도 잊지 못하는 하나님의 공급입니다.

은과 금은 하나님의 것

우리가 부자가 될 수 있는 것은 하나님께서 복을 주심으로만 가능한 것입니다.

제 주위에 있는 어떤 사람이 "나는 돈이 무섭습니다"라고 이야기를 하는 것을 들은 적이 있습니다. 그래서 이유를 물었습니다. "성경에, 돈이 일만 악의 뿌리라고 하지 않았습니까? 그래서 저는 돈을 멀리하려고 합니다" 그래서 제가 말했습니다. "그럼 그렇게 사십시오. 그것이 당신의 복이라면 그렇게 하십시오. 그러나 그로 인해 당신의 아내와 아이들이 고생하는 줄만 아십시오" 성경이 그렇게 말했습니까? 아닙니다. 그렇게 말하지 않았습니다.

디모데전서 6장10절을 보겠습니다. "돈을 사랑함이 일만 악의 뿌리가 되나니"라고 말하고 있습니다. 돈을 갖는 것은 잘못이 아닙니다. 돈이 나를 지배하는 것이 잘못입니다. 돈을 사랑하는 마음이 문제입니다. 돈이 우상이 되어 사람이 돈을 따라 다닐 때 잘못되는 것입니다. 손을 잘라도 발로 돈을 집으려하고, 발이 짤려도 입으로 물으려 할 때 이미 돈은 사람의 주인이 되어 있는 것입니다. 학개 2장 8절에서 말하기를 은과 금이 모두 하나님의 것이라 했습니다.

왜 하나님께서 이런 것을 세상에 두었겠습니까? 사탄과 그의 무리를 위하여 두셨겠습니까? 그렇다면 하나님은 그의 자녀보다 세상 사람을 더 사랑하는 분이 될 것입니다. 이것은 마치 자기 자녀는 배고프고 집값을 못내는데 아비가 거리에 나가서 딴 사람의 집값은 내주고 남의 자식을 먹이는 것과 같습니다.

하나님은 그의 자녀되는 우리를 더욱 사랑하십니다. 하나님은 우리가 풍성한 복을 누리고 살기를 기대하십니다.

절대로 궁핍하고 가난한 삶을 사는 것을 원치 않으십니다. 왜냐하면 하나님은 좋은 하나님이실뿐만 아니라 인색한 분이 아니시기 때문입니다. 좋으신 하나님은 우리에게 풍성한 삶을 이미 허락하셨습니다. 따라서 우리는 이렇게 외쳐야 합니다.

"나는 축복받는 무리에 속한 사람입니다. 나는 그리스도안에서 내게 주어진 특권을 누리는 자가 되었습니다. 나는 그 특권과 그 복을 누리고 살겠습니다. 풍성하고 은혜로운 삶을 통해 하나님의 은혜를 증거하고 살겠습니다."

함께 읽으면 좋은 책

『부자가 되는 것은 하나님의 뜻입니다.』베니힌 지음/크레도 펴냄

『예수님은 부자였다』이한규 지음/잠언 펴냄

『부자가가 된 야곱』허순이, 김이중 공저/한국문서선교회 펴냄

부정을 긍정으로 바꾸라

옛말에 '작은 고추가 맵다'라는 말이 있습니다. 그 말이 맞습니까? 그렇지 않습니까. 큰 고추가 맵지 작은 고추가 어떻게 더 맵습니까? 그런데 그 말이 통용되고 있습니다. 그 말은 키 작은 사람들이 결코 만만하지 않다는 이야기이기 때문입니다. 왜 그렇습니까? 키가 작고, 덩치가 작은 것이 서러워서 이를 악물고 노력하기 때문입니다. 신체적인 열악함을 다른 부분에서 극복하려고 합니다. 그래서 더 악착같이 공부를 하게 됩니다. 더 악착같이 운동을 합니다. 더 악착같이 노력을 합니다. 그러니까 어떤 현상이 생깁니까?

부정을 긍정으로 바꾸라

안돼요 못해요

이 세상에서 가장 불쌍한 사람은 되는 것도 안된다고 믿는 사람입니다. 이런 사람의 입에선 항상 '안돼요', '못해요' 라는 말만 반복됩니다. 이런 사람은 되는 것도 안되는 것으로 보기 때문에 되는 것을 오히려 이상하게 생각합니다. 평생을 안되는 것만 보다가 인생을 종치고 맙니다.

몸에 장애가 있다든지 여러 가지 어려운 상황에서 그런 소리를 하는 것은 다소 이해할 수 있습니다. 그러나 그런 사람들도 그런 말을 해서는 안됩니다. 그런데 멀쩡하고 건강한 신체를 가지고 있는 사람들이 그런 소릴 하는 것을 보면 도저히 이해할 수 없습니다.

심지어는 소망의 신앙을 가진 크리스천 가운데에서도 '안된다', '못한다' 라고 말하는 크리스천들이 의외로 많습니다. 안되는 것이 어디 있습니까? 안하니까 못하는 것입니다.

이런 사람은 길가에 서 있는 나무만도 못한 사람입니다.

욥기 14장 7절을 보면 "나무는 소망이 있나니 찍힐지라도 다시 움이 나서 연한 가지가 끊이지 아니하며"라는 말씀이 있습니다.

찍혀서 잘라진 나무도 움이 나고 싹이 납니다. 그러나 부정적인 사람은 다시 소생하기가 어렵습니다.

마가복음 9장 23절의 "할 수 있거든 이 무슨 말이냐 믿는 자에게는 능치 못할 일이 없느니라"는 말은 다른 사람의 얘기이지 절대로 나의 얘기는 될 수 없다는 특별한 믿음을 가지고 있습니다.

이런 크리스천이 있는 곳은 되는 일이 하나도 없습니다. 이런 사람은 자신만 못하고 자신만 망하는 게 아니라 다른 사람까지도 못하게 하고 다른 사람까지 망하게 합니다. 이런 사람이 있는 가정은 불행합니다. 되는 게 없기 때문입니다. 이런 사람이 있는 동네는 불행합니다. 웃고 다닐 수 없기 때문입니다. 이런 사람이 있는 교회는 불행합니다. 기적이 일어나지 않기 때문입니다.

기적은 하나님의 전적인 소관이지만 반드시 사람의 믿음을 통해 역사 합니다. 그러나 이런 사람이 있으면 기적은 커녕 될 것도 안됩니다. 이런 크리스천이 있는 교회는 말만 교회이지 교회가 아닙니다.

교회는 기적을 만드는 곳입니다. 역사가 일어나는 곳입니다. 새로운 창조가 시작되는 곳입니다. 그러나 부정적인 사람이 있는 곳에는 기적이 일어나지 않습니다. 역사가 일어나지 않습니다. 새로운 창조가 시작되지 않습니다. 따라서 이런 사람은 없는 것이 오히려 유익입니다.

비교하지 마라

왜 사람들이 이렇게 부정적인 사고를 가지게 됩니까?

　　심리학자들은 이구동성으로 모든 부정적 사고방식의 삼대요인 때문이라고 합니다. 부정적 사고방식의 삼대요인은 비교의식, 열등의식, 그리고 피해의식입니다.

　　첫째 요인은 비교의식입니다. 비교의식은 모든 것을 남과 비교하려고 하는 것입니다. 외모, 능력, 부모, 환경에 대한 주위의 사람들의 평가에 목숨을 거는 사람입니다. 신앙생활도, 학교생활도, 직장 생활에 대해서도 다른 사람과 자신을 비교하게 됩니다. 모든 것을 다른 사람들과 비교하면서 살아갑니다. 비교 의식에는 항상 양면성이 존재합니다.

　　우월의식과 열등의식입니다. 우월 의식이란 자신을 자신 이상으로 표현하는 것이며 열등의식은 자신을 자신 이하로 평가하는 것입니다.

　　남과 비교한 결과 내가 다른 사람보다 우월하다고 생각하면 깊은 만족과 함께 우쭐해 집니다. 그러다가 자신보다 더 뛰어나고 잘난 사람을 보면 심한 열등감과 함께 패배 의식을 가지게 됩니다. 우월의식이 심각해지면 얼마 전 유행이었던 공주병, 왕자병 환자가 됩니다. 남들과 비교하여 자신이 더 낫다고 생각하다 보니 심히 교만해져 현실마저 전혀 파악하지 못하고 왕자와 공주로 행세하게 됩니다. 공주병에 걸린 사람의 재미있는 이야기가 있습니다.

　　어느 날 두 친구가 길을 걸어가고 있었습니다. 그 때 두 친구는 길가에서 예쁜 꽃을 파는 사람을 보고 한 친구가 꽃을 사기 위해 길을 멈추었습니다. 그리고 돈을 주고 예쁜 꽃을 사서 향기를 맡아보면서 좋아하고 있었습니다. 그 때 우두커니 바라보고 있던 한 친구가 꽃을 산 친구에게 물었습니다. "너는 꽃을 돈을 주고 사니? 나는 꽃을 받는 것으로만 알고 있었어" 그 말을 들은 친구는 매우 화가 나서 한마디 쏘

아 붙였습니다. "애 너 공주병에 걸렸구나" 그러자 공주병 친구는 담 담하게 대답했습니다. "애 공주도 공주병에 걸리니?" 대단한 착각입 니다.

이런 사람의 주관적 착각은 언제나 객관적 오해를 불러온다는 사실 을 기억해야 합니다. 저는 이런 사람을 선구자라고 부릅니다. 선천적 구제불능 자아 도취의 준말입니다. 지나치게 자신을 좋아하고 도취되 어 버리는 병입니다.

반면, 비교의 결과 '다른 사람보다 내가 못하다' 라고 생각되어지면 그때에는 심각한 열등감에 빠지게 됩니다.

열등감에는 두 가지 부류의 열등감이 있습니다.

첫째는 자신감을 상실하는 열등감입니다. 남들이 자신보다 낫기 때 문에 어떤 일에도 자신을 갖고 행동하지 못합니다. 항상 주저주저하며 앞에 서기보다는 뒤에 서려고 합니다. 이런 사람은 자신의 주관대로 움직이지 못합니다. 어떤 일도 자신 있게 하지 못합니다. 비굴해 집니 다. 자신보다 강한 사람만 만나면 지나치게 굽실거린다든지 온갖 아부 성 표현들을 사용하면서 자신을 자신 이하로 처신합니다. 자신감을 가 지고 행동하기 보다는 눈치만 살핍니다.

둘째로 지나친 경쟁 의식을 갖는 열등감입니다. 자신보다 더 나은 사람을 용납할 수도 인정하지도 못합니다. 이런 사람에게는 진정한 의 미에서 친구가 될 수도 친구도 없습니다. 이런 사람의 눈에는 친구보 다는 적이, 동료보다는 경쟁자만 보이게 됩니다. 항상 초조하고 불안 합니다. 이런 사람이 신앙생활을 할 때에도 이런 현상이 나타납니다. 올바른 신앙생활이기 보다는 다른 사람과의 경쟁적인 차원에서 신앙생활을 하기 때문에 진정한 헌신은 찾아보기 힘듭니다.

제가 섬기던 교회에서 한 자매가 신앙생활을 시작하게 되었습니다.
친구의 전도로 교회에 나오게 된 자매는 처음부터 자신을 인도한
친구와 경쟁적인 자세로 신앙생활을 시작했습니다.
그 자매의 열심은 좋으나 내면에 잠재되어 있는 지나친 경쟁심은
주위의 모든 사람들에게 눈살을 찌푸리게 했습니다.
자매는 자신을 인도한 친구가 교회 내에서 좋은 일꾼으로 인정받고
있다는 사실을 병적으로 싫어했습니다. 그녀의 마음에는 친구에 대해
'예전에 너는 나보다 못했다' 는 의식으로 가득 차 있었습니다.
자매는 그런 의식을 밖으로 나타내지 않으려고 노력했지만 그녀의
얼굴에는 그런 마음이 적나라(赤裸裸)하게 표현되어 있었습니다. 자
매는 교회 내에서 인정받기 위해 어떠한 방법으로든지 친구를 깎아 내
리려고 했고 짙은 화장과 치장으로 친구보다 우위에 있다는 점을 과시
하려고 노력했습니다. 뿐만 아니라 자매는 다른 사람들과의 관계에서
도 친구를 소외시키려고 노력을 했습니다.
수많은 노력에도 불구하고 담임목사와 성도들로부터 자신의 존재가
부각되지 않고, 계획마저 쉽게 먹혀들지 않았습니다.
결국 자매의 교회 생활은 시들해졌고 결국은 다른 교회로 옮기게
되었습니다. 그러나 교회를 옮겼음에도 자매의 경쟁의식은 그칠 줄 몰
랐습니다. 이제는 한술 더 떠서 목사님까지 경쟁에 끌어들였습니다.
참으로 피곤한 사람입니다.

왜 그렇게 비교를 하면서 살아야 합니까?
항상 초조하고 불안하기 때문입니다. 그 원인은 다른 곳에 있는 것
이 아닙니다. 자신만이 생각하는 자신만의 병입니다. 이런 사람들은

남이 잘되는 것을 눈뜨고 못 봅니다. 특히 가까운 사람이 잘 되는 것은 더 못 봅니다. 함께는 울어줄 수 있지만 함께 웃어 주지는 못합니다. 이런 사람에게 꼭 맞는 속담이 있습니다. "사촌이 땅을 사면 배가 아프다"는 속담입니다. 비교하지 마십시오, 비교하면 그때부터 마음의 평안은 사라져 버립니다.

열등감을 극복하라

둘째 요인은 열등의식입니다. 주어진 상황에 대해 만족하지 못하는 의식입니다. '못 배웠다', '학벌이 나쁘다', '머리가 나쁘다', '키가 작다', '뚱뚱하다', '가난하다', '못 생겼다', '몸에 장애가 있다' 등등 열등한 조건 때문에 겪는 의식입니다. 다른 사람들이 뭐라고 하지 않았음에도 스스로 느끼고 열등감을 갖게 되는 현상입니다. 재미있는 것은 모든 사람이 다 열등감의 노예라는 사실입니다.

의사인 맥스웰 멀츠는 "현대인의 95%가 열등감의 질병에 걸려 있다"고 말하면서 "그 중 아주 심각한 열등감을 느끼는 사람들의 공통점은 IQ지수가 130을 넘는다"라고 말했습니다. 아주 재미있는 현상입니다.

이와 같이 대부분의 현대인들은 열등감이라는 질병에 걸려 있습니다. 그러나 열등감을 해소하는 방법은 다릅니다. 열등감에 사로잡힌 사람은 평생을 열등하게 살아갑니다. 반면 열등감을 사로잡는 사람은 열등감을 극복하는 동시에 엄청난 발전을 하게 됩니다.

옛말에 '작은 고추가 맵다' 라는 말이 있습니다. 그 말이 맞습니까? 그렇지 않습니다. 큰 고추가 맵지 작은 고추가 어떻게 더 맵습니까? 그런데 그 말이 통용되고 있습니다. 그 말은 키 작은 사람들이 결코 만만하지 않다는 이야기이기 때문입니다. 왜 그렇습니까? 키가 작고, 덩치가 작은 것이 서러워서 이를 악물고 노력하기 때문입니다. 신체적인 열악함을 다른 부분에서 극복하려고 합니다. 그래서 더 악착같이 공부를 하게 됩니다. 더 악착같이 운동을 합니다. 더 악착같이 노력을 합니다. 그러니까 어떤 현상이 생깁니까? 모든 면에서 엄청난 능력을 발휘하게 되는 것입니다. 이런 서러움을 키 큰 사람들은 잘 모릅니다. 만약에 키 큰 사람이 키 작은 사람만큼 노력하면 '역시 큰 고추가 더 맵다' 라는 말이 나왔을 것입니다.

우리 나라에서 큰 교회 목회를 하시는 목사님들의 특징이 무엇인지 아십니까? 작다는 것입니다. 키가 작고 인물이 별로 없다는 것입니다. 대부분이 평균 이하입니다. 그런데 왜 그분들이 그렇게 큰 사역을 감당할 수 있습니까? 그것은 작은 열등감을 극복하려는 매운 마음을 가지고 노력했기 때문입니다.

그뿐입니까? 우리 나라에서 사업에 성공한 사람들도 신체적인 열등 조건을 가지고 있는 사람이 많습니다. 그래서 그것을 극복하기 위해 엄청난 노력을 하지 않습니까? 이것이 바로 근성입니다.

반면에 키가 크고 얼굴이 잘 생긴 사람들의 특징이 무엇입니까? '한 마디로 싱겁다' 입니다. 키 큰 사람치고 싱겁지 않은 사람이 없다고 이야기합니다. 왜 키 큰 사람들은 처음부터 허파에 바람이 들어서 태어났습니까? 아닙니다. 그렇지 않습니다. 그런데 별로 노력을 하지 않아도 인기를 얻을 수 있습니다. 매운 마음을 가질 일이 별로 없습니다. 작은 사람처럼 콤플렉스를 느끼지 못합니다. 노력도 하지 않습니다. 이를 악물지 않습니다. 그러다 보니 근성이 생기지 않습니다. 그래서 키 큰 사람은 싱겁다는 소리를 많이 듣습니다.

만약, 키 큰 사람들이 독한 마음을 갖고 생활한다면 분명히 상황은 달라질 것입니다. 키가 작으면 어떻습니까? 몸이 좀 뚱뚱하면 어떻습니까? 신체에 장애가 있으면 어떻습니까?

미국의 천체 물리학자 스티븐 호킹박사를 보십시오. 한국에서는 버려질 인간에 불과했지만 세계의 물리학에서 대가로 인정받고 있지 않습니까? 멋지지 않습니까?

저는 성악가 중에서 테너가수 최승원씨를 가장 좋아합니다. 복음성악가 임웅균씨의 팬이기도 하지만 그와 함께 최승원씨를 좋아합니다. 그는 93년 미국 메트로폴리탄 오페라 콩쿠르에서 3만 명이라는 엄청난 경쟁자를 물리치고 동양인으로서는 처음으로 우승한 세계 최고의 성악가입니다. 뉴욕타임지는 두 번이나 사진과 더불어 그를 소개하면서 '골든 보이스를 가진 사나이' 라고 극찬했습니다. 또 그의 노래를 들은 헨리 키신저 전 미국 국무장관은 "파바로티와 도밍고의 후계자가 나타났다"고 평할 정도입니다.

그의 목소리는 수정같이 맑습니다. 그러나 그에게도 아픔이 있었습니다. 그는 어릴 때 앓았던 소아마비로 다리를 저는 장애인입니다. 그러나 그는 장애를 극복하고 일어선 사람입니다. 그렇기에 그의 노래는 더욱 빛납니다.

'열린 음악회' 에서 혼신을 다하는 그의 노래를 들을 때는 눈물이 날 정도로 감동이 있습니다. 그가 아름다울 수 있는 것은 잘생긴 외모나 그의 노래 때문만이 아니라 어려움을 딛고 일어서서 세계를 놀라게 하는 주역이 되었기 때문입니다.

다리가 굵다거나 짧다고 고민하거나 불평하는 여성들은 에이미 멀린스라는 여성 앞에서 입을 다물어야 합니다. 그녀는 날 때부터 종아

리뼈가 없었기 때문에 돌날 허벅지의 대부분을 잘라 내는 수술을 받고, 이후 다리 전체를 의족으로 끼우게 되었습니다. 양다리가 의족인 그녀는, 그것 때문에 비관하거나 우울해 하지 않고 활기차게 자라났습니다. 그녀는 의족으로 달리기를 해서 애틀랜타 올림픽에 나갔을 뿐만 아니라 전미 대학체전에 학교 대표로 참가하기도 했습니다. 그녀의 활약은 그것으로 끝나지 않았습니다.

패션모델로 범위를 넓혀서 지방시 패션쇼에도 나가고 퍼스 바자지의 사진 모델도 했습니다. 다리가 생명이라고도 할 수 있는 육상선수와 패션모델 두 가지를 다 해낸 이 에이미 멀린스는 자신감과 의지만 있다면 어떤 신체적 약점도 극복할 수 있다는 것을 보여준 셈입니다.

열등감을 극복하십시오.

열등감을 버리면 안됩니다.

열등감은 승화시켜야 합니다.

열등감을 승화시켜 발전을 이루십시오. 이것이 지혜입니다.

피해 의식을 버리라

셋째 요소는 피해 의식입니다. 자신이 다른 사람으로 인해 늘 피해를 본다는 의식입니다. 이런 사람들은 다른 사람들과 순수한 우정을 가질 수 없습니다.

자기 부정과 자기 불신에 빠진 사람들은 흔히 남들을 부정하고 불신합니다. 진정한 우정의 태도는 "내가 그를 어떻게 도울 수 있을까?"라고 묻는 자세임에 반하여 그릇된 우정의 표현은 "그가 나를 어떻게 생각할까?"라고 묻는 것입니다. 부정적 자기 의식이란 결국 남들이 나에 대한 평가에 의해 삶을 좌우시키는 것입니다. 물론 우리는 남을 의식하고 살아야 합니다. 그러나 남을 지나치게 의식한다든지, 남만 의식하게 되면 다른 사람들과의 대인관계를 형성하기가 어려워집니다.

　제가 가르친 사람 중에 그런 자매가 있었습니다. 그 자매는 엄청난 피해의식에 사로잡혀 있었습니다. 항상 남을 의식합니다. 남의 눈치를 봅니다. 남이 농담으로 던진 한마디에 상처를 받습니다. 남이 무심결에 했던 말에 울고불고 합니다. 누가 교회에 찾아왔다가 돌아가면 쪼르르 달려와서 "저 사람이 뭐래요?"라고 묻습니다. 누가 오면 자기만 쳐다본다고 불평합니다. 참다 못한 제가 하루는 자매를 불러 말했습니다. "자매는 언제까지 남만 의식하고 살거야? 자매의 인생이 있잖아. 자매는 예쁘고, 능력이 있고, 모든 사람들이 좋아해. 그런데 언제까지 남만 바라보고 살거야?" 그랬더니 자매가 하는 말이 "사람들이 저만 쳐다보고 있는데 어떡해요"라는 것입니다. 쳐다보긴 누가 쳐다봅니까? 괜히 저 혼자 그러는 것이지 할 일 없이 누가 그 자매만 쳐다봅니까? 이렇게 피해 의식을 가진 사람은 남만 의식하고 살아갑니다. 이것은 소극적인 차원에서의 피해 의식입니다.

　그러나 적극적인 차원에서의 피해 의식을 가진 사람들이 있습니다.
　적극적인 차원에서 피해 의식을 가진 사람들은 언제나 권위자들과 충돌하여 늘 문제를 야기시키는 특성을 가지고 있습니다.
　모든 권위들은 하나님께서 정하신 것으로 하나님께서는 그들을 통하여 나를 훈련하고 계심을 알아야 합니다.
　그러나 피해 의식을 가진 사람들은 자기가 현재 그렇게 되어진 환경의 책임을 타인이나 자기를 다스리는 권위자들에게 돌려 그 권위자들과 충돌하게 됩니다. 이들은 권위자들에 대한 반항과 도전으로 자기 갈등을 해소하려는 못난 사람들입니다. 또 그렇게 하는 것이 사람들앞에서 상당한 과시가 되고, 상대방을 이기게 되는 것으로 착각합니다.

그래서 목소리를 높입니다. 화가나면 술을 마시고 윗도리를 벗어버립니다. 목소리만 크면 이긴다는 그릇된 생각을 가지고 있는 사람입니다. 목소리가 크다고 이기는 것이 아닙니다. 다만 소란할 뿐입니다. 이런 사람들이 어떤 사람입니까? 회의 때마다 늘 큰 소리를 치면서 이제까지 진행되었던 의사결정들을 묵사발 내려는 사람입니다. 자동차 접촉사고시 누구의 잘잘못을 가리기보다는 목소리에 핏대를 세우며 고래 고래 소리를 지르는 사람입니다.

좋은 의미에서 권면을 하려고 하면 자신을 무시했다고 얼굴을 붉히며 언성을 높이는 사람입니다. 이런 사람들과 어떻게 이야기 할 수 있겠습니까? 도대체 얘기가 안되는 사람입니다. 이런 사람과 대화를 하느니 차라리 바위하고 얘기를 하는 게 낫습니다. 마치 상처입은 야수와 같이 으르렁거리는 모습은 측은한 마음을 불러일으킵니다.

이것이 바로 부정적인 자아상을 가진 사람들의 전형적인 모습입니다. 비교의식과 열등의식, 그리고 피해의식을 통해 얻어진 부정적인 자아상을 벗어버려야 합니다.

하나님과 새로운 관계를 형성하라

그럼 어떻게 부정적인 자아상을 긍정적인 자아상으로 바꿀 수 있습니까?

첫째로 창조주 하나님과 새로운 관계를 형성해야 합니다. 우리가 창조주 하나님과 직접적이고 개인적인 관계에 들어가기까지 우리는 우리 자신을 결코 영접할 수 없습니다. 특히 우리는 완성된 존재가 아니라 하나님에 의해 계속하여 만들어지고 있는 존재들이며 따라서 하나님께서만 우리를 완성하는 올바른 길을 알고 계시다는 사실을 명심해야 합니다. 우리는 하나님에 의해 만들어지는 작품과도 같습니다.

시편138편 8절을 보면 "여호와께서 내게 관련된 것을 완전케 하실지라 여호와여 주의 인자하심이 영원하오니 주의 손으로 지으신 것을 버리지 마옵소서"라는 말씀이 있습니다.

하나님께서 우리를 지으신 것이 신묘막측함을 알아야 합니다. 시편 기자는 외쳤습니다.

"내가 주께 감사하옴은 나를 지으심이 신묘막측하심이라 주의 행사가 기이함을 내 영혼이 잘 아나이다."(시139:14)

우리는 지금 컴퓨터 시대에 살고 있습니다. 인간의 두뇌를 모방한 것이 컴퓨터라고 하지만 아무리 정교한 컴퓨터도 하나님이 창조하신 인간 두뇌와 견줄 수는 없습니다. 컴퓨터 과학자들은 인간의 두뇌는 약 100억개의 신경세포로 구성되어 있고 매 세포는 수백개 또는 수천개의 다른 것들과 연결되어 있다고 말합니다.

'포륜' 紙의 길버트 버크등 여러 편집인이 펴낸 '컴퓨터시대'에서는 인간의 두뇌 세포와 그의 연결된 부분들을 그대로 복제한다고 할 때 드는 비용을 계산해 보았다고 합니다. 그랬더니 엄청난 가격이 나왔습니다.

신경세포 하나를 최저가격 5전으로 하고 연결 부분을 1전씩 계산합니다. 계산 결과 가격이 무려 1000의 여섯 제곱(1다음에 0이 96개가 붙는 수)달러로 세계 모든 정부가 가지고 있는 돈보다 더 많다는 결론을 내렸습니다. 이렇게 가격만으로도 우리는 엄청난 재산적 가치를 지니고 있는 사람들입니다. 하나님은 우리를 이렇게 창조하셨습니다.

따라서 우리는 하나님의 창조의 섭리를 깨닫고 하나님과 직접적이고 개인적인 관계로 들어가야 합니다. 그때부터 우리는 긍정적인 자아상을 가질 수 있습니다.

생각대로 움직인다면

둘째로 긍정적인 생각을 해야 합니다. 모든 것은 생각의 소산입니다. 모든 역사는 생각에 의해서 이루어 졌습니다. 모든 건물도 생각에 의해서 건축되었습니다. 굴러다니는 자동차도 생각에 의해서 만들어졌습니다. 모든 물건이 생각이 없이는 만들어지지 않습니다.

생각은 보이지 않습니다. 그러나 생각은 모든 것을 만들어 냅니다. 생각해 보십시오. 어떤 사람이 건물을 지으려면 생각을 해야 합니다. 어떻게 지을 것인지를 생각합니다. 몇층짜리를 지을 것이며, 어떤 모습으로 지을 것이며, 문은 어디로 내고, 창은 어디로 낼 것인지 생각합니다. 얼마 뒤 건물이 완성되었습니다 어떻게 지어졌습니까? 생각한대로 지어졌습니다. 바로 이것입니다. 생각한대로 건물이 지어지고, 생각한대로 차가 만들어지고, 생각한대로 인생을 살아가게 됩니다.

성경에도 생각이란 단어가 무려 318번에 걸쳐 나옵니다. 그 만큼 생각은 중요합니다. 생각을 잘해야 합니다. 좋은 생각을 해야 합니다. 유익한 생각을 해야 합니다. 건강한 생각을 해야 합니다. 왜냐하면 생각한대로 이루어지기 때문입니다. 좋은 인생이 되기 위해서는 좋은 생각을 해야 합니다.

긍정적인 삶을 살아가려면 긍정적인 생각을 해야 합니다. 모든 것은 생각한대로 이루어집니다. 생각은 설계도입니다. 모든 일은 설계도에 의해 진행됩니다. 설계도가 없는 인생은 없습니다. 다만 좋은 설계도인지 나쁜 설계도인지 그것의 차이입니다. 좋은 설계도에서는 좋은 인생이 나옵니다. 그러나 나쁜 설계도에서는 나쁜 인생이 나올 수밖에 없습니다. 긍정적인 설계를 하는 사람은 긍정적인 인생을 살아가게 됩니다. 그러나 부정적인 설계를 하는 사람은 부정적인 인생을 살아갈 수밖에 없습니다. 하나님은 생각이 건강한 사람을 사랑하십니다.

맛있게 사과를 먹는 법

인생은 사과를 선택하는 사람과도 같습니다. 사과 10개가 여러분 앞에 놓여 있습니다. 어떻게 앞에 있는 이 사과를 맛있게 먹을 수 있습니까? 동시에 어떻게 이 열 개의 사과를 가상 맛없게 먹을 수 있습니까? 아주 간단한 생각의 차이로 맛있게 먹을 수도 있고, 맛없게 먹을 수도 있습니다. 정말 생각의 차이를 통해 사과의 맛을 바꾸어 놓을 수 있단 말입니까? 그렇습니다. 한 번 실험해 보십시오.

맛있게 먹는 방법은 이렇습니다. 10개의 사과 중 가장 맛있게 생긴 사과를 먹는 것입니다. 다음에는 아홉 개중에서 가장 맛있는 것을, 그 다음에는 여덟 개중에서 가장 맛있는 사과를 먹게 되면 나중에는 두 개가 남게 될 때가 있습니다. 그 때에도 가장 맛있는 것을 선택해서 맛있게 먹어 보십시오. 마지막 한 개만 맛없는 사과이고 아홉개의 사과는 맛있는 사과가 될 것입니다. 이것은 재미있는 예화가 아니라 실제 상황입니다.

반대로 정말 맛없게 먹는 방법도 있습니다.

열 개중에서 가장 못생기고 맛이 없는 사과를 두 눈을 크게 뜨고 찾아봅시다. 분명히 우리들의 손에는 가장 맛없는 사과가 잡힐 것입니다. 이제 마지못해 먹는 모습으로 먹어 보십시오. 세상의 모든 걱정 내가 다 짊어진 모습으로, 인생을 다 살아본 표정으로 사과를 먹는다면 아마 우리는 이 세상에서 가장 맛없는 사과를 맛보게 될 것입니다. 다음에는 아홉 개중에서 가장 맛없는 것을, 그 다음에는 여덟개 중에서 가장 맛없는 사과를 찾다 보면 나중에는 두 개의 사과가 남게 될 때가 있을 것입니다. 그때에도 과감하게 가장 맛없는 것을 또 선택해서 먹다 보면 아마 우리는 아홉개는 맛없게, 마지막 한 개는 맛있게 먹게 됩니다. 상황은 달라진 것이 하나도 없습니다. 그러나 생각이 사과의 맛을 다르게 만듭니다. 이렇게 같은 10개의 사과를 맛있게, 또는 맛없게 먹는 방법은 작은 생각의 차이에서 시작된다는 것을 알아야 합니다.

우리의 인생도 마찬가지입니다.
작은 생각 차이가 큰 결과 차이를 가져옵니다. 생각은 다스릴 수 있지만 결과는 다스릴 수 없습니다. '어떻게 생각하느냐?'에 따라 인생이 변합니다. 삶이 변합니다. 심지어는 역사(歷史)도 바뀌게 됩니다. 아무리 어려운 환경속에도 긍정적인 생각을 하는 사람은 분명 좋은 결과를 얻게 되지만 비관적이고 절망적인 생각을 하는 사람은 결국 어두운 결과만 얻게 되는 것입니다.

믿음으로 살라

셋째로 믿음의 눈을 가져야 합니다. 가나안 땅을 탐지하고 돌아온 이스라엘 12두령의 정탐보고는 우리에게 많은 교훈을 줍니다. 왜 똑같은 것을 보았는데 여호수아와 갈렙만이 긍정적으로 보고 나머지 열 사람은 부정적으로 보았을까요?
이에 대해 성경은 '믿음의 차이', '하나님에 대한 믿음의 여부'에

달렸다고 말하고 있습니다.

믿음의 눈을 가졌느냐 갖지 못했느냐에 따라 큰 차이가 있음을 보게 됩니다.

옛날 함경도에는 글재주가 좋은 두 형제가 있었습니다.

어느 봄날 꽃이 붉게 물든 산을 바라보면서 시를 적어 가기 시작했습니다. 형은 '開花滿山紅'(꽃이 피니 만산이 붉구나)이라 했고 동생은 '落花滿山紅'(꽃이 지니 만산이 붉구나)이라 했다고 합니다.

똑같은 사실을 놓고 긍정적으로 노래했던 형은 정승이 되었으나, 부정적으로 노래했던 아우는 옹색한 서생으로 평생을 마쳤다 합니다. 양말이 한 짝만 있는 것을 보고 양말 한 짝이 부족하다고 말하는 사람과 양말 한 짝이 남았다고 말하는 사람이 있습니다. 어떤 사람이 믿음의 눈을 가졌다고 말할 수 있습니까? 양말 한 짝이 남았다고 하는 사람입니다. 모자란 부분을 보는 것이 아니라 남은 부분을 보는 눈을 가진 사람이 긍정적인 사람입니다.

넷째로 믿음의 행동을 해야 합니다. 믿음의 눈을 가졌다면 그 다음으로 믿음의 행동이 필요합니다. 믿음의 행동이란 하나님의 계획에 대한 신뢰의 차원입니다. 우리는 하나님의 견지(見地)에서 우리 자신을 바라볼 필요가 있습니다.

화가가 그의 작품을 통해서 그의 감정과 소원, 그리고 이상을 표현하는 것처럼 하나님께서는 우리를 통하여 하나님의 목적을 이루고 싶어하십니다. 그러나 우리의 삶의 캔버스(Canvas)는 우리 자신을 나타내려는 고집과 서투른 육의 솜씨로 망쳐 버려져 있습니다. 그러나 이제라도 불완전한 나의 노력을 포기하고 화가이신 하나님의 손을 의지한다면 아름답고 위대한 그림이 탄생할 것입니다.

저는 대학생활 내내 유학을 계획했습니다. 어학을 준비했습니다. 토플 시험을 치렀습니다. 미국과 영국의 여러 대학원에 원서를 내어 입학 허가를 받았습니다. 그러나 감히 유학을 엄두낼 형편이 되지 못했습니다. 경제적으로 너무나 어려웠기 때문입니다. 누구 하나 도와주는 사람이 없었습니다. 결혼하여 아내가 있었고 막 태어난 아들이 있었습니다. 그들이 모두 유학의 발목을 잡는 요인으로 추가되었습니다.

그러나 유학의 꿈을 포기하지 않았습니다. 저는 짐을 꾸렸습니다. 비자(VISA)를 받았습니다. 그리고 믿음으로 비행기를 타고 유학의 길을 떠났습니다. 주머니에는 달랑 1200불이 있었고 공항에서 떨어지지 않으려는 요한이와 아내를 생각하며 비행기안에서 펑펑 울었습니다.

유학기간 내내 아내가 보내 주는 생활비외에 그 누구의 지원이 없었지만 빈 병을 주위 팔면서 학업을 감당했습니다. 외로워서 울었습니다. 너무 힘들어 울면서 하나님께 기도했습니다. 그리고 모든 과정을 무사히 마칠 수 있었습니다. 하나님은 그 험한 시간 동안에도 저를 인도하시고 섭리하셨습니다. 가만히 있었으면 유학은 커녕 유학의 꿈도 꾸지 못했을 것입니다. 누가 유학을 가라고 등 떠미는 사람이 있습니까? 단 한사람도 없었습니다. 오히려 유학가는 것을 반대하는 사람들만 주위에 가득했을 뿐입니다. 그러나 믿음으로 시작하니까 좋은 결과를 얻을 수 있었습니다.

지금도 저는 꿈을 꾸고 있습니다.

그 꿈은 민족의 젊은이의 10%를 제게 달라는 것입니다. 적어도 10% 이상 되는 민족의 젊은이들 앞에서 복음을 전하는 것입니다. 10%의 젊은이들을 변화시키는 것이 저의 꿈입니다. 그리고 지금 그 꿈을 향해서 달려가고 있습니다. 한가하게 사우나에서 몸풀면서 그 꿈

을 향해 달려가는 것이 아닙니다. 제가 섬기는 교회를 채우기 위해서
그 꿈을 꾸는 것도 아닙니다. 그런 치사한 꿈은 이미 제 할아버지때부
터 버렸습니다. 민족의 젊은이 10%를 제 입으로, 제 기도로, 제 믿음
으로 복음화하기 위해서 입니다. 이미 4만 명이 넘는 젊은이들에게 복
음을 전했습니다. 하니까 되더라구요. 안되는 것이 없습니다. 능력으
로 시작하는 것이 아닙니다. 하다 보면 능력이 생깁니다. 믿음으로 추
진하다 보면 안된다고 생각했던 일들이 순조롭게 풀려 나가는 것을 보
게 됩니다. 이것이 바로 능력입니다. 마가복음 9장 23절을 보십시오.

"예수께서 이르시되 할 수 있거든이 무슨 말이냐 믿는 자에게는 능
치 못할 일이 없느니라."

능치못할 일이 없습니다. 이런 것이 바로 예수믿는 사람의 모습입
니다.세상사람 모두가 다 긍정적일 수는 없습니다. 그러나 크리스천은
긍정을 좋아하시는 하나님의 마음과 같이 긍정적인 사람이 되어야 합
니다.

아놀드 토인비는 그의 저서『역사의 연구』에서 긍정적인 사고를 가
진 "창조적 소수"에 의해 역사가 이어진다고 했습니다. 창조적 소수
인 저와 여러분에 의해 기독교의 역사가 이어지고 변화되어지도록 노
력해 보십시다.

함께 읽으면 좋은 책
『긍정적으로 사는 방법』빌웨버 지음/나침반사 펴냄
『적극적 사고 방식』노먼V. 필 지음/삼일서적 펴냄
『왜 적극적인 사고자가 성공하는가』노만빈센트 지음/보이스사 펴냄

악을 선으로 바꾸라

완전한 모습이 아니라 완전해지려고 노력하는 모습을 기대합
니다. 그들이 비보인줄 아십니까? 아닙니다. 세상에서는 그들
이 더 영악하고 더 똑똑합니다. 그들은 사람자체가 완전하지 못
하다는 사실을 알고 있습니다. 그래서 완전하기 보다는 완전해
지려고 노력하는 모습을 더 좋아합니다.

악을 선으로 바꾸라

덕불고필유린(德不孤必有隣)

사람들과 관계를 맺고 살아가다 보면 별의 별일도 다 겪게 됩니다.

진실한 마음으로 잘 대해 주었음에도 불구하고 원수같은 관계를 맺는 사람이 있는가 하면, 잘 대해 주지도, 대접하지도 못했는데도 고마워하고 좋은 관계를 맺는 사람도 적지 않습니다. 그래서 인간관계는 참으로 아이러니하고 복잡하다는 것을 재삼 재사 느끼게 합니다.

대부분의 사람들은 좋은 인간관계를 원합니다. 예수를 안 믿는 불신자들도 인간관계 만큼은 잘 하려고 합니다. 좋은 인간관계를 유지하는 사람은 어려울 때 큰 도움을 얻게 됩니다. 반면 인간관계가 원만하지 못하면 어려울 때도 사람들의 외면을 받기가 십상입니다. 그래서 좋은 인간관계를 맺으려고 하지만 좋은 인간관계가 생각만큼 잘 맺어지지 않습니다. 왜 그렇습니까? 덕(德)을 쌓지 않고 관계를 형성하기 때문입니다. 덕을 쌓지 않고 좋은 인간관계를 맺으려고 하는 것은 물가에서 숭늉을 얻으려는 모습과 똑 같습니다.

덕불고필유린(德不孤必有隣)이란 말이 있습니다. 덕을 쌓는 사람은 반드시 외롭지 않고 이웃이 있다는 말입니다. 덕이 있어야 사람들이 모여듭니다. 덕이 있어야 사람들과 좋은 관계를 유지합니다. 덕이 있어야 어려울때 은혜를 입습니다. 크리스천은 덕이 있어야 합니다.

로마서 15장 2절에서 사도바울은 "우리 각 사람이 이웃을 기쁘게 하되 선을 이루고 덕을 세우도록 할찌니라"고 말씀했습니다.

우리는 덕을 세우는 일에 앞장서야 합니다. 이웃의 관계를 덕으로 형성해야 합니다. 그럼 덕은 어떻게 형성됩니까? 선을 이루는 가운데 형성됩니다. 선을 행하면 덕은 자연스럽게 세워집니다.

빛과 소금이 무엇인가

크리스천이라면 선한 생활을 통해 불신자들에게 덕을 세워야 합니다. 크리스천은 선한 삶, 선한 모습, 선한 행동을 통해 예수 그리스도를 소개할 수 있어야 합니다. 많은 사람들이 크리스천의 모습을 보고 신앙생활을 결정하는 경우가 허다하기 때문입니다. 우리는 선한 일을 위하여 지음을 받았습니다. 선한 일을 위하여 구원받았습니다.

에베소서 2장 10절을 보면 "우리는 그의 만드신 바라 그리스도 예수 안에서 선한 일을 위하여 지으심을 받은 자니 이 일은 하나님이 전에 예비하사 우리로 그 가운데서 행하게 하려 하심이니라"고 합니다.

선한 일은 우리의 사명입니다. 많은 사람들이 '빛과 소금'을 언급하면서도 이것이 무엇을 뜻하는지 구체적으로 모르고 있습니다. '빛으로서 빛을 비추는 것이다' 라고만 생각합니다. '소금으로서 부패를 막는 것이다' 라고 만 생각합니다. 맞습니다. 빛은 비추는 것이고 소금은 부패를 막는 것입니다. 그렇게만 생각하다가 막상 어떻게 빛을 비추느냐고 물으면 모른다고 합니다.

어떻게 부패를 막느냐고 물으면 모른다고 합니다. 어떤 사람은 데모를 해야 하는것이 아니냐고 묻는 사람도 있습니다. 너무 추상적으로만 생각합니다. 그렇기 때문에 기도를 할 때 보면 추상적이고 구체적인 기도를 하지 못하는 것을 볼 수 있습니다. "빛이 되게 해 주소서", "소금이 되게 해 주소서"라고 기도합니다.

빛이 되는 것은 우리의 몫입니다. 소금이 되는 것은 우리의 몫입니다. 하나님께서 해주실 만한 일이 아닙니다. 빛이 무엇입니까? 소금이 무엇입니까? 한마디로 착한 행실 즉 선한 행동입니다.

우리가 해야 할 일을 하나님께서 어떻게 해결해 주십니까? 마땅히 우리가 해야 할 일입니다. 예수님께서 말씀하셨습니다.

마태복음 5장 16절을 보면 "이같이 너희 빛을 사람 앞에 비취게 하여 저희로 너희 착한 행실을 보고 하늘에 계신 너희 아버지께 영광을 돌리게 하라"는 것입니다.

착한 행실이 바로 빛이 되는 것입니다.

선한 행실이 바로 소금이 되는 것입니다. 너무 추상적이나 관념적으로 이해하지 마십시오. 예수님은 우리가 할 수 있는 일만 맡기셨습니다.

예수 이름으로 착한 일을 하면서 살아가십시오. 예수 이름으로 선한 일을 하면서 살아가십시오. 그렇게 되면 하나님은 자동적으로 영광을 받게 됩니다.

사탄과 함께 가는 사람들

크리스천이 선하게 살아야 하는 이유가 있습니다. 세상은 그렇지 않기 때문입니다.

사람들은 크게 세 가지 부류의 인간관계를 맺고 살아갑니다.

선을 악으로 갚는 사람, 선을 선으로 갚는 사람, 그리고 악을 선으로 갚는 사람입니다. 이 세 가지 부류의 인간관계를 사무엘상에 나오는 사울과 다윗의 이야기를 통해서 나누어 보겠습니다.

첫째로 선을 악으로 갚는 인간관계의 태도가 있습니다.

사울왕이 이 길을 걸어갔습니다. 그도 처음에는 이스라엘에서 가장 준수한 청년이있습니나. 하나님께서 그에게 기름 부어 이스라엘의 초대 왕으로 세워주실 만큼 그는 훌륭한 청년이었습니다. 그러나 다윗이 골리앗을 죽이고, 이스라엘을 블레셋의 침략에서 구원하여 인기가 올라가자 그의 마음은 달라지기 시작했습니다.

여자들이 춤을 추면서 "사울이 죽인자는 천천이요 다윗은 만만이로다" 하고 노래하는 소리를 들은 때부터 그는 마음속으로 심한 질투를 느끼게 되었습니다. 그는 이 노래 소리를 들었을 때에 불쾌하여 심히 노했고 그날 이후로 사울은 다윗을 주목하여 바라보게 됩니다.

그러한 사울을 사탄이 가만두지 않았습니다. 어떻게 했습니까? 악신(惡神)이 그러한 사울의 마음에 힘있게 내렸습니다. 악신의 조정을 받은 사울은 수금을 타고 있는 다윗에게 창을 던져 죽이려고 했습니다. 확실히 불쾌해 하고 노하는 마음에는 사탄이 쉽게 자리를 잡게 됩니다. 사울이 다윗에게 심한 질투와 노함을 갖게 되었을 때 사탄은 즉시 그의 마음에 자리를 잡고 그때부터 사울을 조종하게 되었습니다.

그는 더 이상 하나님의 사람이 아닌 사탄의 사람으로 돌변해 갔습니다. 그래서 그의 마음에 다윗을 죽여 버려야 하겠다는 강한 의지를 갖게 됩니다.

다윗이 이런 일을 두 번이나 당했으나 무사히 피해서 목숨을 보존했습니다. 악신이 역사하는 사울의 마음에는 시기심과 증오심이 가득했습니다. 그래서 그는 부하 삼천명을 거느리고 다윗을 죽이려고 따라 다녔고, 다윗은 미쳐도 단단히 미친 사울을 피하여 산과 광야에서 지내면서 갖은 고생을 겪게 되었습니다.

다윗은 이런 핍박을 받을 만한 죄를 지은 적이 없었습니다. 도리어 그는 민족을 위기에서 구원한 공로자요, 사울을 위해 수금을 타는 충성된 신하였습니다. 그러나 사울은 선을 악으로 갚았습니다. 악신이 그에게 강하게 내리므로 그는 사탄의 도를 걷게 된 것입니다. 바로 가룟 유다가 이 사탄의 도를 걸어간 사람입니다. 예수님께서 유다를 가리켜 사탄이라고 하셨습니다. 요한복음 6장 70절을 보겠습니다.

"예수께서 대답하시되 내가 너희 열 둘을 택하지 아니 하였느냐. 그러나 너희 중에 한 사람은 마귀(사탄)니라."

요한은 요한복음 13장 2절에서 "사탄이 벌써 유다의 마음에 예수를 팔려는 생각을 넣었다"고 기록하고 있습니다. 사울에게 악신이 내릴 때에 그가 다윗을 시기하여 죽이려 했고, 유다에게 사탄이 들어갈 때에 그는 스승을 배반하고 팔았습니다. 그들이 모두 선을 악으로 바꾸는 사탄의 길을 걸어간 것입니다.

우리 주위에서도 쉽게 찾아 볼 수 있는 현상들입니다. 어떤 사람이 그렇습니까? 바로 많은 혜택을 준 친구를 배신하는 사람들이 그렇습니다. 많은 신세를 진 은인을 배반하는 사람들이 그렇습니다. 이들은 모두 사탄의 길을 걸어가고 있는 사람들입니다. 사탄이 마음에 들어오게 되면 어떻게 됩니까? 미쳐도 단단히 미쳐서 친구를 배신하고, 형제를 이간질하고, 은인을 배반하는 등 선을 악으로 갚게 됩니다.

이런 사람도 제정신이 들면 '내가 왜 이럴까?' 하고 번민하기도 합니다. 사울이 그러했습니다. 다윗이 자기를 죽이려는 사울에게 땅에 엎드려 절을 하고 "왜 저를 죽이려 하십니까? 저는 당신을 죽일 수 있었지만 죽이지 않았습니다. 나는 왕에게 악이나 죄과가 없습니다" 하자 그 음성을 들은 사울은 소리를 높여 울면서 "내 아들 다윗아 이것이 네 목소리냐? 나는 너를 학대하되 너는 나를 선대하니 너는 나보다 의롭도다" 하면서 정신을 차리고 돌아오는 모습을 보게 됩니다.

그러나 그것도 삼시일뿐 사탄이 그를 다시 조정하게 되면 다시 악한 모습으로 돌변(突變)하여 '내가 언제 그랬느냐?' 하는 식으로 변모하게 됩니다. 그리고 이러한 현상을 반복하면서 악으로 점점 가까이하게 됩니다.

우리가 분명히 기억해야 할 것이 있습니다. 선을 악으로 갚는 사람의 배후를 사탄이 조정하고 있다는 사실입니다.

선은 선으로, 악은 악으로

둘째로 선은 선으로 갚고 악은 악으로 갚는 인간관계가 있습니다. 이는 전형적인 사람들의 태도입니다.

사무엘상 26장 1절에서 25절에서 아비새가 가졌던 태도입니다.

밤이 되어 다윗이 아비새를 데리고 사울에게로 가서 본즉 그와 그의 부하가 모두 깊이 잠들어 있었습니다. 아비새가 사울을 창으로 찔러 죽이기를 허락해 달라고 다윗에게 청원했습니다. 아비새는 악을 악으로 바꾸는 사람의 길밖에 몰랐습니다. 그의 태도는 눈은 눈으로 갚고 이는 이로 바꾸는 율법적인 것이었습니다. 이는 나를 사랑하는 자만 사랑하고 나에게 문안하는 자에게만 문안하는 태도입니다.

이는 사람이 산을 향하여 소리를 지르면 같은 소리의 산울림이 울려오듯이 선이나 악이나 내가 받은 것만큼 남에게 갚아 주는 태도입니다. 이는 사랑의 태도가 아니라 공의의 자세입니다. 이 세상에서 가장 많이 볼 수 있는 인간관계입니다. 이것을 세상의 공식(公式)이라고 합니다. 세상에서 이러한 태도는 너무나 보편적인 것이며 지극히 당연한 것일 수 있습니다. 남에게 피해를 주거나 불이익을 주지 않습니다. 대신 남에게 이익이나 유익도 주지 않습니다.

탕자가 죄를 회개하고 집에 돌아왔을 때에 그의 형이 이런 율법적인 태도를 가졌습니다. 그는 그의 아우가 행한 대로 그에게 갚아 주는 것이 마땅하다고 생각했습니다. 아버지의 살림을 창기와 함께 먹어 버린 그를 위하여 살찐 송아지를 잡은 것은 부당한 일이라고 아버지께 항의했습니다. 그는 선은 선으로 갚고 악은 악으로 바꾸는 사람의 길밖에 몰랐습니다.

그러나 이런 태도는 잘못된 태도입니다. 형으로서, 가족으로서 얼마든지 넉넉한 태도를 보여줘야 하는 것이 형의 자세입니다. 그러나 그렇지 못했습니다. 그의 잘못만 지적하고 있습니다. 그가 써버린 돈만 생각하고 있습니다. 그에게 재투자하는 것이 옳지 못하다라고 생각하고 있습니다. 이것이 문제입니다.

크리스천들이 왜 불신자들에게 욕을 먹고 있습니까? 마치 탕자의 형과 같기 때문입니다.

세상 사람들이 기대하는 크리스천의 모습이 어떤 것입니까? 성자의 모습을 기대하는 것이 아닙니다. 진실한 인간미를 가진 모습을 기대합니다.

불신자들의 소리에 귀를 기울이라

제겐 불신자 친구들이 많습니다. 그들은 목사인 저에게 크리스천에 대한 불만을 털어놓습니다. 그들이 크리스천에게 기대하는 것은 소박한 것입니다.

슈퍼맨이나 원더우먼을 원하는 것이 아닙니다. 성경이 가르치는 대로 노력하는 진실한 모습을 보기를 원합니다. 완전한 모습이 아니라 완전해지려고 노력하는 모습을 기대합니다.

그들이 비보인줄 아십니까? 아닙니다. 세상에서는 그들이 더 영악하고 더 똑똑합니다. 그들은 사람자체가 완전하지 못하다는 사실을 알고 있습니다. 그래서 완전하기 보다는 완전해 지려고 노력하는 모습을 더 좋아합니다.

불신자들이 실망하는 점은 성경의 가르침이 바로 '악을 선으로 갚는 것이다' 라고 알고 있는데 막상 크리스천들이 하는 행동을 보면 그렇지 않기 때문입니다. 그들로 더 화를 나게 하는 것은 노력조차 하지 않는 모습이라고 합니다.

크리스천들이 하는 행동을 보면 예수님이 가르쳐 주신 '원수를 사랑하라' 를 '친구를 사랑하고, 원수를 미워하라' 는 식으로 해석해 버린다는 것입니다. 자신들이 좋아하는 사람이나 같은 교인들끼리만 좋은 관계를 유지하고 히히덕거리는 것도 불신자들에게는 지탄이 됩니다. 예수님도 이런 부분에 대해 지적하셨습니다. 누가복음 6장 32절을 보십시오.

"너희가 만일 너희를 사랑하는 자를 사랑하면 칭찬 받을 것이 무엇
이뇨 죄인들도 사랑하는 자를 사랑하느니라."

끼리끼리 노는 것이 좋아 보이지 않습니다. 뿐만 아니라 타 교회 교
인들이나 불신자들에게 절대로 손해를 보지 않으려는 얄팍한 행동을
하는 것도 불신자들에게는 지탄의 대상이 되는 것입니다.

우리는 종종 불신자들이 교회를 향한 불만에 대해 귀를 기울여야
할 필요가 있습니다. 반드시 이유가 있습니다.

이렇게 불신자들이 크리스천에 대해 공격을 가하면 상황판단을 못
하는 사오정 크리스천들은 뭐라고 하는 줄 압니까? '의(義)를 위해 핍
박을 받는다' 라고 착각하면서 눈물을 흘리며 기도하기도 합니다. '오
고 가는 착각속에 헷갈리는 너와 나' 가 되어 버립니다. 착각이 너무
심하면 치매에 가깝게 됩니다. 이런 사람은 교회에 갈 것이 아니라 정
신과 병원을 찾아가는 것이 더 유익할 것입니다.

율법은 선을 선으로, 악은 악으로 갚는 것입니다. 그러나 예수님은
'원수를 사랑하며 핍박하는 사람을 위해 기도하라' 고 가르치셨습니
다. 오른편 뺨을 치면 왼 뺨도 돌려대고, 속옷을 달라고 하는 자에게
겉옷까지 주고, 오리를 동행하고자 요구하는 자에게 십리를 동행해주
는 것이 예수님의 계명입니다.

이 황금률(黃金律)은 중학교 이상의 교육을 받은 사람이라면 윤리
와 도덕시간을 통해 다 알고 있습니다. 이제 우리는 율법이 아닌 사랑
을 실천할 때가 되었습니다. 차를 빼 달라고 하면 웃으면서 차를 빼 주
십시오.

새치기를 하려는 사람에게 웃으면서 양보해 주십시오. 때로 화가
나더라도 참아보는 훈련을 해 보십시오. 이것이 바로 크리스천의 노력

하는 모습입니다. 불신자들은 이렇게 인간적이며 노력하는 크리스천
들에게 호의를 가지게 될 것입니다.

악을 선으로 바꾸라

셋째로 악을 선으로 바꾸는 태도입니다.

이 길이 바로 하나님의 길을 걸어가는 인간관계의 태도입니다.

이 길은 악을 선으로 갚는 소극적인 행동이 아니라, 악을 선으로 바
꾸어 버리는 적극적인 행동입니다. 바로 다윗이 이 길을 걸어갔습니
다. 아비새가 사울왕을 죽이기를 청원할 때에 다윗은 그의 청을 허락
하지 않았습니다. 아비새가 '이는 하나님께서 당신의 원수를 당신의
손에 붙이신 기회이니 창으로 그를 찌르겠다'고 하였으나 다윗은 그런
말에 동의하지 않았습니다.

만약 다윗이 그 기회를 놓치지 않고 사울을 죽인다면 그의 고통많
은 유랑의 생활이 즉시 끝나게 될 것입니다. 뿐만 아니라 사울의 뒤를
이어 곧 이스라엘의 왕위에 오를 수 있는 절호의 찬스였습니다. 그러
나 다윗은 사울을 죽이지 않고 창과 물병만을 증거품으로 가지고 왔습
니다. 그리고 먼 곳에서 소리쳐서 사울의 호위대장인 아브넬을 깨웠습
니다. 왜 아브넬을 깨웠습니까? 왕을 잘 보호하라는 것이었습니다. 호
위대장이 왕과 함께 잠들어 버리면 어떡합니까? 왕을 호위하고 보호
해야 할 아브넬이 왕과 함께 잠들어 있는 모습을 책망하는 것입니다.
이렇게 다윗은 충심으로 왕을 섬기고 있었습니다. 다윗이 사울을 깨우
고 난 후 증거품인 창과 물병을 가지고 자신에게 조금도 악의가 없었
다는 것을 증거하고 사울을 책망하였습니다.

여기에서 악을 선으로 갚은 다윗의 행동을 보고 그렇게 완악했던

사울도 자기의 잘못을 깨닫고 돌아갑니다. 다윗이 사울을 죽이지 않은 이유는 여호와의 기름 부음을 받은 자를 치는 것을 여호와께서 금하신 다는 사실을 잘 알고 있었기 때문입니다.

사울은 여호와께서 기름부어 세우신 왕이므로 그에게 잘못이 있으면 여호와께서 직접 치실 것이요 내가 내손으로 그를 치는 것은 하나님의 주권을 침범하는 대신관계(對神關係)의 죄가 된다는 사실을 다윗은 잘 알고 있었습니다. 그가 이런 진리를 알고 있었기 때문에 사울을 하나님의 손에 맡기고 자기 손으로는 보복하지 않았습니다.

그는 하나님을 진정으로 두려워했음으로 하나님께서 기뻐하시는 일만을 행하기를 원했고 하나님이 싫어하시는 일은 행하기를 원치 않았습니다. 이와 같이 사람이 대신관계에서 바로 서 있기만 하면 대인관계와 대물관계는 자동적으로 잘 됩니다.

햇볕론

기독교 초창기 때에 김익두 목사님이 노방에서 전도하다가 어떤 부랑자에게 매를 맞았다고 합니다. 김익두 목사님이 수일 후에 그를 만났을 때에 참외 세 개를 깎아 주면서 친절하게 대해 주었습니다. 그가 참외를 받아 먹으면서 미안하게 생각하고 부끄러워 할 때에 부드러운 음성으로 전도하여 그를 회개시켰다고 합니다. 이렇게 김목사님은 악을 선으로 바꾸는 예수님의 사랑으로 전도하여 그의 영혼을 구원했다고 합니다.

원수를 갚는데 있어서 악으로 악을 바꾸는 행동은 가장 졸렬(拙劣)한 방법입니다. 왜냐하면 원수는 미워할수록 더욱 강해지기 때문입니다. 원수는 사랑해 주어야 약해집니다. 따뜻한 햇볕에 눈사람이 녹아지듯이 원수는 사랑해 주면 녹아집니다.

이솝 이야기에 해와 바람이 지나가는 사람의 겉옷을 벗기는 경쟁을 했다는 이야기가 있습니다. 바람이 세찬 바람을 불게 했는데 강한 바람이 불어올 수록 그 사람은 더욱 겉옷을 든든히 움켜쥐고 갔습니다. 그러나 해가 따뜻한 광선을 내려보낼 때에는 그는 더워서 겉옷을 벗었습니다. 이것이 바로 그 유명한 '햇볕론'입니다.

이와 같이 원수는 미워하면 강해지고, 사랑하면 약해집니다.

원수는 태워 죽이라?

바울도 로마서 12장 19절에서 20절을 통해 "원수 갚는 것이 내게 있으니 내가 갚으리라"는 하나님의 말씀을 인용하면서 "너희가 친히 원수를 갚지 말고 네 원수가 주리거든 먹이고 목마르거든 마시우라 그리함으로 네가 숯불을 그 머리에 쌓아 놓으리라"고 했습니다.

할렐루야 교회 김상복 목사님이 이 부분을 강해 하면서 '원수를 숯불로 태워 죽이라'고 강조했던 기억이 납니다. 내용은 이런 것이었습니다. '숯불을 머리에 쌓으면 어떻게 됩니까? 그 사람이 죽게 됩니다'는 내용이었습니다. 이 말을 듣고 저는 큰 충격을 받았습니다. 아무리 의미가 좋아도 그렇지, 그렇게 과격한 말을 쓸 수가 있을까? 태워 죽이라니… 실제로 그 설교는 미국에서도 큰 화제가 된 적이 있었습니다.

어떤 미국 집회에서 김상복 목사님께서 '원수를 숯불로 태워 죽이라'라는 설교로 많은 사람들에게 충격을 준 적이 있습니다. 한동안 많은 사람들의 화제가 되었습니다. 그러나 의미를 조용히 묵상해 보니 그렇게 좋을 수가 없었습니다. 그래서 제가 어떻게 했는지 아십니까?

그 설교를 할 때 더 큰 목소리로 '원수가 있습니까? 숯불로 태워 죽이십시오'라고 강조했습니다. 교인들의 눈이 어떻게 되었는지 한 번 상상해 보십시오.

다윗이 사울의 악을 자기 손으로 갚지 않고 하나님의 손에 맡기고 그의 악을 선으로 대해 주었을 때 정말 사울은 그 머리에 숯불을 쌓아 놓은 것 같이 되었습니다.

요셉도 악을 선으로 갚은 사람입니다.

그는 자기를 미워하고 자신을 상인들에게 판 형들을 사랑으로 대해 주고 그 가족들을 애굽으로 이주하게 하여 흉년중에 먹여 살렸습니다. 그래서 요셉의 형들도 숯불을 그 머리에 쌓아 놓는 것 같이 되었던 것입니다. 아버지 야곱이 죽은 후에 요셉의 형들은 그가 자기들의 악행을 보복하지나 않을까 하고 심히 두려워했습니다. 그러나 요셉은 그들에게 두려워 말라고 하면서 오히려 안심시켰습니다.

창세기 50장 19절을 통해 요셉은 "두려워 마소서 내가 하나님을 대신하리이까"라는 말로 안심을 주었습니다. 요셉이 애굽에 오게 된 것은 형들의 잘못으로 된 것이지만 하나님께서 형들을 통해서 그를 애굽으로 오게 하셨다는 것이 요셉의 사고방식이었습니다. 따라서 요셉이 형들의 악을 악으로 보복한다면 이는 하나님의 주권을 침범하는 잘못이 될 수밖에 없다고 그는 생각했던 것입니다. 그래서 자기가 하나님을 대신할수 없다고 말했습니다. 형들에게 잘못이 있었다 할지라도 이는 하나님께서 취급하실 일이지 자기가 심판할 수 없다는 것입니다.

이와 같이 우리가 대신관계에서 바로 설 때에 인간관계에서도 바로 행동할 수 있습니다.

화평케하는 자는 복이 있나니

악을 선으로 바꾸는 행동은 우리가 하나님의 자녀가 되는 길입니다. 마태복음 5장 9절을 보면 "화평하게 하는 자는 복이 있나니 저희가 하나님의 아들이라 일컬음을 받을것임이요"라는 말씀이 있습니다.

가정에서 공연히 신경질을 부리며 풍파를 일으키는 사람이 있는 반면에 이런 것을 꾹 참고 가정을 화평하게 하는 사람이 있습니다. 그가 하나님의 아들이요 딸입니다. 직장에서 분란을 일으키고 문제거리를 만드는 사람이 있는 반면에 화목케 하는 사람이 있습니다. 이런 사람이 바로 하나님의 아들이라는 이름을 얻게 될 것입니다.

교회에서 풍파를 일으키고 시험 거리를 만드는 사람이 있는 반면에 교인들 사이를 화목시키고 교회를 화평하게 만들려고 애를 쓰는 사람이 있습니다. 그런 사람이 바로 하나님의 아들이며 딸입니다. 그런 사람들이 교회에 많이 있다면 교회는 본연의 자세를 회복할 수 있을 것입니다. 원수를 사랑하고 핍박하는 자를 위하여 기도하는 것이 하나님의 자녀가 되는 길입니다. 다윗도 요셉도 악을 선으로 갚았으니 하나님의 아들입니다.

예수님께서 예루살렘을 향하여 올라가실 때에 사마리아인의 한 촌에서 받아들여지지 않았습니다. 그때 형제는 용감했습니다.

야고보와 요한이 뭐라고 예수님께 요청합니까? "주여 우리가 불을 명하여 하늘로 쫓아 내려 저희를 멸하라 하기를 원하시나이까?"라고 요청하지 않습니까? 그러나 예수님께서는 두 제자를 꾸짖으시고 함께 다른 촌으로 가셨습니다. 그 용감한 형제가 한꺼번에 야단을 맞은 것입니다.

당시 유대인들은 사마리아인들을 멸시하고 상종하지 않았습니다. 그러나 예수께서는 사마리아 여인과 그가 살고 있는 수가성에 전도하셨고, 사마리아 사람의 문둥병을 고쳐주셨고, 착한 사마리아 사람 비유에서는 그들을 높여 주셨습니다. 그럼에도 사마리아 사람들은 이런 예수님의 은혜를 몰랐던 사람들이었습니다. 이런 모습을 본 야고보와 요한형제는 악을 악으로 갚기를 원했던 것입니다. 그러나 예수님께서는 악을 선으로 바꾸어 주시는 마음으로 그들에게 참으시고 다른 촌으로 가셨습니다.

예수께서 십자가를 지셨을 때에 대제사장들과 서기관들과 장로들이 희롱했습니다. 그러나 예수께서는 그들의 죄를 용서해 달라고 그들을 위해 기도하셨습니다. 그 교권자들은 선을 악으로 갚았으나 예수님은 악을 선으로 갚으셨습니다. 우리는 성령을 받고 우리 안에 예수님의 마음을 소유하여 악을 선으로 바꾸는 하나님의 길을 걸어가야 하겠습니다. 악(惡)을 선(善)으로 바꾸십시오.

이것이 바로 예수 그리스도의 사랑의 법칙이며 진정한 강자(强者)의 모습입니다.

> **함께 읽으면 좋은 책**
>
> 『이렇게 행하라』 이동원 지음/ 나침반사 펴냄
> 『상처입은 치유자』 헨리 나우엔 지음/두란노 펴냄
> 『화를 내야 하는냐?』 팀 라헤이 지음/생명의 말씀사 펴냄

9. 주연을 조연으로 바꾸라.

10. 불의를 정의로 바꾸라.

11. 배금을 헌금으로 바꾸라.

12. 맘모스교회를 특공대교회로
    바꾸라.

주연(主演)을 조연(助演)으로 바꾸라

한국 사람들은 감투를 좋아합니다. 좋아하는 정도가 아니라 감투를 위해서라면 목숨두 버릴 정도로 선호합니다. 그래서 어떤 방법을 동원해서라도 감투를 얻으려고 합니다. 그 중에 대표적인 사람들이 바로 크리스천입니다. 전북대의 모교수는 '사회에서는 능력으로 도무지 인정을 받을 수 없는 사람들이 교회에 들어와 감투를 얻으려고 한다'고 비판하기도 했습니다. 그 만큼 크리스천들 중에 감투를 얻으려고 노력하는 사람들이 많다는 이야기입니다.

주연(主演)을 조연(助演)으로 바꾸라

주연의 꿈

이 세상은 모두 주연(主演)으로 가득 차 있습니다. 모두들 주연을 꿈꾸고 있습니다.

어린아이에서부터 할아버지 할머니에 이르기까지 모두들 주연이 되고자 합니다. 아마 모르긴 몰라도 그 꿈은 죽는 그 순간까지도 포기되지 않을 것입니다. 모두들 주연이 되라는 얘기를 듣고 싶어합니다.

모두들 '주연이 되라'는 이야기는 좋은 이야기이고, '조연이 되라'는 이야기는 좋지 못한 소리로 이해하고 있습니다. 그래서 '주연이 되라'는 이야기가 있는 곳에는 사람들이 몰려듭니다. 그러나 '조연이 되라'는 이야기를 하는 사람은 찾아보기도 힘들지만, 있다고 해도 파리만 날립니다.

교회에서도 '주연의 원리'는 강조되고 있습니다. 그런 교회들이 성장합니다. 그런 소리를 해야만 사람들이 좋아합니다.

이 세상의 학문, 문화, 정치, 경제, 스포츠의 세계 속에서는 여지없이 '주연의 원리'가 적용되고 있습니다.

어떤 세계에서도 주연은 빛이 나고 조연은 감춰지기 때문에 온갖 방법을 다 동원해서라도 주연이 되려고 노력합니다. 이렇게 사람들은 주연의 욕망에 사로잡혀 살아가게 됩니다.

그러나 주연이 많으면 문제가 생깁니다. 사공(沙工)이 많으면 배는 산으로 가기 때문입니다. 강으로, 바다로 가야 할 배가 엉뚱한 곳으로 간다는 얘기입니다. 이 말은 모두 주연이 되려고 하는 상황에서는 반드시 문제가 발생한다는 얘기입니다. 피비린내 나는 싸움도 주연이 되고자 하는 욕망에서 시작됩니다. 교회의 타락은 어느 시점부터 시작됩니까? 주연이 되고자 하는 욕망이 꿈틀거릴 때부터 시작됩니다.

교회 안에는 잘못된 누 가지 부류가 있습니다. 이 부류가 교회를 병들게 하는 동시에 무기력하게 만들어 버립니다.

새들백 밸리 공동체 교회를 개척하여 크게 성장시킨 릭 워렌 목사님은 이런 이야기를 했습니다.

"교회 안에는 부적절한 두 부류가 있는데 첫 번째 부류는 주인공 부류이고 나머지 부류는 방관자 부류이다."

모두가 주연이 되려고 해도 안되고, 방관자가 되어도 안됩니다. 그러나 큰 문제를 유발시키는 주범들은 방관자들이 아닙니다. 주인공 부류들입니다. 언제나 주인공 부류가 더 큰 문제를 유발합니다. 모두가 주연이 되려고 하다보니 협동이란 있을 수 없습니다. 서로 죽이게 됩니다. 서로 헐뜯게 됩니다. 서로 상처를 주게 됩니다. 서로 파괴시키게 됩니다. 주연의 싸움이 있는 곳에는 공존(共存)은 없고 공멸(共滅)만 있습니다.

주연(主演)이란 무엇입니까?

앞에 나서는 사람입니다. 모든 것을 주도하는 사람입니다. 도움을 주는 것이 아니라 도움을 받는 사람입니다. 그리고 스포트라이트를 받는 사람입니다. 한 마디로 주인공입니다.

그렇다고 해서 주연이 나쁘다는 것이 아닙니다. 주연은 좋은 것입니다. 반드시 주연은 있어야 합니다. 그러나 이 세상을 면밀히 관찰해 보면 이 세상에는 주연도 필요하지만 조연은 더 필요하다는 사실을 발견하게 됩니다.

주연의 수는 제한되어 있지만 조연의 수는 제한되지 않습니다.

주연은 적을수록 좋지만 조연은 많을 수록 좋습니다. 따라서 우리가 모두 주연이 되기 보다는 조연이 되어 자기의 직분을 감당할 때 국가와 사회 그리고 교회는 조화 있게 움직이게 됩니다.

이순신 장군의 위대했던 점이 무엇입니까? 그는 장군으로도 위대했지만 나라를 위해서 백의종군(白衣從軍)할 때 더 위대했습니다.

주연의 자리를 버리고

조연의 본을 구체적으로 보여주신 분이 있습니다.

바로 우리의 주님되신 예수 그리스도이십니다.

그 분은 주연이셨지만 스스로 주연의 자리를 버리고 조연의 본을 보여 주셨습니다. 영원토록 주연의 자리를 차지해야 할 분이셨지만 그는 우리를 위해 주연의 자리를 내놓고 조연이 되셨습니다.

그가 조연의 모습을 상징적으로 나타내신 사건이 있었습니다. 바로 말구유 탄생입니다. 그는 왕궁에서도 탄생하실 수 있었습니다. 좋은 집안에서 태어날 수 있었습니다. 그러나 예수님은 말구유를 선택하셨습니다. 이것이 불교와 다른 점입니다. 불교의 창시자 석가모니는 왕궁에서 태어났습니다. 그러나 예수님은 방도 구할 수 없어서 말구유에서 탄생하셨습니다. 여기에는 깊은 뜻이 있습니다. 바로 섬김의 모습을 나타내기 위함이었습니다. 구약의 예언에 의한 예수님의 모습은 어떤 모습이었습니까?

이사야서 53장 2절은 "그는 주 앞에서 자라나기를 연한 순 같고 마른땅에서 나온 줄기 같아서 고운 모양도 없고 풍채도 없은즉 우리의 보기에 흠모할 만한 아름다운 것이 없도다"라고 예수님의 모습을 표현하고 있습니다.

연한 순같다고 표현하고 있습니다. 마른땅에서 나온 줄기 같다고 표현하고 있습니다. 얼마나 볼품이 없습니까? 풍성하고 속이 꽉찬 모습을 히고 있는 것이 아니라 말라 비틀어진 모습으로 서 계셨습니다. 이 모습이 높은 자의 모습이라고 할 수 있습니까? 아닙니다. 절대적으로 낮은 자의 모습입니다. 볼품없는 조연의 모습이었습니다.
왜 예수님은 그런 모습으로 우리에게 나타나셨습니까? 좀 더 나은 모습으로 나타날 수도 있지 않겠습니까? 그러나 이것은 전적인 예수님의 의도였습니다. 빌립보서 2장 6절에서 8절을 보면 예수님의 전적인 의도를 읽을 수 있습니다.

"그는 근본 하나님의 본체시나 하나님과 동등됨을 취할 것으로 여기지 아니하시고 오히려 자기를 비어 종의 형체를 가져 사람들과 같이 되었고 사람의 모양으로 나타나셨으매 자기를 낮추시고 죽기까지 복종하셨으니 곧 십자가에 죽으심이라."

그는 하나님이십니다. 그러나 자신을 하나님과 동등하게 여기지 않으셨습니다. 오히려 종의 모습으로 나타내셨습니다. 왜 그렇습니까?

자신을 낮추기 위해서 입니다. 죽기까지 복종하기 위해서 입니다. 사람이란 높아지기는 쉬워도 낮아지기는 어렵습니다. 높아지는데는 한 시간 걸려도, 낮아지는 데는 삼박 사일이 걸립니다. 철저하게 복종하기 위해서는 낮아져야 합니다. 예수님은 이런 상황을 간파하셨습니다. 예수님은 하나님의 명령에 철저하게 복종하기 위해서 자신을 종의 모습으로 낮추셨습니다.

그리고 주어진 임무를 묵묵히 감당하셨던 것입니다. 그래서 하나님은 예수님을 주연중의 주연으로 높여 주셨습니다.

이는 철저하게 조연의 길을 선택하면 나중에 주연의 자리로 인도받게 된다는 사실을 보여주고 있습니다.

주연이 되고 싶습니까? 먼저 자신을 낮추십시오. 껍데기만 낮추지 말고 철저하게 속까지 낮추십시오. 이것이 주연이 되는 최고의 비결입니다.

머리를 깎인 교인
마태복음 20장 26절을 봅시다.

예수님은 "너희 중에는 그렇지 아니하니 너희 중에 누구든지 크고자 하는 자는 너희를 섬기는 자가 되고"라고 말씀하셨습니다.

이것이 비결입니다. 이 비결을 알기만 하면 안됩니다. 그대로 실천해야 합니다. 안되면 될 때까지 계속 반복해야 합니다. 크리스천들이 욕을 먹는 이유가 뭡니까? 실천하지 않기 때문입니다. 교회의 '교' 자도 모르는 사람도 교회에서 가르치는 것이 나쁘다고 하는 사람은 없습니다. 교회에 나가지 말라고 머리채를 붙잡고 박박 깎아버리는 사람도 교회의 교리가 나쁘다고는 하지 않습니다. 실천하지 않는 것을 문제로 삼습니다.

따라서 우리는 불신자들이 기독교의 진리를 부정한다고 생각하지 말아야 합니다. 물론 기독교의 진리를 부정하는 얼마의 사람들이 있습니다. 그러나 그들은 극소수의 사람들입니다. 대부분의 사람은 기독교의 진리가 옳다고 생각합니다. 그런데 교회와 크리스천들이 실천하지 않기 때문에 문제를 제기하는 것입니다.

예전에 어떤 성도님이 교회에 갔다고 남편이라는 사람에게 머리를 박박 깎인 적이 있었습니다. 그 얘기를 들으니 제가 열이 좀 받았던 것 같습니다. 남편 되시는 분에게 용감하게 전화했습니다. "아니 어떻게 그럴 수 있습니까?" 그랬더니 뭐라는 줄 압니까? "백날 교회만 나가면 뭐합니까? 교회에 나가더니 아예 가정일도 안하고, 밥도 안주고, 남편을 공경하지 않습니다. 그리고 맨날 주여 주여만 찾으니 미쳤다고 교회에 보냅니까? 교회에서 좋은 것만 가르치는 줄 알았는데 이게 뭡니까?" 하면서 오히려 역정을 냅니다.

그래서 제가 뭐랬는지 아십니까? "잘 하셨습니다. 앞으로 계속 그러면 아예 다리몽둥이를 부러트려 버리십시오. 그 대신 다음주에는 교회에 보내십시오. 그래야 다리를 부러트릴 건수를 찾을 수 있을 것 아닙니까?" 그랬더니 남편이라는 사람이 더 황당해 하는 것이었습니다. 어떻게 됐을까요? 그 성도님이 머리에 수건을 쓰고 눈팅이가 밤팅이가 되어 교회에 나왔습니다. 그리고 정신을 차렸습니다.

지금은 새롭게 변화되어 남편과 아이들을 전도하여 함께 교회에 다니고 있습니다. 맞아야 정신을 차리는 케이스입니다. 제발 맞고 나서 엉엉거리지 말고 좋은 말 할 때 잘 하십시오.

말석부터 앉으라

누가복음 14장 8절에서 10절을 보시겠습니다.

예수님은 "네가 누구에게나 혼인 잔치에 청함을 받았을 때에 상좌에 앉지 말라 그렇지 않으면 너보다 더 높은 사람이 청함을 받은 경우에 너와 저를 청한 자가 와서 너더러 이 사람에게 자리를 내어 주라 하리니 그 때에 네가 부끄러워 말석으로 가게 되리라. 청함을 받았을 때에 차라리 가서 말석에 앉으라 그러면 너를 청한 자가 와서 너더러 벗이여 올라 앉으라 하리니 그 때에야 함께 앉은 모든 사람 앞에 영광이 있으리라"고 하셨습니다.

이 말씀이 무슨 말씀입니까? 말석부터 앉으라는 말입니다. 그러면 주인이 알아서 상좌로 올라오라고 요청을 한다는 것입니다. 즉 높임을 받고 싶으면 먼저 낮아지라는 말씀입니다. 촐랑대고 높은 자리에 앉았다가 사람들 앞에서 망신당하지 말고 처음부터 말석에 앉았다가 주인이 알아보고 올라오라고 하면 그 때는 영광이 됩니다. 실제 이런 일이 있었습니다.

어떤 교회에서 목사 안수식이 있었는데 강대상 의자가 다섯 개밖에 없었습니다. 그런데 기도 순서를 맡은 어떤 젊은 목사님이 제일 가운데 의자에 턱하니 앉는 것이었습니다.

중앙 의자는 원래 가장 높은 사람이 앉는 것이 상식입니다. 그 안수식에는 교단의 총회장과 원로들이 대거 참석하게 되었는데 그 목사님이 계속 그 자리에 버티고 앉아 있었습니다. 총회장과 원로목사님들이 도착했습니다. 그런데 그 목사님은 계속 중앙의자에 버티고 앉아 있습니다. 비켜 줄 생각을 안하는 것이었습니다. 주례를 맡은 목사님이 열이 받았습니다.

어떤 일 벌어졌는지 아십니까?

주례목사님이 그 많은 사람들 앞에서 "오늘 기도 담당이 바뀌었으니 중앙 의자에 앉아 계신 목사님은 단상에서 내려가 주시기 바랍니다"라는 게 아닙니까? 순식간에 식장이 웃음바다로 바뀌었습니다. 그 젊은 목사님은 얼굴이 빨개진 상태로 단상에서 내려와야 했습니다.

주연이 되고 싶습니까? 먼저 조연이 되십시오. 그리고 철저하게 조연의 길을 걸어가십시오, 그러면 감독이 언젠가는 여러분을 주연의 자리로 인도할 것입니다.

조연이란 무엇입니꼐? 국어사전은 조연을 "연극에서 주역의 연기를 돕는 사람, 또는 그 일"(Supporting performance, Helper)라고 이렇게 정의하고 있습니다. 돕는 자, 조력자라는 뜻입니다. 주역의 일을 돕는 사람, 뒤에서 자신의 일을 통해 주연의 자리를 빛나게 하는 사람이 바로 조연입니다.

예수님의 정신은 조연의 정신입니다.

철저히 조연이 되는 것이 예수님이 우리에게 요구하시는 정신 자세입니다.

감투와 목회학박사

한국 교회의 부패는 어디에서 시작되었습니까?

모두가 주연이 되려고 하는 욕망에서 시작되었습니다. 따라서 우리 모두가 주연의 욕망을 버리고 조연으로 낮아지면 모든 부패는 사라지게 됩니다. 교계에서 존경받는 어떤 노(老) 목사님은 '한국 교회의 부패는 감투와 목회학박사(D. Min)에서 비롯되었다'고 말씀하셨습니다. 그렇습니다. 분명 한국교회를 부패시킨 요인은 여러부분에서 찾아볼 수 있겠지만 감투와 박사학위라는 주연욕망에서 기인한 것은 분명합니다. 한국의 기독교는 이제 1백년 이상 성장해 오면서 1천만이 넘어서는 엄청난 교세로 성장했습니다. 그런 후 교회는 교권화되었고 성직(聖職)에 대한 매관매직(賣官賣職)의 사례는 빈번해지고 있습니다.

독일의 튜빙겐대학 오버만(Obermann)교수는 "오늘날의 한국 교회는 종교개혁 직전의 로마 가톨릭 교회와 같다"고 말했습니다. 이 말은 한국 개신교가 엄청나게 교권화되고 부패해 있다는 사실을 단적으로 표현한 것입니다. 해마다 교단 총회장 선거에는 수십 억의 엄청난 돈이 뿌려지고 있다는 소문이 들립니다. 노회장 선거나 각종 총대 선거에도 이권이 앞서고 이를 당연시하는 풍조가 확산되고 있습니다. 성직이 이러하니 부정 부패가 만연한 정치권을 향해 교회가 어떤 목소리를 낼 수 있겠습니까?

한국 사람들은 감투를 좋아합니다. 좋아하는 정도가 아니라 감투를 위해서라면 목숨도 버릴 정도로 선호합니다. 그래서 어떤 방법을 동원해서라도 감투를 얻으려고 합니다. 그 중에 대표적인 사람들이 바로 크리스천입니다. 전북대의 모교수는 '사회에서는 능력으로 도무지 인정을 받을 수 없는 사람들이 교회에 들어와 감투를 얻으려고 한다'고 비판하기도 했습니다. 그 만큼 크리스천들 중에 감투를 얻으려고 노력하는 사람들이 많다는 이야기입니다.

기독교 신문에 게재되는 부흥사연합회나 선교연합회 조직표를 보면 일반 사회에서는 볼 수 없는 진기한 장면들이 있습니다. 이런 단체를 보셨습니까? 한 단체에 무려 고문이 십여명, 총재가 십여명, 부총재가 십여명, 회장이 십여명, 부회장이 이십여명, 총무가 십여 명이나 됩니다. 세상에 이렇게 비효율적인 단체가 어디 있으며 이렇게 무식한 조직이 어디 있습니까? 더 더욱 그들의 대부분이 목회자라는 사실이 충격입니다.

뿐만 아니라 그 한자리에도 무려 수십 만원에서 수백 만원을 호가한다 하니 한심해도 너무나 한심합니다. 저는 부흥사가 아닙니다. 그런데 이곳 저곳으로 집회를 인도하러 다니다 보니 여러 연합단체의 총무되시는 분들에게서 전화가 오는 경우가 있습니다. 연합단체에 가입하라고 합니다. 처음부터 부회장이나 분과 위원장 감투를 주겠다고 합니다. 대신에 얼마의 후원금을 내라고 합니다. 이렇게 하는 이유가 뭡니까? 감투에 환장하는 사람이 있다는 말입니다. 이렇게 해서 단체를 유지시키고 감투를 원하는 사람들에게는 감투를 제공하는 것입니다. 공존공생의 원리입니다. 악어와 악어새의 관계처럼 말입니다.

대부분의 목사님의 약력에 대한 의구심도 많습니다. 학력은 어떻게 그렇게 화려하고 직책과 직위는 왜 이리 많은지 도무지 이해가 되지 않습니다. 경목(警牧)이니, 노회장이니, 어느 신학교 교수이니, 어느 단체의 지도 위원이니, 어느 단체의 총재 및 회장이라는 별의별 직위가 다 있습니다. 명함을 받아 보면 앞뒤로 빽빽하게 자신의 약력을 자랑합니다. 감투에 환장한 사람들의 모습입니다. 그러니까 총회장하려고 몇 십억을 쓴다는 이야기가 거리낌없이 나올 수 있는 것입니다.

처음에는 그러한 이야기가 비난의 대상이 되기도 했으나 이제는 오히려 돈을 써 달라고 공공연하게 부탁을 합니다. 총알(선거자금)을 달라고 노골적으로 요구하는 사람들이 늘어나고 있습니다. 호텔을 잡아

달라고 요청을 합니다. 자신들이 먹고 난 음식값을 후보들에게 지불하라고 합니다. 이런 때 한 몫을 챙기지 못하면 쪼다(바보)라고 합니다. 이런 행동이 무엇을 의미합니까? 자신도 그런 능력과 기회만 있으면 돈을 쓰겠다는 의지의 표현이라고 볼 수 있습니다.

말로는 종교 개혁자 루터를 설교하고, 칼빈을 존경한다고 하지만 생활과 의식은 그들과 거리가 너무 멀기만 합니다. 오히려 개혁의 대상에 놓여 있습니다.

박사 학위에도 문제가 있습니다.

분명히 외국 박사학위를 받았다고 하는데 영어는 한마디도 못합니다. 언론단체의 조사결과 가짜 박사의 95%가 목회자입니다. 다닌 학교도 많고, 석사 학위를 비롯해서 학위도 여러개 있는 경우가 목회자들 사이에 허다합니다. 심지어는 외국에 나가 보지도 않고 박사학위를 취득합니다. 또 나갔다고 하더라도 한 6주정도 여행하고 돌아와서 박사학위 받았다고 박사학위 가운도 입고 학위수여 예배도 드립니다. 정말이지 정신이 하나도 없는 듯 합니다.

백개의 박사보다 하나의 목사의 자리가 얼마나 영광스럽고 아름답습니까? 그런데 그렇게 생각지 않는 것 같습니다. 그렇기 때문에 영광된 목사의 가치가 점점 떨어지고 있으며 또 원칙대로 5년, 10년 죽으라고 공부를 해서 학위를 취득한 진짜 박사들까지 욕을 얻어먹고 있다는 실정이 너무 안타깝습니다. 외국에서 공부를 해본 사람들이라면 쉽게 잘 알겠지만 박사 학위는 그렇게 쉽게 얻을 수 있는 것이 아닙니다. 10년을 공부에만 매달려도 쉽게 얻을 수 없는 것이 박사학위입니다.

영어에 능통한 수재들이 외국에 건너가 온갖 어려움과 시련을 겪으며 공부를 해도 학위를 취득하는 확률은 30%도 채 되지 못합니다. 그런데 무슨 천재라고 평소에 공부에 취미도 없고 어학도 준비되지 않은 사람이 어떻게 6주만에 학위를 취득했다고 말을 꺼낼 수 있단 말입니까? 부끄러운 줄도 모르고 주보 앞에다 목회학박사니, 신학박사이니 하면서 다른 사람들을 속이면서 동시에 자신의 무식함을 자랑하고 있으니 얼마나 한심한지 모를 정도입니다.

세상 사람들이 다 알고 있는 현실 앞에서 '나만 진짜 박사다' 라고 또 한 번 어설프게 자신과 하나님을 속이고 있습니까? 박사학위는 좋은 것입니다. 그것은 노력의 결과일 때 더욱 빛이 납니다. 그러나 박사학위가 아무리 좋아 보여도 그렇게 돈이나 주고 사는 가짜 박사 학위는 기독교의 진리와 교회의 명예를 훼손하는 행위입니다.

왜 이런 현상이 생깁니까?
허영심 때문입니다. 허영을 영어로 하면 Vainglory라고 합니다 이 단어는 Vain과 Glory의 합성어인데 이 말을 번역해 보면 빈 영광이라는 뜻입니다. 즉 허영이란 빈 영광이라는 것입니다.

그까짓 박사학위가 없으면 어떻습니까? 목사님은 목회만 잘하면 됩니다. 목회만 잘하면 누가 뭐라고 합니까? 교인들은 목사님을 원하는 것이지 박사를 원하는 것이 아닙니다. 박사는 대학에 가보면 숱하게 많습니다. 교인들은 목사님을 보고 교회를 오는 것이지 박사를 만나러 교회에 오지 않습니다.

그런데 허영에 빠지면 눈이 멀어서 본분을 잃어버립니다. 자꾸 목사의 본분을 잃어버리고 박사를 그리워합니다. 그리고 사람들이 박사학위를 취득했다고 하면 무조건 존경하는 줄 압니다. 천만에요. 그렇지 않습니다. 박사라고 무조건 존경하지 않습니다. 오히려 박사학위를 가지고 있는데 목회를 잘못하면 더 욕을 하고 의심을 합니다. 박사학위를 포기하십시오. 정말로 박사학위를 취득하고 싶으면 목회를 잠시 접어두고 공부에만 전념해서 박사학위를 취득하십시오. 박사학위는 쉽게 취득할 수 있는 게 아닙니다. 그래서 귀한 것입니다. 그러나 목사라는 직분은 더 귀하고 영광스럽고 희열에 찬 직분이 아니었던가요?

청주에서 목회를 하시는 어떤 목사님이 저에게 박사학위 사본을 보여 주면서 자랑을 하셨습니다. 목사님이 박사학위를 취득한 학교는 미국에서 선교학으로 아주 유명한 신학교였습니다. 목사님은 그 학교에서 박사학위를 정식으로 취득한 사람이 한국에 몇 명이 되지 않는다고 하면서 엄청나게 자랑을 하셨습니다. 그래서 저도 목사님께 대단하다고 치하했습니다. 그 목사님은 그 박사 학위로 몇 개의 군소 신학교에도 출강하셨습니다.

어느날 목사님께서 정식 신학교에 강의를 해야 한다고 하시면서 서류를 제출하셔야 하는데 졸업증명서가 필요하니 저보고 학교측에 요청해 달라고 하셨습니다. 그래서 저는 미국에 있는 신학교에 전화를 해서 목사님의 졸업증명서를 떼어 달라고 요청했습니다. 그랬더니 학교측에서 하는 말이 그 학생의 공부한 기록이 전혀 없다는 것이 아닙니까? 그래서 목사님께 그대로 말씀드렸더니 너무 놀래서 기절을 하시는 겁니다. 내막을 들어보니 너무 황당했습니다. 부로커가 하는 말을 믿고 엄청난 돈을 쓰면서 학위를 취득했는데 알고 보니 가짜였습니다.

가짜 박사학위는 절대로 사지 마십시오.

교인들이 알고도 속고, 모르고도 속아 주니까 목회자들이 허영심에 빠져서 너도나도 가짜 박사학위를 사려고 안달을 합니다. 수백 만원에서 수천 만원을 호가하는 그 가짜 학위에 눈이 멀어서 쓸모없는 곳에 하나님께 드려진 헌금들이 소비되고 있습니다.

가짜 박사를 구별하라

이번 기회에 교인들이 꼭 기억해야 할 원칙이 있습니다.

먼저 가짜 박사를 가진 목회자가 목회하는 교회는 출입하지 말아야 합니다. 왜냐하면 가짜 박사는 분명히 가짜 목사이기 때문입니다.

목사를 박사보다 귀하게 여기지 않는 목회자는 이미 삯꾼이며 진정한 목회자라 할 수 없습니다. 가짜 박사를 구별하는 방법은 간단합니다.

외국어 실력과 외국 유학 기간을 살펴보면 됩니다. 가짜 박사의 특징은 통신을 통해 수업한다고 하면서 약 6주정도 외국에 여행한 것으로 학위를 취득하게 되는데 이는 가짜이든지 정식과정이 아닌 연구과정 중에 하나입니다. 또 공부한 대학이 미국 신학협의회니, 어디 어디에 가입되었다고 주장하는 것도 정통 가짜의 전형적인 모습입니다. 하버드 대학이나 예일대학이 미국의 신학협의회에 가입됐다고 자랑하는 것을 보았습니까?

한국에서도 마찬가지입니다. 총신대, 장신대, 감신대, 침신대, 서울신대가 교육부에 등록됐다고 자랑하는 것 봤습니까? 무인가 신학교들이나 그런 것을 가지고 자랑하는 것입니다.

정식 대학들은 당연한 것을 가지고 새삼스럽게 이야기하지 않습니다. 가짜들이나 어디에 가입되었느니 하면서 이름조차 못 들어 본 것을 들먹거립니다.

교회에 가서 제일 먼저 주보를 찾아서 담임목사란에 어떤 박사 학위가 적혀 있는지 살펴보십시오. 그리고 예배가 끝나면 조용히 목사님을 찾아가서 어떤 박사학위인지 설명해 달라고 부탁하십시오. 만약 그것이 가짜가 분명하거든 조용히 삭제를 요청십시오. 그 요청이 받아들여지지 않거든 다른 사람들에게 말하지 말고 조용히 그 교회를 떠나십시오. 그리고 진실한 목자, 무능해도 하나님만을 의지하는 목사님을 찾아가십시오. 하나님도 여러분의 결단을 아름답게 보실 것입니다. 또한 그러한 의식이 있는 사람들이 모여질 때 가짜박사 학위는 사라지고 하나님의 공의와 정의가 교회에서부터 회복되어지게 될 것입니다. 이것이 바로 교회의 정화 작업입니다.

교회 정화를 시작하라

교회 정화(淨化)작업은 크게 두 단계로 나뉘어 집니다.

첫째 단계는 목회자 정화입니다. 둘째 단계는 교인 정화입니다.

교회정화작업은 목회자로부터 시작되어야 합니다. 목회자가 잘못되면 교회는 반드시 잘못되게 되어 있습니다. 교회의 모든 문제의 90%의 책임은 목회자에게 있습니다.

분명한 것은 목회자가 잘못되면 교회는 반드시 잘못된다는 것입니다. 목회자를 잘못 만나 수많은 교인들이 얼마나 큰 어려움을 겪습니까? 얼마나 많은 피눈물을 흘려야 합니까? 얼마나 많은 가정 파탄을 겪어야 합니까? 얼마나 큰 정신적인 피해를 겪어야 합니까? 따라서 교회의 문제를 지적할 때 목회자의 문제를 건드리지 않고 외부에서 원인을 찾는 것은 허무한 짓입니다.

그러나 동시에 교인들의 정화도 함께 이뤄져야 합니다. 교인의 정화없이 목회자만 정화되는 것은 반쪽 정화입니다. 또 목회자의 정화없이 교인들만 정화되는 것도 반쪽 정화입니다. 함께 이뤄져야 합니다. 동시에 이뤄져야 합니다.

최근에 목회자 갱신운동이 일어나고 있지만 교인들의 갱신운동은 찾아보기가 힘듭니다. 목회자들의 회개운동이 일어나고 있는데 교인들의 회개운동은 찾아보기가 힘듭니다. 이렇게 되면 교회는 정화되지 않습니다. 되는 것 같다가 원위치로 돌아옵니다. 겉 모양은 정화되는 것 같아도 속은 더 썩어 들어갑니다.

교회부패의 대부분의 책임은 목회자에게 있습니다. 그러나 교인들의 책임도 간과(看過)할 수 없습니다. 교인들이 목회자들의 잘못된 것을 지적했다면 어떻게 잘못이 그렇게 빈번하게 자행될 수 있습니까?
콩나물 판돈으로 드린 헌금을 가지고 라스베가스에서 도박했을 때 교인들은 어떻게 처신했습니까? 지적하지 않고 오히려 옹호했습니다. 그리고 잘못에 대한 신랄한 지적앞에 몸을 던져 방패가 되어 주었습니다. 이러면 안됩니다. 이런 것은 사랑이 아닙니다. 목회자는 주범이고 교인들은 공범인 셈입니다. 어떻게 해야 합니까 성경의 말씀에 순종하십시오.

신명기 13장 8절을 보면 "너는 그를 좇지 말며 듣지 말며 긍휼히 보지 말며 애석히 여기지 말며 덮어 숨기지 말고"라고 말씀합니다.

하나님의 말씀은 무엇입니까?
잘못을 좇지 말라고 합니다. 듣지 말라고 합니다. 긍휼히 보지 말라고 합니다. 애석히 여기지 말라고 합니다. 덮어 숨기지 말라고 합니다. 그런데 오히려 반대입니다. 그렇게 하면 어떻게 되는 줄 아십니까?
잠언 28장 13절을 보십시오.

"자기의 죄를 숨기는 자는 형통치 못하나 죄를 자복하고 버리는 자는 불쌍히 여김을 받으리라"고 합니다.

예레미야와 아모스같은 민족의 선지자들이 일어나서 교회를 향하여 회개하라고 소리칠 때 교인들은 오히려 그들을 핍박했습니다. 많은 교수들과 지식인들이 교회의 부정을 지적할 때 교인들이 어떻게 했습니까? 무조건 교회를 옹호하고 목회자를 옹호하면서 죄악을 감추었습니다. 예레미야와 아모스같은 민족의 선지자들이 일어나서 교회를 향하여 회개하라고 소리칠 때 교인들은 그들을 핍박했습니다.

기윤실의 손봉호교수를 비롯하여 많은 단체들이 '교회가 바로서야 나라가 바로 선다' 라고 주장할 때 교인들이 취한 행동이 어떤 것이었습니까? 교회안의 문제를 굳이 밖으로 끌고나갈 필요가 없다고 했습니다. 그러니까 사회로부터 몽둥이로 매를 맞는 것입니다.

적반하장

얼마 전에 방영된 모 T.V의 PD수첩에 의하면 전체 가짜 박사 학위 중 95%를 목회자가 가지고 있다고 방송했습니다. 이를 보고 많은 목회자들이 기독교 탄압이라고 항의를 했습니다. 상상을 해 보십시오.

적반하장(賊反荷杖)도 유분수지 그들이 얼마나 웃었겠습니까? 목회자가 얼마나 썩었다고 무시하겠습니까? 그리고 그들이 얼마나 교회와 신앙을 멀리 하겠습니까? 그들이 교회에 나가서 예수님을 믿겠습니까? 불신자들이 교회와 예수님을 어떻게 생각하겠습니까? 교인들이 물의를 일으켜도 문제가 되는데 하물며 목회자가 물의를 일으키면 어떻게 되겠습니까? 그로 인한 책임이 두렵지도 않습니까?

지적할 것이 또 있습니다. 당회장이라는 감투에 관한 이야기입니다. 그밖에도 수많은 문제들이 많지만 당회장문제는 반드시 짚고 넘어가야 할 것 같습니다. 많은 교인들이 담임목사를 호칭할 때 '당회장님'이라고 호칭합니다. 확실히 당회장은 담임목사보다는 훨씬 더 무게 있고, 권위가 있어 보입니다. 그러나 교인들이 목회자를 부를 때 당회장이라고 부르는 것은 잘못 호칭하는 것입니다. 당회장이 아니라 '담임목사' 라 해야 할 것입니다.

어느 학교에든 민방위가 있습니다. 선생님들 가운데서 한 분이 민방위 대장을 맡습니다. 그렇다고 그 분에게 '대장님'이라고 부르면 어떻게 되겠습니까? 그 분은 선생님입니다. 그래서 선생님이라고 부릅니다. 그러다가 민방위날이 되면 그 때만 '대장님'이라고 부릅니다. 당회장이란 당회를 열 때 당회를 인도하는 장으로 당회의 때를 제외하고는 담임목사로 호칭되어야 합니다. 심지어는 대표기도 시간에도 '우리 당회장님 주시고' 는 등 잘못 쓰여지고 있습니다. 이런 것이 문제가 되는 것은 '당회장' 이라는 그 자체의 문제보다 하나님보다 더 높고자 하는 욕망의 시초라는데 문제가 있습니다.

하나님 앞에선 그 누구도 당회장님이나, 목자님이 될 수 없습니다.
모두가 종입니다.

주의 종님

제가 어느 교회에서 대표기도를 들어 본 적이 있습니다.
어느 집사님이 대표 기도를 하게 되었는데 열심히 목사님을 위해 기도하다가 이렇게 기도했습니다.
"하나님 아버지, 주(主)의 종님에게 능력과 힘을 주셔서 주의 사역을 잘 감당케 하옵소서" 님이라는 호칭이 번지수를 잘못 찾은 것입니다. 님이 어디에 붙어야 합니까? 당연히 주에 붙어야 하는 것이 아닙니까? 또 어떤 교인은 목사님을 위하여 기도하다가 '주의 종' 이라고 했는데 목사님으로부터 "야 내가 네 종이냐? 왜 자꾸 종이라고 하냐?"
는 호된 책망을 듣고 울었다고 합니다. 실제적으로 이러한 실례는 얼
마든지 우리의 주변에서 찾아 볼 수 있는 현상들입니다.

교인들도 마찬가지입니다.
장로, 권사, 집사라는 제도는 직분의 개념이며 섬김의 개념이지 감
투의 개념이 아닙니다. 그런데 직분만 받고 나면 목이 뻣뻣해지고 기
득권을 가지려고 혈안(血眼)이 됩니다. 이게 말이나 됩니까? 섬기라
는 의미에서 직분이 주어졌는데 오히려 섬김만 받으려고 합니다.

참으로 아이러니한 이야기입니다. 장로 직분을 받았으니 더 많이
청소하고 더 많이 안내하고 더 많이 봉사하면 얼마나 좋을까요?
사람들이 무시할 것 같아 못합니까? 아닙니다. 잘못 생각한 것입니
다. 오히려 더 존경합니다. 그런 분이 안 계셔서 그렇지 그런 분만 계
시다면 우리는 도시락을 싸가지고 다니면서라도 존경할 것입니다. 그
런 분만 계신다면 이 세상은 쉽게 변화될 것입니다. 또 무시하면 어떻
습니까? 하나님이 기뻐하시면 되지 않습니까? 예수님도 사람들에게
싫어버린 바가 되지 않으셨습니까?
그러나 그 삶이 하나님을 기쁘시게 하는 삶이였기 때문에 영광이
되었습니다. 괜스레 목소리나 높이고, 똥폼이나 잡고, 야단이나 치라
고 여러분에게 장로라는 영광된 직분을 허락했는 줄 아십니까?

한 번 생각해 보십시오. 권사도 마찬가지고, 집사도 마찬가지입니
다. 지금부터라도 장로님, 권사님 집사님들은 열심히 일하고 봉사하면
서 이 말씀을 암송하십시오.
누가복음 17장 7절에서 10절 말씀입니다.

"너희 중에 뉘게 밭을 갈거나 양을 치거나 하는 종이 있어 밭에서
돌아오면 저더러 곧 와 앉아서 먹으라 할 자가 있느냐 도리어 저더러
내 먹을 것을 예비하고 띠를 띠고 나의 먹고 마시는 동안에 시중 들고
너는 그 후에 먹고 마시라 하지 않겠느냐 명한 대로하였다고 종에게
사례하겠느냐 이와 같이 너희도 명령받은 것을 다 행한 후에 이르기를
우리는 무익한 종이라 우리의 하여야 할 일을 한 것 뿐이라 할지니
라."

이런 장로님만 있다면…

　제가 존경하는 장로님이 있습니다. 국회의원 김영진장로님입니다.
T.V를 보면 그 분의 의정활동이 나오는데 항상 성실한 모습이 비쳐집
니다. 그 분은 신앙도 좋고, 의정활동도 아주 열심입니다.

　지난 96년에 크리스천 국회의원들에게 혼전 순결서약식에 쓸 은반
지가 필요하니 후원을 해 달라고 한 적이 있습니다. 그 때 딱 한 분이
은반지를 후원해 주셨는데 그 분이 바로 김영진장로님입니다. 그 분은
그렇게 작은 부분에도 정성으로 섬김을 다하는 분입니다.

　어느 시민단체에서 조사한 내용을 보니까 가장 성실한 의원으로 김
영진의원을 꼽았습니다. 뿐만 아니라 국회조찬 기도회 회장으로 의정
활동과 함께 열심히 기도하는 모습을 보았습니다.

　국회의원 장로성가대에서 입을 제일 크게 벌리고 찬양하는 모습을
보았습니다. 얼굴도 잘생기지 못했고 노래도 썩 잘하는 것 같지 않았
지만 그 분을 뵐 때면 믿음이 갑니다. 그런 분이 우리 교회의 장로님이
되셨으면 하는 생각을 했습니다. 그래서 앞으로 어떤 분을 장로님으로
추대해야 하는가를 생각해 보다가 그런 분이 우리 교회의 장로감이라

는 결론을 내렸습니다. 그런 분이라면 사람들에게 많은 사랑을 받을 것이라는 확신을 받았습니다.

누가 크냐?

누가복음 22장은 제자들이 예수님과 최후의 만찬중에 서로 다투고 있는 모습을 기록하고 있습니다. 다툼의 내용은 '누가 크냐?' 하는 것이었습니다. 이들의 싸움에 대해 누가복음의 저자는 두 가지의 상황을 설명하고 있습니다.

하나는 예수님과 제자들의 최후의 만찬중이라는 사실입니다. 내일이면 스승인 예수님이 제자중의 한 명인 가룟유다의 배신을 통해 체포되는 절박한 상황입니다. 다른 하나는 '누가 크냐?' 는 싸움이 처음이 아니라 두 번째로 일어났다는 사실을 설명하고 있습니다. 그래서 누가복음의 저자는 이 사건의 설명에 앞서 '또' 라는 단어를 사용하고 있습니다. 누가복음 22장 24절을 보십시오.

"또 저희 사이에 그중 누가 크냐 하는 다툼이 난지라."

이런 논쟁은 누가복음에 두 번에 걸쳐 기록되어 있지만 한 두 번 일어났던 논쟁은 아닌 듯합니다. 그들은 아마 만날 때마다 이 문제를 놓고 치고 받고 싸웠는지 모릅니다. 그러다가 안되니까 어머니를 동원하는 치사한 방법까지 사용한 것 같습니다. 누구의 어머니가 동원되었습니까? 마태복음 20장 2절을 보면 아주 희한하게 표현하고 있습니다. '세베대의 아들의 어머니' 라고 표현합니다. '누구의 어머니' 라고 말하면 쉽게 알겠는데 아버지의 이름까지 들먹입니다.

여기서 우리가 명심해야 할 것은 우리가 잘못하면 조상이 욕을 먹는다는 사실입니다. 우리가 잘해야지 조상이 영광도 얻습니다. 어쨌든 누구의 어머니입니까? 야고보와 요한의 어머니 살로메였습니다. 야고보와 요한이 누구입니까? 예수님의 수제자입니다. 예수님의 수제자는 베드로와 요한과 야고보였습니다. 무엇을 뜻합니까? 예수님의 옆에는 우편, 좌편 두 자리밖에 없는데 수제자는 세 명입니다. 그래서 이번 기회에 형제가 그 두자리를 확실히 차지하게 해 달라고 치맛바람을 날렸던 것입니다.

제자들의 관심이 무엇이었습니까? 예수님이 왕이되면 어떤 자리를 차지하는가에 있었습니다. 그래서 그 문제를 놓고 매일 치고 받으며 싸웠던 것입니다. 누가복음 9장 46절부터 48절은 '누가 크냐?' 라는 첫 번째 사건에 대해 설명하고 있습니다.

"제자 중에서 누가 크냐 하는 변론이 일어나니 예수께서 그 마음에 변론하는 것을 아시고 어린 아이 하나를 데려다가 자기 곁에 세우시고 저희에게 이르시되 "누구든지 내 이름으로 이 어린아이를 영접하면 곧 나를 영접함이요 또 누구든지 나를 영접하면 곧 나 보내신 이를 영접함이라 너희 모든 사람 중에 가장 작은 그이가 큰 자니라."

제자들이 자리를 위해 서로 싸우며 변론하는 것을 아신 예수님은 아주 획기적인 방법을 채택하셨습니다.

어떤 방법입니까? 시청각 방법입니다. 그렇게 얘기해도 못 알아들을 땐 시청각 방법이 최고입니다. 어른들이 싸우는 현장에 아이를 데리고 오신 것입니다. 어른들이 유치하게 싸우다가 어린아이를 봤을 때 어떤 생각이 들었을까요? 무지하게 창피했을 것입니다. 이처럼 정신을 못 차리고 싸울 때는 정신이 퍼뜩 들도록 망신을 줘야 합니다. 그러나 예수님은 망신을 주는 것이 목적이 아니었습니다.

어린아이와 같이

어린아이를 예수님 옆에 세우신 후에 '어린아이 같이 연약한 사람을 내 이름으로 섬길 수 있는 작은 사람이 곧 큰 사람이다'고 말씀하십니다.

이 말이 무슨 뜻입니까? 자신을 어린아이 같이 낮추고 자신의 부족함을 알아 하나님을 의지하는 사람을 의미합니다.

저는 이 말씀을 이렇게 정의합니다. '하나님 앞에서 철저히 조연으로 살아가기를 원하는 사람이다' 라고 정의합니다.

이런 사람이 바로 큰 사람입니다. 이 말을 제자들이 깨달았을까요? 성경엔 그 다음 상황을 말하고 있지는 않습니다.

저는 제자들이 이 말의 뜻을 확실히 깨닫지 못했다고 생각합니다. 왜냐하면 그러한 논쟁이 후에도 계속 되었기 때문입니다. 제자들은 예수님의 명쾌한 설명을 들었던 상태였습니다. 그러나 제자들은 정신을 차리지 못했습니다.

왜 그렇습니까? 욕망에 눈이 어두워 있었기 때문입니다. 그 욕망은 계속 이어졌습니다. 그 욕망이 어디까지 이어집니까?

그 날밤 예수님이 열두제자 중의 하나인 가룟유다에 의해 연행되어 내일이면 십자가에서 처형되는 상황 속에도 그들은 자신의 욕망은 계속 되었습니다. 가장 슬픈 사건이 일어나려는 상황이었습니다. 절박하고도 숨막히는 순간이었습니다.

그러나 제자들은 '누가 크냐?' 라는 논쟁을 포기하지 않았습니다. 얼마나 어리석고 답답한 제자들입니까? 심지어는 무섭다는 생각이 듭니다. 주연의 욕망에 빠지면 아무 것도 보이지 않습니다. 부모 형제도 없습니다. 친척도 친구도 없습니다.

3년 동안을 가르쳤던 선생님이 죽게 되어도 눈에 들어오지 않았습니다. 이렇게 답답한 제자들에게 우리는 어떤 말을 할 수 있을까요? 한번 생각을 해보십시오. 어떤 시인의 '그들을 바라보았다. 그리고 아무 말도 하지 않았다' 는 시(詩)의 문구를 사용할 수 밖에 없었을 것입니다. 그러나 예수님은 절박한 상황 속에서도 분명하고도 다른 '조연의 원칙'을 제자들에게 말씀하셨습니다. 누가복음 22장 25절부터 27절을 봅시다.

"예수께서 이르시되 이방인의 임금들은 저희를 주관하며 그 집권자들은 은인이라 칭함을 받으나 너희는 그렇지 않을지니 너희 중에 큰 자는 젊은 자와 같고 두목은 섬기는 자와 같을지니라. 앉아서 먹는 자가 크냐 섬기는 자가 크냐 앉아 먹는 자가 아니냐 그러나 나는 섬기는 자로 너희 중에 있노라."

세상에서는 임금들이나 집권자들이 높은 것이 사실입니다. 그러나 하늘의 법칙은 그렇지 않다는 것입니다. "하늘나라에서 큰 자는 젊은 자(Youngest)일수록 높으며, 두목(Leader)이란 위치는 섬기는 위치다"라는 것입니다. 그리고 나서 예수님은 "앉아서 먹는 자가 크냐? 음식 시중(Serving)을 하는 자가 높으냐?"라는 질문을 던지신 후 "당연히 세상에서는 '앉아서 먹는 자' 가 높다. 그러나 나는 음식 시중하는 자로 너희에게 있다"고 말씀하셨습니다.
이것이 바로 예수님의 정신인 동시에 하늘 나라의 법칙입니다.

가장 좋은 유산은 무엇인가?

유산 중에서 가장 좋은 유산은 믿음의 유산입니다.

저는 어렸을 때부터 이 말씀을 귀가 닳도록 들어왔습니다.

제 아버님께서도 목회자이신데 아침기도회를 통해 이 말씀을 여러 번 말씀해 주셨습니다. '항상 겸손해야 한다', '섬기면서 살아야 한다', '이웃을 도와야 한다' 이런 말씀을 귀가 닳도록 들었지만 한번도 마음에 와 닿은적이 없었습니다. 실천하려고 노력하지도 않았습니다.

오히려 목회자의 자녀라는 사실이 얼마나 부끄럽고 싫었는지 모릅니다. 너무나 가난했습니다. 수업료를 제 때 한번 내지 못했습니다. 학교에서는 수업료를 못내는 학생들을 아침마다 불러서 꿀밤과 망신을 주곤 했습니다. 교복을 한번도 돈주고 산 기억이 없습니다. 매년 얻어 입었습니다. 그래서 저는 어떻게든지 목회자는 되지 않겠다고 울면서 다짐했던 기억이 납니다. 이런 가운데 겸손하라는 말이 귀에 들어오겠습니까? 섬기라는 말이 어떤 의미로 받아들여지겠습니까? 이웃을 도우라는 말이 어떻게 마음에 와 닿겠습니까? 그런데 그런 말씀이 어느 순간 제 마음에 깊이 박히기 시작했습니다. 그렇게 살수밖에 없도록 하나님이 인생을 인도하셨습니다.

제 인생이 말씀대로 인도 받는 것을 깨닫게 되었습니다. 그리고 그렇게 살아갈 때 기쁨이 충만해 집니다. 하나님께서 저를 민족을 섬기는 사역자로 삼으신 것이 바로 믿음의 유산 때문입니다.

지금도 제 부친은 충북 청원의 산골에서 사회에서 버림받은 장애인들과 정박아들을 섬기며 살아가고 계십니다. 부친이 운영하시는 '믿음의 집' 에는 40여명의 장애인들이 아침, 저녁으로 예배를 드리며 살아가고 있습니다. 그들과 생활하며 그들의 냄새나는 몸을 씻어주는 부친의 섬김이 자녀들에게 믿음의 유산으로 남아 있습니다.

복음을 살릴 것인가 목사를 살릴 것인가

예수님이 싫어했던 무리들이 있었습니다. 바로 회당의 상좌와 잔치 집에서 상석을 원하는 서기관 무리였습니다. 예수님이 왜 그들을 싫어하셨을까요? 그들은 예수님과 정반대의 길을 추구했던 사람들이었기 때문이었습니다. 예수님은 섬김을 받기 위해서 이 세상에 오신 것이 아니었습니다. 오히려 섬김의 도를 실천하러 오셨으며, 가장 귀한 목숨을 사람들의 대속물로 주시기 위함이었습니다.

마태복음 20장 28절에서 예수님은 "인자가 온 것은 섬김을 받으려 함이 아니라 도리어 섬기려 하고 자기 목숨을 많은 사람의 대속물로 주려 함이니라"고 말씀하셨습니다.

반면 서기관들은 어떠했습니까? 섬김을 받으려 했고, 상석과 상좌라는 높은 자리만을 추구하고 있었습니다. 그들이 만약 성경을 바르게 이해했다면 그들의 행동은 변화되었을 것입니다. 그러나 그들은 자신들의 편리에 따라 성경을 해석했습니다. 자신들의 엄청난 권리를 위해 성경을 사용했습니다. 성경을 잘 아는 사람들이 자신의 이익을 위하여 성경을 풀어서는 안 된다고 말하고 있습니다.

베드로후서 1장 20절을 보면 "먼저 알것은 경의 모든 예언은 사사로이 풀 것이 아니니"고 말씀합니다.

분규 중에 있던 어느 교회의 장로들이 소속 노회에 올린 문헌에는 이런 구절이 있습니다. "복음을 살릴 것인가? 목사를 살릴 것인가?" 이 교회가 분규에 빠진 이유는 목사의 해괴한 설교 때문이었습니다.

'교인들이 당한 교통사고는 하나님의 책벌이지만 목사가 낸 교통사고
는 새 차를 사라는 하나님의 계시이다' 라는 도무지 납득할 수 없는 주
장들이 설교되고 있었다고 합니다.

그 목사는 목사의 설교를 불쾌하게 여기는 교인들을 찾아가 교회를
떠나라고 강요하는가 하면, 자신의 아들이 고교시절 깡패였는데 당신
을 찾아가려 했었다고 협박을 했다고 합니다. 또 어떤 교회에서는 목
사를 쫓아 내도록 주동한 사람들이 전부 교통사고를 당해 죽었다든지,
목사를 몰아낸 사람들 치고 성공하는 것을 본 적이 없다든지 하는 저
주를 스스럼없이 유포하고 있습니다. 심지어는 자신의 설교를 통해 자
신에게 반대하는 자들은 곧 하나님의 진노를 받을 것이라고 저주하는
판국입니다. 성경을 맡은 자들의 잘못된 범죄행각입니다. 이런 자들에
게 어떤 재앙이 있습니까?

요한계시록 22장 18절을 보면 "내가 이 책의 예언의 말씀을 듣는
각인에게 증거하노니 만일 누구든지 이것들 외에 더하면 하나님이 이
책에 기록된 재앙들을 그에게 더하실 터이요"라는 말씀이 있습니다.
이런 자에게 성경에 기록된 모든 재앙이 임할 것을 기억해야 합니다.

용의주도한 서기관

서기관들은 섬김을 받는 것을 좋아했습니다. 또 사실상 받았던 명
예는 너무나 엄청난 것이었습니다. 그들은 용의주도하게 모든 일에 서
열의 규칙을 만들었습니다.

대학에서는 가장 학식이 풍부한 서기관이 상석을 차지했고 잔치 집
에서는 최 연장자인 서기관이 상석을 차지했습니다. 그들의 교만은 하
늘을 찌를 듯 했고 그들의 양심은 땅바닥 같이 더럽혀져 있었습니다.

어떤 문헌에 보면 두 사람의 서기관이 거리를 산책하고 돌아 왔는데 그들의 표정이 아주 침울해 보였습니다. 그래서 다른 서기관이 물었습니다. "무슨 일이 있었소?" 그러자 산책에서 돌아 온 서기관이 대답했습니다. "어떤 사람이 지나가면서 '크게 평안하소서!' 라고 인사하면서 나의 주시여!(My masters)라는 존경의 말을 빼먹는 게 아니겠소. 그래서 이렇게 슬프다오"

그들은 부모 보다도 우위에서 대접받기를 주장했습니다. 그들은 이렇게 말했습니다. "너희 스승에 대한 존경을 하나님에 대한 숭배에 까지 높여라" 얼마나 잘못된 일입니까? 그들은 교만의 극치를 향해 달리고 있었습니다. 전반적으로 불건전한 서기관들의 소행이 예수님에게는 충격이 되었고 불쾌감을 불러 일으키게 되었습니다. 따라서 서기관들이 예수님의 눈밖에 나는 것은 너무나 당연한 일이었습니다.

그래서 예수님은 마가복음 12장 39절을 통해 사람들에게 경고하시기를 "회당의 상좌와 잔치의 상석을 원하는 서기관들을 삼가라"고 하셨습니다. 뿐만 아니라 "긴 옷을 입고 다니는 것을 원하며 시장에서 문안 받는 것과 회당의 상좌와 잔치의 상석을 좋아하는 서기관들을 삼가라"(눅20:46)고 말씀하셨습니다.

현대판 서기관들과 후보생들

이런 사실이 비단 예수님 당시로만 국한된 이야기입니까? 그렇지 않습니다. 지금 이 순간에도 현대판 서기관들이 우리 주위에 얼마나 많습니까? 높은 자리를 추구하고, 인정받기를 원하고, 존경을 받으려는 무리들이 오늘날도 존재하고 있습니다. 충분한 지식을 갖고 있기 때문에 사회생활에서 보다 책임있는 위치에 서 있어야 할 크리스천 지도자들이 부패하여 하나님보다 높은 자리를 추구하고 있습니다. 뿐만 아니라 하나님께서 신뢰하고 맡긴 지위를 자신의 목적과 자신의 안일을 조장하는데 이용하는 모습이 불신자들에게도 그대로 비쳐지고 있습니다. 이러한 모습이 한국 교회의 자화상입니다.

이렇게 된 이유에는 여러 가지가 있겠지만 주된 요인을 찾아보면 목회자들이 대접받는 일에만 너무 익숙해 있기 때문입니다.

대부분의 목회자는 청년시절이 거의 없습니다. 소년에서 바로 장년으로 뛰어 올라갑니다. 청년기가 없이 장년으로 넘어가게 되는 이유는 어린 나이에 신학교에 들어가기만 하면 바로 '전도사'가 되기 때문입니다. 성경에도 없는 전도사를 교인들은 '주의 종'이라고 대접합니다. 특별한 훈련과 지식없이 단지 신학교에 다니기 시작했다는 이유만으로 이미 공식적 입장을 갖춘 성직자로 이해합니다. 나이 많은 장로님이나 권사님들이 손자같은 신학생에게 "전도사님, 전도사님"하면서 예를 표합니다. 주의 종이라고 존경과 대접을 마다하지 않습니다.

처음에는 어색해하지만 나중에는 안 해주면 서운해합니다.

학교에서는 그저 학생일 뿐이지만 교회에 가면 영혼을 지도하는 교역자로 대접받습니다. 이렇게 하다보면 '목회란 섬기는 것이 아니라 대접받는 것이다'라고 단정해 버립니다.

매일 대접받으려고 군침을 흘립니다. 단 한 번도 섬기는 훈련은 하지 않습니다. 이렇게 되다보니 신학생들이 어떻게 됩니까? 엄청나게 교만해 집니다. 자신들이 대단한 줄 압니다. 자신이 설교를 대단히 잘하는 줄 압니다.

자신이 지금 개척해서 교회를 세우면 수천 명이 몰려 올 것이라고 생각합니다. 자신이 엄청나게 거룩한 줄 알고 목소리에 힘을 줍니다.

그렇게 충고해 줘도 깨닫지 못합니다. 그러다 보니 선배 목회자들 중에서 개척교회를 하는 목사님 보기를 개똥같이 여깁니다. 무시하려고 합니다. 이렇게 어렸을 때부터 대접만 받다 보니 겸손과는 거리가 먼 사람으로 전락해 버리게 됩니다.

목회자 후보생들의 허영

사실 신학생들의 수준이 얼마나 떨어집니까?

일반대학의 학생들만큼 실력이 있습니까? 또 그들만큼 밤을 새워 공부를 합니까? 그렇지 않습니다.

제가 그런 사실을 깨달은 것은 일반대학 대학원에 들어가서 처음으로 알았던 사실입니다. 그전까지만 해도 제가 대단한 실력의 소유자라고 생각했습니다. 그런데 일반대학에 들어가서 그들과 직접 비교하니 엄청나게 떨어지는 것이었습니다. 어학과 세상상식에서 저는 별천지의 사람같았습니다. 그래서 그 때부터 죽자 사자로 매달렸습니다. 이런 얘기를 하면 후배들은 자신은 그렇지 않을 것이라고 합니다. 혹 세상지식에서는 떨어질 지는 몰라도 성경과 신학에서는 자신이 있다고 합니다. 정말 그렇습니까?

신학생이라고 해도 성경을 한 번도 읽지 않은 사람이 허다합니다.

하다못해 일반대학의 CCC, IVF, UBF, 네비게이토, JPM, JDM 학생들처럼 체계적으로 성경을 공부하지도 않습니다. 그런데도 왜 공부를 안합니까? 교만하기 때문입니다. 잘 난줄 알기 때문입니다. 대단한 줄 알기 때문입니다. 이것을 한마디로 허영이라고 합니다. 속빈 강정입니다. 허영에 찬 목회자 후보생들의 특징이 무엇입니까? 배워야 할 것은 안 배우고, 안 배워야 할 것만 배운다는 사실입니다. 좋은 것은 안 배우고 좋지 않은 것만 배우려고 합니다. 목소리는 내리깔고 나이든체 합니다. 이런 후보생이 목사가 되면 아무 교인에게나 반말을 합니다. '주의 종'이라는 빽만 믿고 나이가 많든 적든 반말로 짓거립니다.

목사안수를 받기까지는 겸손하다가 목사안수만 받으면 선배목사도 없습니다. 심지어는 아버지 같은 목사님에게도 반말로 맞먹습니다. 이것이 목회자 세계입니다.

먼저 자신을 훈련하라

쉬는 날이면 종종 충북 청원에 계시는 부친을 찾아뵙니다. 부친 댁에 가 보면 많은 목사님들이 방문해서 교제를 하는 것을 보게 됩니다. 그럴 때 가만히 보면 젊은 목사님들이 부친에게도 반말 비슷하게 말을 하는 것을 봅니다. 칠순이 되시는 목사님에게 삼사십대의 젊은 목사들이 반말지거리를 하는 것을 보면 피가 끓습니다.

제 신학교 후배들 가운데에서도 제 부친인지도 모르고 반말지거리를 하면서 대드는 후배를 보고 크게 야단친 적이 있습니다. 저는 그런 사실을 보고 다짐한 바가 있습니다. 절대적으로 교인들에게나 목사님들에게 반말을 하지 않기로 한 것입니다. 아주 가까운 사람을 제외하고는 나이가 많든 적든 상관없이 존대하기로 했습니다.

이런 것은 기본예절에 불과합니다. 아무리 사회가 막대 먹었다고 하더라도 이렇지는 않습니다. 서열이 있고 예절이 있습니다.

백화점에서 직원들이 인사하는 모습을 보십시오. 얼마나 정중합니까? 교회가 백화점만 못하면 어떡합니까? 백화점은 영리만을 위해서 그렇게 예절바르게 행동하는데 교회가 그렇지 못하다면 큰 문제가 있습니다.

기본예절조차 모르는 사람이 목회자가 되면 그 교회는 볼장 다 본 것입니다. 완전히 무뢰한의 단체로 전락해 버립니다. 그런 사람들이 어떻게 사회를 변화시키겠습니까? 어떻게 사회를 정화시키겠습니까? 교회와 크리스천에 대한 불신만 가중시키는 역할을 감당하는 주역이 됩니다. 그런 사람들은 먼저 자신을 훈련하고, 다른 사람을 훈련시켜야 합니다.

청주침례교회는 이런 점을 보완하기 위해 교역자들부터 인사하는 방법, 악수하는 방법 등을 연습하고 있습니다. 예전에 뉴코아백화점에서 근무하던 간사가 있는데 이 간사를 통해 인사하는 방법과 악수하는 방법을 훈련하고 있습니다.

한국교회의 교만

많은 분들이 한국교회를 우려하고 있습니다.

깨어있는 의식을 가진 목회자들과 직분자들이라면 개혁하지 않을 수 없는 상황에 이르렀다고 합니다. 한결같이 한국 교회가 본연의 자세를 잃어 버렸다고 걱정을 합니다.

현대판 서기관들에 의해 운영되고 있는 한국 교회는 더 이상 예수님께서 피로 사신 교회라는 울타리를 넘어 버렸다고 합니다. 기윤실 산하 한국 교회개혁 선언 위원회는 이런 점을 지적하고 이제는 개혁해야 할 때라고 목소리를 높이고 있습니다.

얼마전 국민일보를 보니까 총신대부설 교회문제연구소에서 전국

24개 신학대학 신입생들을 대상으로 설문 조사한 내용이 있었습니다.

조사내용에는 교회 세속화의 첫째 원인으로 물량 제일주의(38.3 %)를 꼽았고, 둘째로 신앙과 생활의 별개화(31.3 %)를, 셋째로 사회제도의 무분별한 도입(13.6 %), 그리고 교회의 과소비, 윤리적 타락(17.0 %)을 지적했습니다. 이것이 교회의 현주소입니다.

이제 더 이상 하나님이 기뻐하시는 교회가 아닙니다.

교회 내에는 권위와 계급이 존재하고, 개교회 성장주의라는 이론 속에 교회는 이미 기업화 되고 있습니다. 교회는 사회적 책임을 잃어버리고 세속적 물량주의에 빠져 있습니다. 더 나아가 그들의 교만은 하늘을 찌를 듯하고 하나님마저 인정하지 않으려고 노력하는 모습들이 역력합니다. 왜 그렇습니까? 모두가 주연이 되고자 하는 욕망으로 바벨탑을 쌓았기 때문입니다. 이런 교회와 사람들에게 하나님은 말씀하십니다.

예레미야 13장 15절을 보면 "너희는 들을지어다, 귀를 기울일지어다, 교만하지 말지어다, 여호와께서 이같이 말씀하시느니라."는 말씀이 있습니다.

우리가 들어야 할 말씀이 있습니다. 우리가 귀를 기울여야 할 말씀이 있습니다. 무엇입니까? 교만하지 말아야 하는 것입니다. 사람도 교만한 사람을 싫어합니다. 겸손한 사람은 보기만 해도 왠지 기분이 좋습니다. 그러나 교만한 사람만 봐도 기분이 영 좋지 않습니다. 하물며 하나님은 어떠하시겠습니다. 교만한 자에게 심판을 경고하지 않습니까? 열왕기하 19장 28절 이하를 보십시오.

"네가 내게 향한 분노와 네 교만한 말이 내 귀에 들렸도다 그러므로

내가 갈고리로 네 코에 꿰고 자갈을 네 입에 먹여 너를 오던 길로 끌어
돌이키리라 하셨나이다."

이 말씀이 어떻게 되었습니까? 그대로 이루어 졌습니다.

주연이 되려고 발버둥대지 마십시오. 주연이 되면 망합니다.

온 천하만국의 하나님을 주연으로

우리의 주연(主演)은 누구입니까?

그것은 두말할 나 위없이 '하나님'이십니다. 하나님만이 주연이 되
어야 하고 하나님만이 주인공이 되어야 합니다. 우주의 주인공, 세상
의 주인공, 국가의 주인공, 왕중의 주인공, 그리고 교회의 주인공이 되
실 분은 전능하신 하나님뿐이십니다. 그분은 이 세상을 창조하셨고 온
우주 만물을 섭리하시며 온 세상을 통치하시는 유일하신 하나님이십
니다. 그분이 우리의 주인공이십니다.

열왕기하 19장 15절을 보면 "그 앞에서 기도하여 가로되 그룹들의
위에 계신 이스라엘 하나님 여호와여 주는 천하 만국에 홀로 하나님이
시라 주께서 천지를 조성하셨나이다"는 말씀이 있습니다.

하나님의 천하만국의 하나님이십니다. 이스라엘만의 하나님이 아니
십니다. 대한민국만의 하나님이 아니십니다. 온 천하만국의 하나님이
십니다. 모든 것이 하나님의 것입니다. 모든 주권도 하나님께 속해있
습니다. 만유의 머리가 되신다고 역대상 29장 11절에 기록되어 있습
니다.

"여호와여 광대하심과 권능과 영광과 이김과 위엄이 다 주께 속하

였사오니 천지에 있는 것이 다 주의 것이로소이다 여호와여 주권도 주께 속하였사오니 주는 높으사 만유의 머리심이니이다.”

그래서 우리는 겸손히 조연이 되어야 합니다. 영원하신 주연이신 하나님이 계시기 때문입니다. 이 바벨탑을 헐어 버리고 이 땅에 예수 그리스도의 몸된 교회를 재건(再建)할 자가 누구입니까? 바로 최고(最高)보다는 최선(最善)으로 살아가고자 하는 조연들입니다.

우리 모두는 조연이 되어야 합니다. 그것이 행복의 지름길입니다. 1인자가 되기보다는 2인자, 3인자의 길을 선택해야 합니다. 왜냐하면 영존하시는 하나님만이 주인공이 되실 수 있기 때문입니다.

온 우주의 법칙은 하나님을 인정하고 최선을 다하는 조연을 요구하고 있습니다.

왜 이 나라에 어려움이 왔습니까? 왜 이런 어두움이 찾아 왔습니까? 최고가 되려는 주연들이 존재하기 때문입니다.

이 땅에 하나님의 나라의 회복이 점점 어려워지는 이유는 무엇입니까? 섬김의 도가 사라졌기 때문입니다. 따라서 우리 모두는 주연의 욕망을 벗어버리고 섬기는 조연의 길을 선택하여 나가야 합니다.

이것이 바로 예수 그리스도께서 우리에게 가르쳐 주신 법칙입니다.

마가복음 9장 35절에서 예수님은 “예수께서 앉으사 열 두 제자를 불러서 이르시되 아무든지 첫째가 되고자 하면 뭇사람의 끝이 되며 뭇사람을 섬기는 자가 되어야 하리라”고 말씀하셨습니다.

하나님의 법칙과 세상의 법칙은 엄연히 다릅니다. 세상의 법칙을 자꾸 하나님의 법칙에 적용하면 안 됩니다. 세상에서 크고자 하는 자는 섬김을 받으면 됩니다. 그러나 하늘나라에서는 크고자 하는 자들은 섬기는 자가 되어야 합니다. 이것이 하나님의 법칙입니다.

마가복음 10장 42절에서 43절을 보면 "너희 중에는 그렇지 아니하니 너희 중에 누구든지 크고자 하는 자는 너희를 섬기는 자가 되고 너희 중에 누구든지 으뜸이 되고자 하는 자는 모든 사람의 종이 되어야 하리라"는 하늘나라의 법칙이 나옵니다.

어설픈 주연보다는…

얼마전 TV를 통해 영화제작자로 변신한 신지식인 심형래씨를 본 적이 있었습니다. 그는 영화 산업의 발전과 흥행이라는 두 마리의 토끼를 쫓기 위해 열심히 노력하고 있었습니다. 그에게도 실패가 있었지만 그 실패에 굴복 당하지 않고 세계의 사람들이 주목하는 영화 제작에 전념하고 있었습니다. 몇 번의 실패 뒤에 그는 해외시장에서도 인정받을 만한 영화 '용가리' 라는 영화를 만들어 냈습니다. 성공의 비결을 묻는 리포터에게 그는 신선하면서도 충격적인 말을 했습니다.

여러분은 이 말을 주의 깊게 들어보시기 바랍니다.
"저는 영화 제작을 위해 카메라맨부터 편집하는 부분까지 영화 지망생이 아닌 각 분야 전문가를 기용했지요. 영화 제작하면 모두들 영화배우 지망생, 영화감독 지망생을 기용하는 것이 영화계의 상식이지만 저는 과감하게 배우, 감독 지망생이 아닌 그 부분 전공자들로 기용한 것이 성공의 기초가 되었습니다."
그리고 덧붙이기를 "괜히 실력도 없이 주연만 꿈꾸는 사람, 그리고 단편적으로 배운 것을 가지고 독립하려고 생각하는 어설픈 사람보다는 대학에서 프로그램이면 프로그램, 컴퓨터 그래픽이면 컴퓨터 그래픽, 카메라면 카메라를 전공한 전문가로 기용했더니 실력은 물론이고 충분한 신뢰 속에 일을 할 수 있었습니다.”

그렇습니다. 백번 맞는 말입니다. 주연이 되기보다 조연으로 맡겨진 일을 평생직업으로 받아들인다면 반드시 일류가 나온다는 신지식인의 사고입니다.

영화기술을 조금 배운 조감독이 영화사를 하나 만들어 독립합니다. 좋은 영화가 나오겠습니까? 절대로 좋은 영화가 안 나옵니다. 삼 사년 동안 부목회자로 사역하던 사람들이 개척교회를 하나 만들어 독립합니다. 좋은 교회가 되겠습니까? 절대로 좋은 교회가 되지 못합니다. 왜 진득하게 이인자로 남아있지 않습니까? 주연이 되려는 욕망 때문입니다. 결과가 무엇입니까? 둘 다 망하는 것입니다. 그렇게 망하고 싶습니까? 그럼 죽을 때까지 주연으로 남아 있으십시오.

주연이기를 포기하고 조연의 자리에서 최선을 다한 결과 좋은 작품을 만들어 낼 수 있습니다.

조연의 자리로 돌아가라

진정한 의미에서 크리스천이 되려면 주연의 자리에서 조연의 자리로 돌아 갈 수 있어야 합니다. 그 분에게 높은 자리, 영광된 자리를 내어 드리고 낮은 자리로 옮겨 갈 수 있어야 합니다.

우리는 어차피 주연이 되지 못합니다. 가능한 빨리 주제파악을 하고 조연의 자리로 옮겨가십시오. 그리고 조연으로서 최선을 다해 주연을 돕다가 하늘나라의 부르심에 임하여 영광의 면류관을 쓰는 순간에 이렇게 고백하십시오.

"명령 받은 것을 다 행한 후에 이르기를 우리는 무익한 종이라 우리의 하여야 할 일을 한 것뿐이라 할지니라." (눅17:10)

불의(不義)를 정의로 바꾸라

기독교의 정신은 타협하지 않는 깨끗함에 있습니다. 아무리 힘들어도 불의와 타협하지 않는 것입니다. 아무리 좋아 보여도 악과 타협하지 않는 것입니다. 아무리 대단해 보여도 권력과 타협하지 않는 것입니다. 아무리 가난해도 돈과 물질에 타협하지 않는 것입니다. 아무리 무서워도 우상에 타협하지 않는 것입니다. 아무리 괜찮아 보여도 명예와 타협하지 않는 삶이 바로 크리스천의 삶입니다.

불의(不義)를 정의로 바꾸라

목숨을 위한 거짓보다는, 진실을 위한 죽음을…

1999년 4월 20일 미국 콜로라도 리틀턴의 콜롬바인 고등학교에서 일어난 총기 난동 사고로 40명 가까운 사상자가 나왔습니다.

세계를 경악케 한 이 살육 현장에서 신념과 신앙을 지키려는 숭고한 희생의 꽃이 피어났습니다.

CNN과 덴버포스트 등이 보도에 따르면 그 학교의 3학년인 캐시 버널양은 오전 11시 30분쯤 학교 건물 이층 도서관에서 책을 읽고 있었습니다. 점심시간을 틈내 책을 읽는 것이 버널양의 꽤 오래된 습관이었다고 합니다.

그 때 아래층 식당에서 요란한 총소리가 들려 왔습니다. 학생들이 웅성거리고 있는 사이 도서관 문이 왈칵 열리면서 검은 옷을 입은 남학생 두명이 들어섰습니다. 트렌치코트 마피아 단원인 에렉 헤리스와 딜런 클레볼드였습니다. 이들은 갑자기 반자동 소총을 무차별 난사했습니다.

학생들은 비명을 지르며 바닥에 엎드리거나 책상밑에 숨은 채 두려움에 떨고 있었습니다.

총을 든 두학생은 흑인과 운동선수들 그리고 크리스천들을 찾아다니고 있었습니다. 버널양에게도 한 명이 다가왔습니다.

그는 총부리를 무섭게 들이대며 물었습니다.

"하나님을 믿느냐?" 잠시 침묵 끝에 그녀는 "나는 하나님을 믿는다"라고 명쾌하게 대답했습니다.

욕설과 함께 불을 품는 총탄에 그녀는 머리를 맞고 그 자리서 숨을 거뒀습니다. 그녀가 "안 믿는다"라는 대답만 했더라도 살아날 수 있었습니다. 목격자들은 그녀가 범인들의 질문을 받고 잠시 주저했다고 전했습니다. 트렌치코트 단원들은 나치와 악마주의 음악을 숭배하며 기독교를 배척한다는 사실을 그녀도 들어 알고 있기 때문이었습니다.

그러나 그녀는 명료한 의식 속에서 목숨을 위한 거짓보다는 진실을 위한 죽음을 택했습니다. 만약 버널양이 목숨을 위해 하나님을 부인하고 타협했다면 그녀는 목숨을 건질 수 있었을 것입니다. 그러나 그녀는 가장 귀한 목숨을 진실과 바꾸지 않았습니다. 목숨을 위해 불의와 타협하지 않았던 것입니다.

버널양의 가족과 친구들에 따르면 그녀는 중학교 때만 해도 허무주의 그룹에 속해 있었습니다. 2년전 그녀는 크리스천으로 새롭게 태어났습니다. 그때부터 교회에서 청소년 프로그램인 혼전순결운동과 성경연구 그룹에서 열심히 활동했습니다.

버널양과 함께 활동을 했던 인근 베어크리크 고등학교의 저스틴 보거스는 "그녀는 모든 일에 기뻐하고 모든 사람을 사랑한 한줄기 빛과 같은 사람이었다"고 말했습니다. 그녀의 죽음은 처음에는 세상에 알려지지 않았습니다. 목격자들의 진술이 하나, 둘씩 모아지면서 용기와 신념에 찼던 순교의 순간이 조금씩 드러났습니다.

4월 26일 버널양이 다니던 웨스트 볼스 침례교회에서는 2천명의 조문객이 참석한 가운데 영결식이 열렸습니다. 버널양의 아버지 브래드씨는 "딸의 삶 한가운데 예수 그리스도가 있었다"며 "딸의 용기에 가족들은 전혀 놀라지 않고 있다"는 내용의 편지 1통을 교회에 전달했습니다.

이 교회의 죠지 커스텐 목사는 버널양을 "순교자"라고 명명했습니다. 버널양은 학생들을 구하다 숨진 콜럼바인 고등학교 윌리엄 데이비스 샌더스 선생님과 함께 희생의 꽃 한 송이씩을 남긴 채 세기말적 증오와 범죄가 넘치는 세상과 이별했습니다.

불의와 타협하고 있는 교회와 크리스천에 대한 경각심을 불러일으킨 사건이었습니다.

타협은 미덕인가 죄악인가

크리스천은 불의와 타협해서는 안됩니다.

죽는 한이 있어도 불의와 타협해서는 안됩니다. 세상과 정치에서는 타협이 미덕(美德)이지만 하나님 앞에선 타협은 죄악(罪惡)입니다.

이 세상은 타협을 마치 지혜나 능력으로 이해합니다. 그래서 세상 사람들은 타협을 잘 하는 사람들을 가리켜 '능력 있는 사람', '처신을 잘 하는 사람'으로 평가합니다. 특히 외교(外交)관계에서나 정치 세계에서는 타협을 잘 하지 못하면 살아남지 못합니다. 정치 세계에서 가장 큰 능력은 타협이라고 손을 꼽습니다. 그러나 타협이 있는 곳에는 항상 불의(不義)와 이해 득실이 함께 공존합니다.

타협이란 '두 편이 서로 좋도록 협의함'이라고 국어 사전에서 정의

하고 있습니다.

이 말처럼 서로 좋도록 협의가 되어 진다면 얼마나 좋겠습니까? 한쪽이 아닌 양쪽이 다 좋다면 그것은 어쩌면 이 세상에서 가장 좋은 질서이며 미덕이 될 수 있기 때문입니다. 그러나 그렇지 않다는 것이 문제입니다. 대부분의 경우 타협이 좋은 방향으로만 흘러가는 것이 아닙니다. 나쁜 방향으로 흘러갈 때가 더 많습니다. 공의(公儀)를 죽이고 도덕을 무너뜨리고 이익(利益)만을 추구하는 방향으로 흘러갈 때가 많습니다. 이것은 비단 정치의 세계에서만 이뤄지는 것이 아닙니다. 크리스천의 세계에서도 얼마든지 찾아 볼 수 있습니다.

정치의 세계가 썩고 부패할 수밖에 없는 이유는 타협이 최고의 선택이 되기 때문입니다. 타협은 공법(公法)과 정의(正義)를 죽이고 이이에만 집중합니다. 따라서 저음에는 좋아 보이나 나중에는 불의와 부패함을 양성하게 되는 것입니다. 또한 타협은 처음에는 작게 시작하지만 나중에는 크게 발전하는 성격을 가지고 있습니다.

이러한 결과로 인해 타협이 있는 곳에는 항상 비굴함과 불의가 판을 치게 됩니다. 그러다가 나중에는 크게 썩어 버리고 부패되어 버립니다.

기독교는 타협을 거부한다

기독교의 정신은 타협하지 않는 깨끗함에 있습니다.

아무리 힘들어도 불의와 타협하지 않는 것입니다. 아무리 좋아 보여도 악과 타협하지 않는 것입니다. 아무리 대단해 보여도 권력과 타협하지 않는 것입니다. 아무리 가난해도 돈과 물질에 타협하지 않는 것입니다. 아무리 무서워도 우상에 타협하지 않는 것입니다. 아무리 괜찮아 보여도 명예와 타협하지 않는 삶이 바로 크리스천의 삶입니다.

예수님은 분명하게 말씀하셨습니다. 마태복음 6장 24절을 보겠습니다.

"한 사람이 두 주인을 섬기지 못할 것이니 혹 이를 미워하며 저를 사랑하거나 혹 이를 중히 여기며 저를 경히 여김이라 너희가 하나님과 재물을 겸하여 섬기지 못하느니라."

실제로 예수님은 이러한 삶을 사셨습니다. 그는 불의와 타협하지 않고 싸우셨습니다. 사탄을 물리치셨습니다. 권력 앞에서 비굴하지 않았습니다. 언제나 돈과 물질에 초월한 삶을 사셨습니다. 예수님은 "인자는 머리 둘 곳이 없다"라고 하시면서도 무엇을 먹을까 무엇을 입을까 염려하지 않으셨습니다.

"그러므로 내가 너희에게 이르노니 목숨을 위하여 무엇을 먹을까 무엇을 마실까 몸을 위하여 무엇을 입을까 염려하지 말라 목숨이 음식보다 중하지 아니하며 목숨이 의복보다 중하지 아니하냐." (마6:25)

그는 우상 숭배를 미워하셨습니다. 사탄은 예수님이 현실과 타협하기를 요구했지만 예수님은 단호하게 거절하셨습니다. 일평생 예수님에게는 타협이라는 자체가 있을 수가 없었습니다.

한국교회의 주소는 어디인가

그러나 한국 기독교는 그렇지 못했습니다.

공의보다는 타협의 길을 선택했습니다. 불의와 타협했습니다. 권력 앞에서 비굴한 웃음을 짓고 타협해 버렸습니다. 언제부터인가 돈과 물질이 강조되는 기독교가 되었으며 우상에 절하면서도 어쩔 수 없었다고 항변(抗辯)했습니다. 총회장이라는 명예를 얻기 위해 수십억원의 헌금이 선거 자금으로 사용되었습니다. 10당(當) 9락(落)이 무슨 뜻인지 아십니까? 총회장 선거에서 10억을 쓰면 당선되고 9억을 쓰면 떨어진다는 말입니다. 요사이는 더 심해져서 ‘30당 20락’ 이라고 합니다. 도대체 어떻게 된 것입니까? 미친 짓입니다. 정신나간 짓입니다.

가난한 사람들이 콩나물 팔아서 헌금한 돈을 그렇게 사용해도 된다는 말입니까? 희생의 예수님의 사상은 사라지고 이익과 명예에만 침을 흘리고 있습니다. 가난한 자들에게는 무관심하고 그랜져타고 오는 사람들을 위해서는 비싼 땅을 준비하여 주차장을 예비해 주었습니다. 못 가진 자를 외면하고 가진 자에게는 온갖 서비스를 다하고 있습니다. 가난한 자들에게는 듣기 좋은 말만 하고 부자들이나 권력을 가진 사람들 앞에서는 온갖 아양을 다 떨고 있습니다. 사람을 외모로 취하는 전형적인 모습입니다. 성경은 사람을 외모로 취하는 것을 경고하고 있습니다.

야고보서 2장 9절을 보면 “만일 너희가 외모로 사람을 취하면 죄를 짓는 것이니 율법이 너희를 범죄자로 정하리라”고 말씀합니다.

신사참배와 순교

1938년 초가을 대한 예수교 장로회 제 27차 총회는 신사 참배를 가결했습니다.

신사 참배를 가결한 한국 교회 지도자들은 일본 동경에 가서 신사 참배를 하고 돌아왔습니다. 이 일 후에 교회는 담임 목사를 앞세우고 신사 참배를 공식화시켰습니다. 하나님의 말씀이 무색해지는 순간이었습니다.

하나님은 출애굽기 20장 3절부터 6절 "너는 나외에는 다른 신들을 네게 있게 말지니라. 너를 위하여 우상을 만들지 말고, 또 위로 하늘에 있는 것이나, 아래로 땅에 있는 것이나, 땅 아래 물 속의 있는 것의 아무 형상이든지 만들지 말며, 그것들에게 절하지 말며, 그것들을 섬기지말라. 나 여호와 하나님은 질투하는 하나님인즉 나를 미워하는 자의 죄를 갚되, 아비로부터 아들에게로 삼 사대까지 이르게 하거니와, 내 계명을 지키는 자에게는 천대까지 은혜를 베푸느니라"고 말씀하셨습니다.

하나님의 말씀을 정면으로 위반하는 사건이었습니다. 이는 하나님의 말씀을 저버리고 우상과 타협하고, 권력과 타협한 행위였습니다. 이 범죄는 그것으로 끝나지 않았습니다. 오히려 신사 참배를 거부한 목사님들을 총회에서 내어쫓고, 목사 직분을 제적해 버리고 심지어는 일본 경찰과 헌병에 고발하여 옥에 갇히게 했습니다.

1943년 대한 예수교 장로회 총회 임원들은 신사 참배를 거부했던 주기철목사를 위시해서 신사 참배 반대자들을 경찰에 고발하여 모두 순교케 했습니다. 바로 작은 타협이 이렇게 기독교의 역사를 피로 얼룩지게 한 것입니다. 얼마나 비참한 일입니까? 그것뿐입니까? 일제시대에 신사참배를 가결한 교단들은 일제의 보호 속에 무럭무럭 성장하여 해방 후에는 대 교단으로 성장했습니다.
오히려 신사참배를 반대했던 교단들은 순교와 옥살이로 지도자를 잃고 해방 후에 군소 교단으로 전락해 버렸습니다.

군사정권은 어떠했나

그로부터 30여년 후 한국에는 군사 정권이 들어섰습니다. 군사 정권은 경제의 성공은 이루었지만 3선 개헌이라는 뼈아픈 역사의 오점을 남겼습니다.

이때에도 크리스천들과 목회자들은 가만있지 않았습니다. 3선 개헌이 하나님의 뜻이라고 주장하면서 3선 개헌을 위해 기도회를 열어 주고 축복해 주었습니다. 박정희 정권이 물러서고 전두환, 노태우 정권이 들어섰습니다. 이 때에도 발빠른 크리스천들은 가만있지 않았습니다. 그 정권의 옹립(擁立)을 위해서도 조찬 기도회를 열어서 열심히 기도해 주었습니다.

군사 독새를 통해 언론을 통폐합하고 살인과 폭력을 자행하던 그 무리들을 합리화시켜 주었습니다. 그리고 그 정권을 옹호하기 위해 그들을 위해 기도해 주었습니다.

1980년 5월 광주에서는 군사 독재를 반대하던 사람들이 죽어 가고 있었습니다. 군인들의 잔악 무도한 총부리 앞에 선량한 시민들이 희생을 당하고 있었습니다. 그 순간에도 살인정권과 타협하고 그들의 잔악한 행위를 조찬 기도회를 통해 옹호해 주던 사람들이 누구입니까?

많은 목회자들이 조찬 기도회에서 한 순서를 맡으려고 그렇게 싸웠다고 합니다. 또 그 자리에 참석하여 맛있는 식사 한끼 먹고, 그들과 악수 한번하고, 그들이 주는 손목시계 하나 받으려고 언제나 조찬 기도회 자리는 목회자로 들끓었다고 합니다.

저는 그 당시에 학생이었습니다. 저 역시 같은 목회자의 자리에 서 있었다면 똑같은 짓을 했을지 모릅니다. 그러나 진리를 위해, 정의를 위해, 목숨을 바친 선배 목회자들을 생각했다면 쉽게 그 세력에 동조하기는 어려웠을 것입니다. 저는 그 때 그 사람들이 지금도 편안하게 잘 먹고 살면서 한국 교회를 위해 헌신하고 있다고 주장하는 것을 보면 정말 열받습니다. 거룩한 의인인체 하는 모습을 보면 역겹기도 하고 화가 나기도 합니다. 그러나 하나님의 정의는 분명하게 살아 있습니다.

이사야서 9장 7절을 보면 "그 정사와 평강의 더함이 무궁하며 또 다윗의 위에 앉아서 그 나라를 굳게 세우고 자금 이후 영원토록 공평과 정의로 그것을 보존하실 것이라. 만군의 여호와의 열심이 이를 이루시리라"고 말씀하고 있습니다.

정의로 모든 나라를 주관하실 것입니다. 공의로 심판하실 것입니다. 공의의 칼날이 세워질 것입니다. 하나님은 가만있지 않으십니다. 박정희씨는 암살을 당했습니다. 전두환, 노태우씨는 그 때의 범죄로 교도소 신세를 져야만 했습니다. 그러나 그것으로 끝나지 않습니다.

시편 37편 28절을 보면 "여호와께서 공의를 사랑하시고 그 성도를 버리지 아니하심이로다 저희는 영영히 보호를 받으나 악인의 자손은 끊어지리로다"고 말씀하십니다.

하나님은 공의를 사랑하십니다. 그들을 옹호했던 사람들에게도 그에 상응한 벌이 있을 것입니다. 분명히 그들이 잘못했기 때문에 전직 대통령임에도 불구하고 사법 처리가 되었다면, 그들을 옹호해 주던 사람들에게도 그에 상응한 심판이 있는 것은 당연한 것입니다. 만약 이 땅에서 사법 처리가 되지 않는다면 하나님의 심판대에서는 분명한 사법 처리가 있을 것입니다.

혼합하지 마라

왜 한국 기독교는 이렇게 아픈 고난의 역사를 간직해야만 했을까요?

첫째로 우리 모두가 쉽게 불의와 타협했기 때문입니다. 우리가 조금씩 타협한 것들에 만성이 되어 우리는 커다란 불의(不義)와의 싸움에서 타협해버리고 만 결과입니다.

뚜렷한 구별없이 조금씩 양보하다가 보니 나중엔 정의와 불의가 섞여버렸기 때문입니다. 사탄은 정의만 가지고 어떻게 사느냐고 합니다. 정의와 불의를 섞어버려 중립으로 문제해결을 해야 한다고 주장합니다. 그래서 사람들은 쉽게 정의와 불의를 혼합시켜 버립니다. 성경은 정의면 정의이고, 불의이면 불의이지 중립은 없다고 합니다.

예수님은 마태복음 5장 37절에서 "오직 너희 말은 옳다 옳다, 아니라 아니라 하라 이에서 지나는 것은 악으로 좇아 나느니라"고 말씀하셨습니다.

하나님은 혼합된 것을 싫어하십니다. 넌센스 퀴즈 중에 이런 질문이 있습니다. 하나님이 가장 싫어하는 밥이 무엇일까요? 비빔밥입니다. 왜 비빔밥을 싫어하실까요? 비빔밥은 섞는 것이기 때문입니다. 하나님은 섞는 것을 싫어하십니다.

하나님께서는 이스라엘 백성들이 가나안 주민들과 뚜렷이 구별되기를 원하셨습니다. 심지어는 동물, 식물, 옷감까지도 다른 종류와 혼합되는 것을 금하셨습니다.

에버랜드에 가보면 라이거(Liger)라는 맹수가 있습니다. 이 맹수는 사자와 호랑이가 교배하여 만들어진 맹수입니다. 이 라이거라는 맹수에게는 두 가지 특성이 있습니다.

첫째는 매우 사납다는 것입니다. 호랑이와 사자와 교배하여 나온 동물이지만 호랑이나 사자가 싸움이 상대가 되지 못할 정도로 사납다고 합니다.

둘째는 종족 번식이 불가능합니다. 같은 고양이과 동물이지만 동류(同類)가 아니기 때문에 새끼를 낳지 못합니다. 저는 이것을 보면서 하나님의 성품을 다소 이해할 수 있었습니다.

혼합되는 것이 하나님의 뜻이 아닙니다. 하나님은 순수한 혈통을 원하십니다.

레위기 19장 19절을 보면 "너희는 내 규례를 지킬지어다. 네 육축을 다른 종류와 교합시키지 말며 네 밭에 두 종류를 섞어 뿌리지 말며 두 재료로 직조한 옷을 입지 말지며"라는 말씀이 나옵니다.

이것은 무엇을 뜻하는 것입니까?
우리 성도들이 세상과 뚜렷이 구별된 삶을 살아야 함을 나타내는 것입니다.

누구게나 결단할 때가 있다.

하버드 대학의 교수였던 J.R. 로웰은 미국의회에서 노예제도와 영토확장을 위해 멕시코와 전쟁을 하는 것을 반대했습니다. 그러나 노예제도를 선호하고 선동하는 무리들이 많아지자 로웰은 장편의 시를 써서 노예제도와 영토확장을 위한 전쟁을 끝까지 반대했습니다.

이 장편의 시가 우리가 즐겨 부르는 찬송가 521장입니다.

어느 민족 누구게나 결단할 때 있나니
참과 거짓 싸울 때에 어느 편에 설 건가
주가 주신 새 목표가 우리 앞에 보이니
빛과 어둠사이에서 선택하며 살리라.

고상하고 아름답다 진리편에 서는 일
진리위해 억압받고 명예 이익 잃어도
비겁한 자 물러서나 용감한 자 굳세게
낙심한 자 돌아오는 그 날까지 서리라.

순교자의 빛을 따라 주의 뒤를 좇아서
십자가를 등에 지고 앞민 항해 가리라
새 시대는 새 의무를 우리에게 주나니
진리따라 사는 자는 전진하리 언제나.

악이 비록 성하여도 진리 더욱 강하다
진리따라 살아갈 때 어려움도 당하리
우리가는 그 앞길에 어둔 장막 덮쳐도
하나님이 함께 계셔 항상 지켜 주시리.

저는 혼전 순결서약식을 진행하면서 마지막 순서에 반드시 이 찬송을 부릅니다. 북을 치면서 결의에 찬 마음으로 이 찬송을 부르다 보면 어느새 양볼에는 눈물이 주르르 흘러 내립니다. 악과 진리가 타협하는 시대에 우리는 살고 있습니다.

그러한 가운데 진리만 선택하고 살겠노라고 다짐하는 젊은이들을 보면 소망이 생깁니다.

입을 열라

둘째로 잠잠했기 때문입니다.

불의를 보고 잠잠하는 것은 크리스천임을 포기하는 행위입니다. 왜 잠잠합니까? 무섭기 때문입니까? 아니면 잠잠한 것이 미덕(美德)이라고 생각하기 때문입니까? 그러니까 우리 나라가 망하는 것입니다. 불의를 보고 잠잠하면 나라가 망합니다. 어떤 사람들은 말을 아끼는 것이 지혜라고 생각하는 모양입니다. 오해하지 마십시오, 불의를 보고 잠잠한 것도 죄입니다. 방임죄라는 무서운 죄입니다. 하나님은 잠잠하기를 기뻐하지 않으십니다. 말해야 할 때는 말해야 합니다.

시편 58편 1절을 보면 "인자들아 너희가 당연히 공의를 말하겠거늘 어찌 잠잠하느뇨 너희가 정직히 판단하느뇨"라고 말씀하고 있습니다.

우리는 너무나 당연하게 공의를 말해야 합니다. 그래야만 죄가 무서운지를 압니다.

저는 미국 대통령 빌 클린턴이 이라크가 무기사찰을 거부한 이유로 무차별공습한 사실을 예수의사람들선교회에서 발행하는 월간 'WHITE'를 통해 책망했습니다. 미국대통령이라는 사람이 성적문제가 점점 확산되자 미봉책으로 이라크를 공격했다는 사실은 엄청난 잘못입니다. 그 직위와 힘을 이용하여 무고한 시민들을 죽이는 것은 잘못입니다. 그것도 한 차례가 아니라 두차례에 걸쳐 그러한 짓을 했다는 것은 보통 잘못된 것이 아닙니다. 르윈스키의 법정증언이 매스컴을 통해 알려지자 이를 호도(糊塗)하기 위해 이라크를 공격했습니다. 그로 인해 무고한 사람들이 목숨을 잃었습니다. 물론 이라크가 잘했다는 말은 아닙니다. 그러나 대통령의 성추행으로 민심이 악화되는 것을 막기 위하여 이라크를 공격하여 사람을 죽이는 행위는 잘못된 것이라고 했습니다.

그 글을 읽고 많은 분들이 염려해 주셨습니다. 부산의 모 은행 지점장으로 계신 분은 일부러 전화를 해서 염려하셨습니다. "그런 말을 하다가 끌려가면 어떻게 하냐"는 것이었습니다. 사실 그런 이야기를 들으니까 조금은 겁이 났습니다. 그러나 신명기 16장 20절 말씀을 통해 용기를 얻을 수 있었습니다.

"너는 마땅히 공의만 좇으라 그리하면 네가 살겠고 네 하나님 여호와께서 네게 주시는 땅을 얻으리라."

하나님이 살려주신 다는데 겁날 게 뭐있습니까? 그래서 담대히 책망할 수 있었습니다.

이제는 회개할 때

한국교회의 부패 원인이 어디에 있습니까? 잠잠하고 있었기 때문입니다. 잠잠한 것은 덕(德)이고, 들추어 내는 것을 부덕(不德)이라 생각해 왔기 때문입니다. 과연 그렇습니까? 절대로 그렇지 않습니다. 이스라엘이 아이성 전투에서 참패한 원인이 무엇입니까? 갈미의 아들인 아간이 범죄했기 때문입니다. 범죄를 묵과하면 나라가 망합니다. 범행을 방조하면 전쟁에서 참패합니다. 범죄를 묵인하면 IMF를 겪게 됩니다. 반드시 드러내야 합니다. 그리고 그 문제를 해결해야만 합니다. 그렇지 않으면 다 같이 망합니다. 아무리 이스라엘 백성이라고 해도 말씀에 순종해야만 하나님께서 그들의 하나님의 되십니다. 범죄하고 숨기면 하나님이 돕지 아니하십니다.

1997년부터 우리나라는 민족의 위기라는 IMF를 겪었습니다. 이 IMF를 겪으면서 우리는 기도하지 않을 수 없었습니다. 그러나 저는 그 기도가 무조건 IMF를 벗어나게 해달라는 기도가 되어서는 안 된다고 생각을 했습니다. IMF로 인하여 너무나 아프고 힘든 일이 많지만 그렇다고 무조건 벗어나게 해달라는 것은 바람직하지 못하다고 생각합니다. 경제적인 복을 주신 분이 하나님이시라면 그 복을 거둬가실 권리도 하나님께 있습니다.

이 IMF가 하나님의 징계라면 우리는 먼저 하나님의 마음을 아는 지혜가 필요합니다. 우리가 무엇을 잘못했는가를 살펴보아야 합니다. 또 무조건 회개할 것이 아니라 무엇을 잘못했는지 알고 나서 하나님께 회개하면서 매어 달려야 합니다. 분명히 우리가 잘못한 것이 있습니다. 그것을 찾아서 회개해야 합니다. 그리고 우리는 회복의 기도를 드려야 할 것입니다.

시편 60장 1절에서 다윗이 "하나님이여 주께서 우리를 버려 흩으셨고 분노하셨사오나 지금은 우리를 회복시키소서"라고 기도했듯이 우리도 그렇게 기도해야 할 것입니다.

교회가 부패해 있음에도 성역(聖域)이라고 생각해서 문제를 드러내지 않으려는 경향이 있습니다. 그러면 안됩니다. 또 '하나님에 대한 도전'으로 인식하여 주저하는 사람이 많습니다. 문제를 드러내는 것이 치료의 목적이라면 절대로 권위에 대한 도전이 아닙니다.

  사도바울을 보십시오. 교회내의 부정에 대해 과감히 드러내고 책망하지 않았습니까? 드러내지 않으면 치료되지 않습니다. 암병에 걸린 사람에게 진통제만 주면 안됩니다. 칼로 해부하고 암을 제거해야 합니다. 그래야만 치료되고 회복됩니다. 이것이 바로 하나님의 뜻입니다.

  욥기 34장 12절을 보면 "진실로 하나님은 악을 행치 아니하시며 전능자는 공의를 굽히지 아니하시느니라"고 말씀하고 있습니다.

함께 읽으면 좋은 책

『기독교 윤리와 사회정의』신원하 지음/한들출판사 펴냄

『공법은 물같이 정의는 하수같이』박상훈 지음/예길사 펴냄

『선한 싸움을 싸우라』프랭크D. 하몬든 목사부부/서로사랑 펴냄

배금(拜金)을 헌금(獻金)으로 바꾸라

구약에서 바알(Baal)이 신의 이름인 것처럼 신약의 맘몬(Mammon)은 신의 이름입니다. 하나님을 선택하든지 돈을 선택해야 합니다. 돈은 그 성질상 섬김을 요구합니다. 돈의 문제는 부차적인 문제가 아닙니다. 신앙의 본질적인 문제입니다. 요한 웨슬레가 "너의 돈지갑이 회개하기까지는 너의 회개를 믿지 않겠다"고 말한 것은 바로 이 점을 보여주는 것입니다. 우리는 돈의 문제를 신앙의 문제, 선택의 문제로 생각할 때 비로서 돈의 윤리를 진지하게 다룰 수 있습니다.

배금(拜金)을 헌금(獻金)으로 바꾸라

지갑도 침례를 받으세요

미국의 어느 침례교회에서 침례(浸禮)식을 거행하고 있었습니다.

한 사람, 한 사람 물 속에 들어가 침례를 받고 나오기 시작합니다. 그런데 유독 한사람만이 침례탕에 들어오지 않는 것이었습니다. 그래서 침례를 거행하던 목사님이 그 사람에게 물었습니다.

"왜 성도님은 물에 들어오지 않으십니까?"

주저하던 사람이 대답했습니다.

"목사님 제 주머니에 지갑이 들어있거든요."

그러자 목사님이 말씀하기를 "그럼 그 지갑도 함께 침례를 받으십시오."라고 이야기했다고 합니다.

세상사 모든 것이 돈의 문제입니다. 철학자 데카르트는 '나는 존재한다 고로 행동한다'고 했지만 '나는 돈이 있다 고로 행동할 수 있다'라고 한다고 해서 누가 이의를 제기할 수 있겠습니까? 독일의 경제학자인 크리우스 뮬러(Klaus Muller)는 그의 저서 '돈이 이 세계를 지배하는가?'에서 "돈이 삶이며 죽음이고 힘이다"라고 했습니다. 돈이 얼마나 많은 고통을 만들어 냅니까? 돈이 얼마나 자주 부부싸움을 일으킵니까? 돈이 도대체 무엇이길래 그렇게 많은 부정(不正)을 만들어내고, 교회내의 문제들을 발생시킵니까? 크리스천에게 있어서 '돈의 문제'는 무엇보다 돈의 성격을 아는데서부터 시작해야 합니다. 그리고 나서야 돈에 대한 태도, 즉 윤리적 관점을 가질 수 있습니다.

돈의 신성(神性)

첫째로 돈은 전능성(全能性)을 가지고 있습니다.

돈이면 안되는 것이 없습니다. 돈은 미련한 사람을 영리한 사람으로 만들기도 하고, 무능한 사람을 유능한 사람으로 만들기도 합니다. 뿐만 아니라 도덕적인 사람도 부도덕한 사람으로 바꿀 수 있습니다. 유전무죄요(有錢無罪) 무전유죄(無錢有罪)입니다. 돈이 있어야 국회의원이 되고, 대통령이 될 수 있습니다. 돈이 있어야 사랑도 쉽게 하고, 효도도 할 수 있고, 믿음도 가질 수 있습니다. 돈이 없으면 힘도 없습니다. 그야말로 돈은 이 세상에서 전능한 힘을 가지고 있습니다.

둘째로 돈은 보편적인 성격을 가지고 있습니다.

돈은 어디든지 침투할 수 있는 독특한 성격을 가지고 있습니다. 고상한 일에도 돈이 필요하고, 저속한 일에도 돈은 필요합니다. 정치판에도 돈이 있어야 하고, 교회의 신성한 일에도 돈이 있어야 합니다. 살리는 일에도 돈이 있어야 하고, 죽이는 일에도 돈이 있어야 합니다.

돈은 거리낌없이 어디든지 드나들 수 있습니다. 돈이 개입하지 않는 일이란 이 세상에 없다해도 과언이 아닙니다.

셋째로 돈은 거룩한 힘을 가지고 있습니다. 돈 앞에는 농담이 통하지 않습니다. 돈은 장난의 대상이 아닙니다. 돈 문제만 나오면 모두 엄숙해 집니다. 누가 감히 돈 앞에서 경거망동을 할 수 있습니까? 또 돈 문제를 '너무 자주 이야기하면 안된다' 는 원칙이 사람들 사이에서 통용되고 있습니다.

이상에서 보는 바와 같이 돈은 전능성, 보편성, 거룩성을 가지고 있습니다. 그런데 전능성, 보편성, 거룩성은 하나님의 성품이 아닙니까? 맞습니다. 돈은 신(神)적인 성품을 가지고 있습니다.

예수님은 이 점을 깊이 간파(看破)하셨습니다.

마태복음 6장 24절에서 예수님은 "한 사람이 두 주인을 섬기지 못할 것이니 혹 이를 미워하며 저를 사랑하거나 혹 이를 중히 여기며 저를 경히 여김이라 너희가 하나님과 재물을 겸하여 섬기지 못하느니라" 라는 말씀하셨습니다.

우리는 돈 문제를 생각할 때 일반적으로 윤리적인 문제로 생각합니다. 이것이 돈 문제에 대한 한계입니다. 물론 돈의 문제에는 윤리적 문제도 따라옵니다. 그러나 돈의 문제는 윤리적 문제를 항상 초월합니다. 예수님의 이 말씀은 돈이 윤리적인 차원이기보다는 신앙의 문제요 선택의 문제, 즉 하나님이냐 돈이냐의 문제를 제기하고 있음을 보여줍니다.

돈은 누구인가?

돈이 무엇입니까? 돈은 인간에게 어엿한 하나의 주인입니다.

돈은 하나님과 동등한 주인입니다. 그래서 돈과 하나님을 겸하여 섬길 수 없습니다. 하나님과 돈은 배타적인 성격을 가지고 있습니다.

한 쪽을 사랑하든지 미워하든지 해야 합니다. 두 가지를 다 사랑할 수는 없습니다. 십일조를 낸다고 돈의 문제가 다 해결된 것이 아닙니다.

바리새인들은 십일조를 철저히 낸 사람들이었습니다. 심지어 채소의 십일조까지도 바친 사람들입니다.

마태복음 23장 23절을 보면 "화 있을찐저 외식하는 서기관들과 바리새인들이여 너희가 박하와 회향과 근채의 십일조를 드리되 율법의 더 중한바 의와 인과 신은 버렸도다. 그러나 이것도 행하고 저것도 버리지 말아야 할지니라"는 말씀이 나옵니다.

예수님이 보시기에 그들은 '돈을 사랑하는 자들'이었습니다.

누가복음 16장 14절에는 "바리새인들은 돈을 좋아하는 자라"고 기록되어 있습니다. 그들은 하나님보다 돈을 더 사랑하는 사람들이었습니다.

구약에서 바알(Baal)이 신의 이름인 것처럼 신약의 맘몬(Mammon)은 신의 이름입니다. 하나님을 선택하든지 돈을 선택해야 합니다. 돈은 그 성질상 섬김을 요구합니다. 돈의 문제는 부차적인 문제가 아닙니다. 신앙의 본질적인 문제입니다.

요한 웨슬레가 "너의 돈지갑이 회개하기까지는 너의 회개를 믿지 않겠다"고 말한 것은 바로 이 점을 보여주는 것입니다.

우리는 돈의 문제를 신앙의 문제, 선택의 문제로 생각할 때 비로서 돈의 윤리를 진지하게 다룰 수 있습니다.

개인적 차원에서의 돈의 윤리

돈의 윤리에는 개인적 차원에서의 돈의 윤리와, 사회적 차원에서의 돈의 윤리가 있습니다. 먼저 개인 윤리적 차원에서 돈의 윤리를 살펴보려고 합니다. 개인적 차원의 돈의 윤리가 무엇입니까?

첫째로 성도는 검소한 삶을 살아야 합니다. 검소한 삶이란 필수품으로 만족하는 삶입니다. 도날드 헤이(Donald Hay)의 말처럼 '크리스천은 내가 그것을 살 능력이 있는가에 따라 사는 것이 아니라 내가 그것을 살 필요가 있는가를 생각해야 한다.'

비록 내가 무엇을 살만한 돈이 있더라도 그것이 필요하지 않으면 사지 말아야 한다는 말입니다. 요사이 돈 많은 사람들의 과시가 어디서 나타납니까? 필요한 것을 사는 것이 아니라 '돈이 있음으로 나는 산다' 는 데부터 나타납니다. 꼭 필요한 물건이 있어 쇼핑을 하는 것이 아닙니다. 돈이 있으니까 쓰려고 쇼핑을 합니다.

제가 아는 한 자매님은 무척 통이 큰 사람입니다. 이 자매님은 한 번 물건을 구입하면 왕창 구입합니다. 예를 들어 양말이 필요하면 양말을 박스(Box)채로 구입해 버립니다. 필요한 수량만큼 구입하는 것이 아닙니다. 질리고 또 질릴 때까지 사용합니다. 음료수를 구입해도 한병, 두병 단위가 아닙니다. 역시 박스채로 구입합니다. 그래서 이 집에 가보면 집안에 물건을 쌓을 곳이 없어 계단에까지 쌓아 놓고 삽니다. 이게 문제입니다. 이런 사람에게 선물을 받으면 좋더라구요. 한 번 주면 왕창 주는 경향이 있기 때문입니다. 필요한 만큼 구입하여 사용하는 것이 지혜입니다.

자가용을 갖는 것이 보편화되어 있습니다. 필요하면 자가용을 구입해야 합니다. 그러나 자기 과시를 위해 큰 차를 갖는 것은 문제입니다. 요즈음같이 교통문제나 주차문제가 심각한 상태에서는 자가용을 갖지 않는 것도 생각해 봄직 합니다. 꼭 필요하다면 자신에게 맞는 차를 구입해서 사용하면 됩니다. 그러나 덩치도 작은 사람이 덩치 작은 것을 보상받고 싶어서인지 큰 차를 타고 다니며 과시하는 사람이 있습니다. 과시하는 것은 정말 눈뜨고 못 볼일입니다.

제가 언젠가 티코(Tico)를 타고 다닌 적이 있습니다. 그랬더니 동승한 어떤 자매님이 "목사님 정말 못 봐주겠어요. 차가 불쌍해요"라고 말하는 것이 아닙니까? 이럴 땐 바꿔도 됩니다. 덩치 큰 사람이 티코를 타서 주위 사람들에게 고통이 된다면 한 단계를 올리는 것도 지혜라고 할 수 있습니다. 이렇게 되면 아무런 문제가 없습니다. 그런데 난쟁이 똥자루만한 사람이 불필요하게 큰 차를 타고 다니면 사람들이 욕합니다.

티코(Tico)집사님

제가 섬기던 교회에는 키가 아주 작은 집사님이 있었습니다. 그 집사님은 티코를 몰고 다녔는데 너무나 잘 어울려서 사람들은 그 집사님을 '티코 집사님'이라고 불렀습니다.

제가 보기에도 티코와 그 집사님은 천생연분(Match blessed by Heavens)같이 느껴질 정도로 잘 어울렸습니다. 장난기가 심한 저는 광고시간에도 그 집사님의 이름을 부르기 보다는 '티코 집사님'이라고 불렀습니다. 그런데 그 호칭이 티코 집사님에게는 별로 듣기가 좋지 않았나 봅니다. 어느 날 잘 나가는 티코를 팔아버리고 프린스를 구입해서 타고 다니기 시작했습니다.

사람들은 모두 실망했습니다. '티코가 잘 어울렸는데…'라는 소리가 끊이지 않았습니다. 정말 프린스는 어울리지 않았습니다. 어떤 사람이 말했습니다. "이젠 프린스 집사님이라고 부르자" 그러나 아무도 프린스라고 부르지 않았습니다.

　부동산을 소유하는데에 있어서도 토지, 건물을 가지고 있으면 값이 오를 것이 것이라는 생각으로 필요 없이 큰집을 소유하는 것은 성경적이 아닙니다. 이러한 생각으로 부동산을 사는 것은 부동산 투기를 조장하는 것입니다. 교회도 마찬가지입니다. '성전확장'이라는 미명(美名)아래 땅을 불필요할 만큼 많이 구입해 놓습니다. 그리고 땅값이 오르면 되파는 것으로 부당이익을 올립니다. 그리고 관할 세무서에서 이익분에 대해 세금을 청구하면 '종교재산'은 국가가 건드릴 수 없다고 맞섭니다. 핍박을 받는 것처럼 행동합니다. 그 때 그 모습을 보면 마치 의사(義士)나 열사(烈士)같습니다. 그래서야 되겠습니까? 교회는 사회에 본이 되어야 합니다.

나눠주는 삶

둘째로 성도는 나눠주는 삶을 살아야 합니다.

　성도는 소극적으로 검소한 삶을 살 뿐만 아니라 적극적으로 나누어 주는 삶을 살아야 합니다.

　회개란 내 삶에 대한 용도변경(用途變更)입니다. 십일조란 나의 모든 것이 하나님의 것임을 선언하는 것입니다. 이 말은 내가 가진 돈의 용도가 변화되어야 함을 말하는 것입니다. 이 말은 돈을 벌 필요가 없다거나, 돈이 필요 없다는 말이 아닙니다. 내가 가진 돈의 용도와 목적이 달라져야 한다는 것입니다.

　요한 웨슬레의 말대로 '가능한한 모두 줄 수 있도록, 가능한한 모두 저축하라'는 말입니다. 돈은 하나님께서 나에게 주신 것입니다. 그래서 내맘대로 쓰는 것이 아니라 하나님의 뜻대로 사용해야 하는 것입니다. 더욱이 돈이 나의 쾌락의 도구가 되어선 안될 것입니다.

요한일서 3장 17절을 보면 "누가 이 세상 재물을 가지고 형제의 궁핍함을 보고도 도와줄 마음을 막으면 하나님의 사랑이 어찌 그 속에 거할까보냐"는 말씀이 있습니다. 그렇습니다. 도와주지 않으면 안됩니다.

예인교회 부목사님이 하루는 전도를 하고 와서는 말씀하시기를 "도저히 전도가 안됩니다. 두분의 할머니에게 전도를 했는데 기독교에 대해 큰 불신(不信)을 갖고 있었습니다. 카톨릭은 사회봉사를 많이 하는데 기독교는 이웃을 돌아볼 줄 모른다고 하면서 예수를 믿기 싫다고 하더군요" 본론에 들어가기도 전에 한 방 먹은 셈입니다. 이런 이야기를 들으면 안됩니다. 교통신호를 안 지키려면 차에다가 크리스천마크를 붙이지 마십시오. 괜히 예수님을 욕먹일 필요가 있습니까?

관행과 부정은 동반자

셋째로 성도는 돈을 버는 과정에서도 거짓이 없어야 합니다.
돈의 힘은 큽니다. 돈의 유혹은 절대적입니다. 돈은 신적인 힘을 가지고 성도를 유혹합니다.

마태복음 13장 22절을 보면 "가시떨기에 뿌리웠다는 것은 말씀을 들으나 세상의 염려와 재리의 유혹에 말씀이 막혀 결실치 못하는 자요"라고 단정하는 모습이 나옵니다. 그래서 성경은 돈을 사랑하는 것이 일만악의 뿌리가 된다고 설명합니다.

디모데전서 6장 10절을 보면 "돈을 사랑함이 일만 악의 뿌리가 되나니 이것을 사모하는 자들이 미혹을 받아 믿음에서 떠나 많은 근심으로써 자기를 찔렀도다"라고 말씀하고 있습니다.

우리 사회에 여기 저기에 부정과 거짓이 난무한 까닭이 무엇입니까? 돈이 부정하게 사용되기 때문입니다. 돈이 있는 곳에는 거짓이 더욱 극성을 부립니다. 그런데도 돈의 부정이 '관행'이라는 이름 아래 묵인되고 있습니다. 다른 사람 다하는데 나라고 안 할 수 있느냐는 생각이 팽배해 있습니다. 성도는 모든 일에 하나님 앞에 서야 합니다.

다윗의 간음죄는 세상 사람들이 보기에는 아무것도 아닐 수 있습니다. 그러나 하나님은 크게 보셨습니다. 우리 사회에는 부당한 수입이 당연시되고 있습니다. 이중장부를 쓰는 것이 관행화되어 있습니다. 이러한 사례들이 너무 많아 다 언급할 수도 없습니다. 이러한 거짓된 방법을 성경은 결코 묵인하지 않습니다. 교회도 예외는 아닙니다. 교회도 이 부분에 대해서는 면죄부를 얻기가 어렵습니다.

목사님과 장로님 가운데는 '항목과 세목이 너무 정확하면 은혜롭지 못하다'는 말을 하기도 합니다. 이 말이 무슨 말입니까? 정확할수록 좋은 것 아닙니까? 그 말에는 재정 지출의 편법과 오용을 숨기고자 하는 마음이 있기 때문입니다. 부정확하고 모호한 단어를 사용함으로 헷갈리게 하려고 합니다. 예를 들어 '목회자 자녀 학비지원'을 장학금이란 명목으로 지출함으로 자칫 사회봉사비처럼 취급하는 것은 범죄입니다. 그것을 보는 성도들이 뭐라고 할까요? "우리 교회가 장학금을 지급하는구나" 그러다가 그것이 목회자 자녀의 학비를 지원한 것으로 알게 되면 얼마나 실망할까요? 그러다가 교회를 떠나 버리면 어떻게 할 겁니까? 차라리 처음부터 떳떳하게 명목을 밝혀야 합니다.

정확하게 사용하는 것이 후일(後日)을 위해서도 좋습니다.

사회구조적 차원의 돈의 윤리

그러나 돈의 문제는 검소하게 살고, 나누어주고, 정직하게 버는 것으로 끝나지 않습니다.

개인적 차원으로서는 해결할 수 없는 다른 차원이 있습니다.

이것은 사회 구조적 차원입니다. 라인홀드 니이버는 '도덕적 인간과 부도덕한 사회'에서 말하기를 '사람이 개인적으로는 얼마든지 도덕적일 수 있지만 사회 속에서는 부득이 부도덕하게 된다'고 말했습니다. 어느 누구도 우리가 살고 있는 정치, 경제적 체제를 떠나서는 살수 없습니다. 그런면에서 성도는 사회를 지배하고 있는 구조적 문제에도 관심을 가져야 합니다. 사회 구조적 문제에서 우리는 어떤 것을 파악해야 할까요?

첫째로 자본주의란 무엇인지 알아야 합니다.

지금 우리가 살고 있는 사회는 자본주의 경제체제를 채택하고 있습니다. 그러므로 우리의 삶에 절대적인 영향을 미치고 있는 자본주의에 대해서 알아야 합니다. 우리는 그 동안 남과 북이 나뉘어져 무조건 북한은 나쁘고 사회주의도 나쁘고 자본주의만 성경적이라는 선입관념에 세뇌되어 왔습니다. 영국의 기독교 경제학자인 도날드 헤이(Donald Hay)가 '자본주의와 사회주의'에서 말한 것처럼 자본주의는 효율적 생산과 자유를 강조하고, 사회주의는 분배와 평등을 강조하는 수준에서 이해해야 합니다. 세계적으로 자본주의 체제를 가진 나라는 효율적 생산을 통하여 많은 부를 축적할 수 있었습니다. 반면 사회주의를 지향하는 나라에서는 생산보다 분배를 강조하다 보니 충분한 부의 축적도 없이 결국 빈곤의 평등만 가져 왔습니다. 우리 크리스천은 자본주의가 무엇이며 사회주의가 무엇인지 진지하게 생각해 보아야 합니다. 자본주의는 문자 그대로 '자본' (돈)이 중심이 되는 체계입니다. 모든 판단기준이 이윤에 의거하여 결정됩니다. 따라서 자본주의 경제체계는 보다 많은 생산을 위해서는 좋지만 함께 더불어 사는 것을 지향하는 우리에게는 개선이 필요하다는 것을 알아야 합니다.

둘째로 크리스천은 사회주의적 경제체제를 지향해야 합니다.

인간의 본성은 더 많이 갖기를 원합니다. 더 나아가 혼자만 더 많이 가지려고 합니다. 성경은 사회주의가 지향하는 대로 계급적 이해를 통해 인간을 보거나 폭력 혁명을 통해 빈부문제의 해결을 허락하지 않습니다. 동시에 부의 편중(偏重)도 성경의 입장이 아닙니다. 교회와 크리스천들은 가난한 자, 소외된 자의 편에 서야합니다. 소수의 사람에게 너무 많은 부가 모이지 않도록 경제체계에 관심을 가져야 합니다.

지금 우리 사회는 소수의 재벌에 의해 자본(돈)이 집중되어 있는 비정상적인 모습을 가지고 있음을 알아야 합니다. 구조 조정을 통해 부의 편중이 해결되어야 합니다.

교회적 차원의 돈의 윤리

교회적 차원에서도 돈의 윤리가 있습니다.

교회적 차원이라는 것은 경제문제에 대하여 성도 일개인의 차원이 아닌 성도의 모임인 교회 차원에서 바라보는 것입니다.

즉 교회가 어떻게 돈의 문제를 윤리적으로 접근할 것인가를 점검하는 것입니다.

첫째로 교회는 성도들에게 헌금을 강조할 뿐만 아니라 부당한 헌금
에 대해서 지적할 수 있어야 합니다. 크리스천의 생활에 있어서 하나
님께 바치는 헌금은 매우 중요합니다. 헌금이란 무엇입니까? 단지 돈
을 내는 것이 아닙니다. 성경에서 가르쳐 주는 헌금 내용을 보면 크게
네 가지로 나눌 수 있습니다.

첫째는 의무헌금입니다.
십일조는 바로 의무헌금입니다. 모든 유대인의 지파에서 레위 지파
만 빼고 10분의 1을 레위 지파에게 내도록 되어 있습니다. 이것이 바
로 십일조입니다.

민수기 18장 21절을 보면 "내가 이스라엘의 십일조를 레위 자손에
게 기업으로 다 주어서 그들의 하는 일, 곧 회막에서 하는 일을 갚나
니"라는 말씀이 있습니다.
즉 하나님의 일을 하느라 소득이 전혀 없는 레위인에게 주는 헌금
이 바로 십일조입니다.

둘째로 예배헌금입니다.
예배헌금은 이스라엘 백성들이 성전에 가서 제단을 쌓을 때마다 드
리는 헌금입니다. 우리가 예배시간에 드리는 헌금이 바로 이 헌금이라
고 할 수 있습니다. 예배를 드리러 나갈 때 반드시 예배헌금을 준비해
서 나가야 합니다.

출애굽기 23장 15절에서 하나님은 "너는 무교병의 절기를 지키라

내가 네게 명한대로 아빕월의 정한 때에 칠일 동안 무교병을 먹을지니 이는 그달에 네가 애굽에서 나왔음이라 빈손으로 내게 보이지 말지니라"고 말씀하셨습니다.

하나님 앞에는 빈손으로 나가서는 안된다는 말씀입니다.

셋째는 감사헌금입니다.
생활속에서 받은 은혜에 대한 감사를 하면서 드리는 헌금입니다.

넷째는 목적헌금입니다.
이스라엘 백성들이 예루살렘 성전을 건축하기 위해 헌금을 드린다든지, 안디옥 교회 성도들이 예루살렘 교회를 위하여 부조를 모았다든지 하는 것처럼 특별한 목적을 위해 드리는 헌금입니다.

이와 같이 헌금의 종류는 달라도 하나님께 예배하고 순종하는 성도의 신앙고백에서는 동일합니다. 그런 의미에서 헌금의 강조는 아무리 지나쳐도 지나치지 않을 것입니다. 대부분의 크리스천들은 목사님이 헌금을 강조하면 대단히 싫어합니다. 목사님이 헌금에 대해 설교하면 대부분 어떤 생각을 합니까? "아! 우리 교회의 재정이 바닥이구먼", "또 돈 이야기야?", "허! 그 목사 되게 돈을 밝히네"라고 생각지 않습니까? 그러다 보니 많은 목사님들이 헌금에 대해 설교하기를 피하십니다.

헌금훈련을 절대적으로 가르쳐야 합니다. 헌금은 하나님의 축복의 통로입니다. 따라서 헌금을 가르치지 않는 것은 축복을 빌어주지 않는 것과 같습니다.

어떤 돈을 헌금해야 하나

그러나 교회는 무조건 헌금만 강조할 것이 아니라 정직하게 번 돈으로 헌금하도록 가르쳐야 합니다. 부정하게 번 돈으로 바친 헌금은 헌금이 아닙니다.

돈이라고 해서 다 똑같은 돈이 아닙니다.

도둑질해서 얻은 돈으로 헌금한다고 생각해 보십시오. 하나님이 기뻐하시겠습니까? 그런데 교회는 헌금을 무조건 많이 내는 것을 강조하다보니 어떠한 헌금이어야 할 것에 대해선 거의 말하지 않고 있습니다. 많이 들어오는게 장땡이 아닙니다. 교회는 헌금을 강조하되 정직한 헌금을 말해야 합니다. 정직한 헌금, 정직한 성도, 정직한 교회가 되어야 하지 않겠습니까?

여러분이 잘 알다시피 필리핀은 카톨릭 국가입니다. 카톨릭 신자들은 항상 가슴에 성호(聖號)를 그립니다. 필리핀에서 한 소매치기가 지갑을 훔치다가 경찰에 적발이 되었습니다. 도둑은 앞에서 도망가고 경찰은 뒤에서 쫓아갑니다. 한참 뛰어 가는데 교회가 나타났습니다. 어떤 일이 벌어졌을까요? 상상치도 못할 일이 벌어졌습니다. 그 바쁜 와중에도 도둑은 가던 길을 멈추고 성호를 그립니다. 그러자 뒤에서 쫓아오던 경찰도 잠시 서서 성호를 그렸습니다. 그리고 나서 다시 도망가고 쫓아갑니다. 얼마나 어이없는 장면입니까? 그 성호의 의미가 무엇입니까? '나좀 안 잡히게 해 주소서' 입니까? 하나님이 그 기도를 받아 주실까요?

성도의 입장에서도 마찬가지입니다. 가장 귀한 돈을 헌금으로 드리십시오. 열심히 수고하여 얻은 돈을 헌금해야 합니다. 이마에 땀을 흘려 번 돈으로 헌금을 드려야 합니다. 찌꺼기 돈을 드리지 마십시오. 찌꺼기 돈이 무엇입니까? 쓰다 남은 돈이 바로 찌꺼기 돈입니다.

어떤 사람은 헌금을 할 때 보면 꼬깃꼬깃한 돈을 던지듯이 내는 사람이 있습니다. 그런 돈은 거지도 기분나빠 안 받습니다. 이왕 내는 것 준비된 돈으로 드리면 얼마나 보기 좋습니까? 헌금의 자세 중 가장 기본은 준비해서 드리는 것입니다. 사도바울은 고린도 교회에 보내는 편지에서 미리미리 준비하라고 가르칩니다. 고린도전서 16장 2절을 보겠습니다.

"매주일 첫날에 너희 각 사람이 이를 얻은대로 저축하여 두어서 내가 갈 때에 연보를 하지 않게 하라."

또, 부정한 돈을 드려선 안됩니다. 뇌물받은 돈을 헌금으로 드리지 마십시오. 교회재정에는 도움이 될지 몰라도 하늘나라의 창고에는 절대로 기록되지 않습니다. 사기쳐서 번돈, 눈먼 돈, 불로소득한 돈, 댓가성으로 받은 돈으로 헌금하는 것을 하나님은 받으시지 않습니다. 그런 헌금을 받으셨다면 하나님도 공범(共犯)이 되시기 때문입니다. 현금이 헌신해야 헌금이 됩니다. 헌신없는 돈은 절대로 헌금이 될 수 없습니다.

50%이상을 선교와 구제하는 일에

둘째로 교회는 50%이상을 선교와 구제하는 일에 써야 합니다.

교회의 본질적 사명은 말씀선포와 선교, 섬김과 교제입니다. 말씀선포와 선교, 섬김과 교제는 교회가 교회되게 하는 중요한 기능들입니다. 이 중에 하나도 소홀해서는 안됩니다. 교회가 교회를 유지하는데 더 많은 재정을 사용한다면 그것은 잘못된 것입니다. 최소한 50 %는 선교와 구제하는 일에 쓰여져야 하나님이 기뻐하십니다.

이것은 복음을 효과적으로 전파하기 위한 수단으로서, 그리고 지역사회 속에 존재하는 지상의 교회들로서 이것은 당연한 일입니다.

사회구조의 변화속에서 다양한 제안들이 있을 수 있다고 봅니다. 지역사회에 도서관을 건립하는 일과 맞벌이 부부를 위한 무료 탁아소 운영, 주민들을 위한 복지분야 등에 눈을 돌려야 합니다.

저는 1998년 9월, 서울 양재동에 예인교회를 개척했습니다.

개척 당시 예인교회는 등록한 교인도 얼마되지 않고 모든 면에서 시작 단계에 불과한 아주 연약한 교회였습니다.

그러나 교회가 시작할 때무터 헌금의 50% 이상을 선교비와 구제비로 사용하기로 했습니다. 그것은 절대로 쉬운 일이 아니었습니다. 아무리 작은 교회라고해도 교회 유지를 위해서는 많은 돈이 들어가는 것이 사실입니다. 들어온 헌금을 가지고는 사례비는 고사하고 전기세, 건물 임대료, 전화세, 사무비 등등 교회 유지를 위해 재정이 다 들어가도 모자랄 뿐이었습니다. 그러나 하나님께 약속한대로 예인교회에 서는 50%이상을 선교와 구제비로 떼어 놓았습니다. 물론 현재 제가 섬기는 교회에서는 불가능한 얘기입니다. 또 예인교회에서는 매달 재정 수입과 지출내역을 교인들에게 공개했습니다.

공개결과 매월 60%이상을 선교와 구제비로 사용했음을 알게 되었습니다. 어려운 가운데에서도 성공적인 교회의 모습을 나타낼 수 있었던 것입니다.

앞으로 제가 담임하는 청주침례교회에서도 점차적으로 이러한 목표를 이뤄나갈 예정입니다. 기존 교회의 한계와 반대를 무릎쓰더라도 교회의 초심(初心)으로 돌아가야 할 것입니다.

민족의 젊은이들에게 예수 그리스도의 복음과 성경적인 성교육(性教育)을 실시하기 위해 성교육센타는 반드시 세워져야 합니다. 이미 국민일보와 교계신문을 통해 많이 홍보되었고 많은 후원자들이 기도와 후원으로 건립에 동참하고 있습니다. 이런 것이 바로 교회의 본질적인 사명입니다.

10%미만인 선교비와 구제비

1994년 예수교 장로회 통합측 교회들의 재정지출 항목별 비율을 1995년도 총회보고서에 근거하여 계산한 결과가 나왔습니다.

사례비 23.08%, 예배비 4.80%, 교육비 7.61%, 선교비 8.70%, 상회비 2.67%, 건축비 4.53%, 운영관리비 14.06%, 토지 2.15%, 비품 0.48%, 차량 0.65%로 나왔습니다.(대한예수교 장로회 총회 제 80회 총회보고서中에서)

가장 최근의 연구는 기독경영연구원에서 1997년에 조사한 것입니다. 이 연구에 따르면 한국 교회의 재정 지출 비율은 인건비 35.3%, 재산관리비 15.7%, 선교비 15.2%, 교육비 8.7%, 일반 관리비 8.2%, 봉사비 6.5%, 예배비 5.0%, 기타 5.4%입니다.(국민일보 1998년 4월17일자)

이 모두 객관적인 자료에 근거해서 조사한 것이 아닙니다. 목회자들의 답변에 의존한 설문조사 방식을 이용하고 있기 때문에 교회의 본질적 기능이라는 선교비, 교육비, 구제비의 비율이 실제 보다 높게 나올 가능성이 큽니다. 그러나 위의 통계에 따른다고 해도 교회의 본질적 사명이라고 할 수 있는 선교비가 실질적으로 10%이하에 불과하다고 할 수 있습니다. 뿐만 아니라 교회내부에서의 나눔이 아니라 교회밖의 세계를 위해 사용된 구제비가 차지하는 비율은 불과 5%에도 미치지 못하고 있습니다. 상당히 저조한 모습입니다.

단적으로 볼 때 한국 교회의 나눔이 매우 미흡하다는 것을 느끼게 합니다. 모든 교회가 가난한 이웃을 위해 교회 예산의 50%이상을 사용한다면 믿지 않는 세계에 큰 도전과 충격을 선사할 것입니다. 이를 위해서는 교회재정 사용의 건전성과 투명성을 확보해야 합니다.

지난 99년 5월 10일 기독경영연구원과 기독교윤리실천운동이 공동으로 '교회선교단체 재정의 투명성 및 건전성 개혁을 위한 세미나'를 열었습니다. 교회와 선교단체 재정 책임자들을 초청해 열린 세미나에서 세종대 회계학과 황호찬교수는 '일반사회가 교회재정에 대해 거의 신뢰하지 않거나 보통으로 신뢰한다는 대답이 무려 83.6%에 달했다'고 말했습니다. 그리고 '전적으로 신뢰한다고 대답한 사람은 불과 16.4%에 머물렀다'고 소개했습니다.

황호찬교수는 "한국교회의 신뢰성을 회복하고 하나님의 나라가 이 땅에 임하게 하는 튼튼한 기초를 쌓기 위하여 지금이라도 구체적인 방안을 모색하여 실행에 옮겨야 한다"고 말했습니다. 신뢰성 회복을 위해 황교수는 "한국교회는 재정운영에 있어 투명성과 건전성을 확보해야 한다."고 전제한 뒤 "투명성확보를 위해 내부통제조직의 확립, 예산제도의 활성화, 감사제도의 선진화, 통일된 회계기준의 제정 및 시행, 주요 재무제표의 공시등이 이루어져야 한다"고 했습니다.

한편 토론 패널로 참석한 대구대 회계학과 최현돌교수는 "목사님들이 헌금을 드리는 것과 마찬가지로, 사용에 대해서도 성경적 중요성을 강조하는 설교를 할 수 있어야 한다"고 주장했습니다.

만약 이러한 기준이 지켜졌다면 교회재정을 가지고 라스베가스에서 도박하는 일은 없었을 것이며, 동시에 용납되지도 않았을 것이라고 생각합니다.

배금(拜金)을 헌금(獻金)으로

돈의 힘은 위대합니다. 돈은 무엇이든지 할 수 있는 힘을 가지고 있습니다. 그래서 사람들은 돈을 더 좋아하고 더 많은 돈을 추구합니다. 돈이 생기는 일이라면 앞뒤를 가리지 않고 무엇이든지 하려고 합니다. 그러나 크리스천은 은혜의 삶을 살아야 합니다. 돈은 모든 것을 거래관계로 만듭니다. 거래란 어떤 것을 상응하는 대가를 지불하는 것을 말합니다. 반면 은혜란 공짜를 말합니다. 거져주는 것입니다. 그런면에서 크리스천은 은혜의 삶을 살아야 합니다.

오늘 우리사회는 너무 거래관계로 맺어져 있습니다. 크리스천은 돈이 생기지 않는 일에 더 많은 정성과 시간을 드려야 합니다.

예수 그리스도께서 우리를 은혜로 구원해 주셨습니다. 우리 또한 세상에서 은혜를 베풀고 살아야 합니다. 이것이 바로 배금(拜金)을 헌신으로 바꾸는 길입니다.

> **함께 읽으면 좋은 책**
>
> 『헌금의 기적을 체험하라』 존 아반지니 지음/나침반사 펴냄
>
> 『십자가와 헌금』 이중수 지음/양무리서원 펴냄
>
> 『힘을 다하여 주님께 헌신하라』 김장환 지음/나침반사 펴냄

현대 교회들이 하나님에 대해 뭔가를 보여주는 종교로 전환하려고 합니다. 예배를 위한 멀티미디어 사용도 이러한 위험에 빠질 수 있습니다. OHP, 액정 프로젝터, 빔 프로젝터, 스킷드라마 등이 예배의 주체로 떠오르고 있습니다. 보이는 것들이 보이지 않는 하나님을 대신하는 현상들입니다. 물론 보조적인 요소로서 사용되는 것은 문제가 되지 않겠지만 이것이 주요소로 떠오른다면 이것은 분명한 우상입니다. 성경의 정신에 따르면 예배는 듣는 것이지 보는 것이 아니라고 말하고 있습니다.

맘모스교회를 특공대교회로 바꾸라

교회에 대한 오해

교회하면 제일 먼저 연상(聯想)되는 것이 무엇일까요?

어느 조사기관에서 크리스천을 대상으로 설문조사를 했는데 1위는 성전이었고, 2위는 교회건물, 3위는 목사님, 4위는 십자가, 5위는 찬송가, 6위는 예배로 나타났습니다. 사람들은 여전히 교회를 성전으로 인식하고 있음을 보여주고 있습니다. 그에 비해 교회의 최대사명인 예배는 6위로 밀려나 사람들의 인식속에 교회와 예배의 관계가 다소 소원(疎遠)해졌음을 볼 수 있었습니다. 많은 교인들이 교회(敎會)에 대해 두 가지 큰 오해를 합니다.

첫번째 오해는 교회를 성전으로 인식하는 것입니다.

교회는 구약시대의 성전과 같은 개념이 아닙니다. 많은 사람들이 '교회는 성전'이라는 공식을 가지고 교회를 대하고 있는데 이것은 성경적인 자세가 아닙니다. 적지 않은 교회들이 예배당 건축을 성전

건축으로 묘사하면서 성도들을 독려하는 경우가 있습니다.

솔로몬의 성전건축을 예로 들면서 하나님의 전을 건축하면 복을 받을 것이라고 합니다. 그러나 그것은 잘못된 것입니다. 절대로 교회는 성전이 아닙니다. 교회를 성전화시키는 것은 '교회 안에만 하나님이 계시다'는 구약의 의식을 불러 일으킴으로 하나님의 존재를 이용하여 반사이익을 얻으려는 술책에 불과합니다. 그래야만 예배당 건축이 용이하기 때문입니다. 하나님은 무소부재(無所不在)하신 분이십니다. 사람의 손으로 지은 곳에 계시지 않는다고 성경은 말씀하고 있습니다.

사도행전 7장 48절을 보면 "지극히 높으신 이는 손으로 지은 곳에 계시지 아니하시나니"고 말씀하고 있습니다. 하나님은 너무 거대하여 사람이 손으로 지은 건물로 제한시킬 수 없습니다.

구약의 이사야서 66장 1절과 신약의 사도행전 7장 49절에 보면 "주께서 가라사대 하늘은 나의 보좌요 땅은 나의 발등상이니 너희가 나를 위하여 무슨 집을 짓겠으며 나의 안식할 처소가 어디뇨"라고 말씀합니다.

분명히 이 세상의 건물로는 하나님을 모실 수 없다는 것입니다.

오히려 신약에 들어와서 성경은 성도의 몸이 성전이라고 말씀하고 있습니다.

"너희가 하나님의 성전인 것과 하나님의 성령이 너희 안에 거하시는 것을 알지 못하느뇨"(고전3:16) 라고 말씀하고 있음을 기억하십시오.

건물은 교회가 아니다.

두번째 오해는 교회를 건물로 인식하는 것입니다. '교회는 성전'이라는 인식이 잘못 되었듯 '교회는 건물'이라는 인식도 잘못된 것입니다. 도시에 우뚝 선 교회건물이나, 농촌의 황혼 속에 어우러진 그림 같은 교회도 성경에서 말하고 있는 교회는 아닙니다. 다만 예배를 드리는 건물일 뿐입니다. 교회는 예수 그리스도의 몸입니다.

"교회는 그의 몸이니 만물 안에서 만물을 충만케 하시는 자의 충만이니라."(엡1:23)라고 성경은 말씀하고 있습니다. 동시에 우리는 그의 지체들입니다.

고린도전서 12장 27절에서 "너희는 그리스도의 몸이요 지체의 각 부분이라"고 설명하고 있습니다.

따라서 교회는 건물이나 장소가 아니라 그리스도의 몸이며 우리는 그 몸의 지체라는 것입니다. 교회를 아주 잘 표현하고 있는 말씀이 있습니다. 사도바울이 고린도 교회에 보낸 편지를 보면 "고린도에 있는 하나님의 교회 곧 그리스도 예수 안에서 거룩하여지고 성도라 부르심을 입은 자들과 또 각처에서 우리의 주 곧 저희와 우리의 주 되신 예수 그리스도의 이름을 부르는 모든 자들에게"(고전1:2)라는 말씀이 나옵니다.

이 말씀을 통해 사도바울은 하나님의 교회를 이렇게 정의했습니다. '교회란 그리스도안에서 거룩하여지고 성도라 부르심을 입은 무리들'과 '각처에서 예수 그리스도의 이름을 부르는 모든 자들이 바로 교회다'라고 정의합니다.

이 두 말씀을 종합해 보면 '교회란 각처에서 예수 그리스도로 인하여 거룩해져서 성도로 부르심을 얻고 주님의 이름을 부르는 사람들'입니다. 따라서 교회는 '성전'이나 '건물이나 장소'의 개념이 아니라 '예수 그리스도 때문에 세상과 따로 분리된 성도들'이 교회입니다.

어디서 예배를 드려야 하나요

요한복음 4장을 보면 '신령과 진정으로 드리는 예배'에 대한 유명한 예배강론이 나옵니다. 이 예배강론은 우물가에서 만난 사마리아 여인과의 대화에서 나온 말씀입니다.

사마리아 여인이 예수님께 이렇게 물었습니다. "우리의 조상들은 가까운 산에서 예배했다고 하는데 이 산에서 예배를 드려야 합니까? 아니면 예루살렘 대성전에서 예배를 드려야 합니까?" 그녀는 '예배의 장소'에 대한 명쾌한 해답을 예수님에게서 듣고 싶어했습니다. 여인이 말하는 '이 산'이란 축복의 산으로 불리는 그리심산(축복의 산)을 가리키는 것입니다.

B.C 400년경에 포로생활에서 돌아온 사마리아인들이 그리심산에 성전을 세우고 그 곳을 참 예배의 장소라고 주장했습니다. 그러나 유대인들은 처음부터 예루살렘에서만 예배를 드려야 한다고 주장했습니다. 따라서 그녀의 말은 "누구의 주장이 옳습니까?"라는 것이었습니다.

그 질문에 대해 예수님은 어떻게 대답하셨을까요? "뭐니 뭐니해도 예배는 예루살렘 성전에서 드려야 한다"였습니까? 아닙니다. 애초부터 방향이 달랐습니다.

예수님의 대답은 여인의 질문과 상당한 차이를 가지고 있었습니다.

여인의 질문은 장소와 건물에 머물러 있었습니다. 그러나 예수님은 예루살렘 성전의 예배나, 그리심산같은 장소가 아니라 '참 예배'가 더 중요하다고 말씀하셨습니다. 장소나 건물이 중요한 것이 아닙니다. 신령과 진정(진리)으로 드리는 참된 예배가 중요하다고 말씀하신 것입니다. 사람들의 관심은 예루살렘 성전이나 그리심산의 성전같은 건물이었습니다. 그러나 예배의 주인이신 예수님의 관심은 건물이나 장소 따위에는 관심조차 없으셨습니다. 오직 '신령과 진정으로 드리는 예배' 뿐이었습니다. 왜냐하면 하나님은 영이시기 때문에 건물이나 장소가 필요하지 않으시기 때문입니다. 영과 진리로 예배를 드리는 예배자를 요구하십니다. 요한복음 4장 24절에는 예배에 대한 하나님의 입장이 분명하게 언급되어 있습니다.

"하나님은 영이시니 예배하는 자가 신령과 진정으로 예배할지니라."

이 말씀은 하나님을 물질적인 존재로 여겨 특정 장소에 매인 분으로 생각해선 안된다는 것입니다. 사마리아인들과 유대인들은 어느 성전이 참된 성전인가 하는 문제로 오랜 세월동안 논쟁해왔습니다. 사마리아 여자로부터 이 질문을 받은 주님은 이제 그 논쟁은 의미가 없다고 하십니다. 왜냐하면 성전의 실체(實體)이신 분이 오셨기 때문입니다.

이제 예배의 영적인 성격이 분명하게 드러나게 된 것입니다. 따라서 예배는 곧 하나님의 임재(臨在) 앞에 서는 것으로 마땅히 신령과 진정으로 드려야 할 것입니다. 이제 더 이상 건물이나 장소에 연연하지 마십시오. 다락방도 괜찮고, 지하실도 괜찮고, 가정집도 괜찮습니다. 야외로 나가서 예배를 드려도 좋습니다. 학교강당을 빌려서 사용해도 좋을 것입니다.

우상의 시작은 보이는 것에서

그러나 사람들은 여전히 건물이나 장소에 연연하고 있습니다. 이왕이면 좋은 건물, 이왕이면 좋은 장소, 이왕이면 좋은 시설속에서 신앙생활을 하고 싶어합니다. 그러다 보니 수백 억을 들여 교회건물을 짓는가 하면 멀쩡한 교회를 때려부수고 새로 건물을 짓습니다.

이것은 외적인 현상을 강조하는 모습들 때문입니다.

듣는 것보다 보는 것을 좋아하는 사람들의 심리에 편승(便乘)했기 때문입니다. 그러나 기독교는 창세기부터 요한계시록에 이르기까지 '보는 것'이 아니라 '듣는 것'임을 강조하고 있습니다. 믿음은 들음에서 니는 것이지 보는 것에서 나오는 것이 아닙니다. 마지막 시대가 되면서 기독교를 듣는 종교에서 보는 종교로 변형시키려는 현상들이 나타나고 있습니다.

좋은 건물을 보이고, 좋은 시설을 보이고, 화려한 장식들이 보이려는 현상들이 교회 내에서 나타나고 있습니다. 이것은 분명히 잘못된 행위입니다. 우상의 시작은 보이는 것을 추구하는데에서 시작된다는 것을 알아야 합니다. 이스라엘 백성들이 모세를 통해 듣는 것만으로 만나던 하나님을 보이는 금송아지 하나님으로 전락시킬 때 하나님은 진노하셨습니다. 이것이 바로 우상입니다.

현대 교회들이 하나님에 대해 뭔가를 보여주는 종교로 전환하려고 합니다. 예배를 위한 멀티미디어 사용도 이러한 위험에 빠질 수 있습니다. OHP, 액정 프로젝터, 빔 프로젝터, 스킷드라마 등이 예배의 주체로 떠오르고 있습니다. 보이는 것들이 보이지 않는 하나님을 대신하는 현상들입니다.

　　물론 보조적인 요소로서 사용되는 것은 문제가 되지 않겠지만 이것이 주요소로 떠오른다면 이것은 분명한 우상입니다.

　　성경의 정신에 따르면 예배는 듣는 것이지 보는 것이 아니라고 말하고 있습니다. 너무 보는 것 좋아하다가 망할 수 있습니다. 보는 것은 현실을 발생시키지만 믿음을 발생시키지 못합니다. 오직 믿음은 들음에서 난다는 사실을 알아야 합니다. 로마서 10장 17절을 보십시오.

　　"그러므로 믿음은 들음에서 나며 들음은 그리스도의 말씀으로 말미암았느니라"고 말씀하고 있지 않습니까? 예수님의 부활을 믿지 못하고 물증을 요구하는 도마에게 "예수께서 가라사대 너는 나를 본 고로 믿느냐 보지 못하고 믿는 자들은 복되도다."(요20:29)라고 말씀하셨습니다.

　　그런 의미에서 시대에 편승하고 있는 열린예배(Seekers Service)는 신중해야 합니다. 주체가 누구인가가 분명해야 할 것입니다.

사람들이 선호하는 큰 교회

　　이렇게 외형적인 면들이 강조되는 추세속에서 개척교회나 작은 교회들은 힘을 잃어가고 있습니다. 반면 대형교회들은 점점 더 성장하고 있습니다. 외적인 요소를 완벽하게 준비한 교회들이 성장하고 있다는 증거입니다. 성장한다는 것이 문제될 수는 없겠지만 기형적인 성장이라면 절대적으로 재고(再考)해야 합니다. 이런 성장은 불신자들이 예수 믿고 구원받아 새신자로 늘어나는 성장이 아닙니다. 작은 교회에서 대형 교회로 옮겨가는 수평적 이동으로 생기는 성장입니다. 개척 교회나 작은 교회를 섬기다가 어떤 계기를 통해 큰 교회로 옮겨가는 성도

들을 통해 성장이 이루어진 것이라면 그것은 정상적이거나 올바른 성
장이라고 할 수 없습니다. 이사를 한다든지, 교회에서 봉사가 부담스
럽든지, 교회 건축이 부담스럽다든지, 헌금이 부담스러울 때 부담없는
대형 교회로 옮기려고 합니다.

이미 건물을 다 지어놓은 교회, 시설이 좋은 교회, 더 이상 자기를
간섭하지 않는 교회, 자기 이름도 모르고 일도 안 시키는 교회, 그냥
예배만 드리면 되고 봉사나 헌신은 할 필요가 없는 교회가 날로 날로
부흥합니다. 교회를 옮기는 교인들도 문제지만 어떻게 해서든 사람만
많이 모이면 된다는 생각으로 이런 시류(時流)에 편승하는 목회자들
도 문제입니다. 영적인 오합지졸들만 만들어 놓고 "우리 교회는 날로
날로 성장하고 있습니다"라고 자랑한다면 그것은 대단한 착각을 하는
것입니다.

작은 교회에 다니던 어떤 집사님과 이야기를 나누어 본 적이 있었
습니다. 그 분은 출석하는 교회에 대해 상당히 불만이 많았습니다.
'예배 분위기가 나지 않는다', '목사님의 설교가 귀에 들어오지 않는
다' '썰렁하다', '겨울엔 너무 춥고 여름엔 너무 덥다', '성도들이 사
랑이 없다' 등등 수많은 불평 불만이 그 집사님의 마음에 자리잡고 있
었습니다. 저는 속으로 '이 집사님도 언젠가는 그 교회를 떠나겠구나'
라고 예측해 보았습니다. 아니나 다를까 그런 일이 있은지 얼마 되지
않아 그 집사님께서 그 도시에서 가장 큰 교회로 옮겼다는 소식을 접
하게 되었습니다.

예상은 했던 일이지만 기분이 영 좋지 않았습니다. 이제까지 했던
불평불만은 교회를 옮기려는 구실에 불과했다는 사실입니다. 저는 그
집사님을 생각할 때면 밥맛이 없어집니다.

떠나려면 조용히 떠날 것이지 동네 방네에다가 다 떠들어 대놓고 떠나는 모습을 보니까 실망스러웠습니다. 마치 자신이 옮긴 큰 교회가 이 세상에서 가장 완전한 교회인양 떠벌리고 다니는 집사님의 오만한 모습은 보기에 그리 좋지 않았습니다. 뿐만 아니라 작은 교회 출석할 때 '춥네' '덥네' 하던 사람이 큰 교회에 옮기자마자 그 교회에 대형 에어콘을 헌물했다는 소식도 들었습니다. 작은 교회에 있을 때 소형 에어컨이라도 헌물했으면 얼마나 좋았을까요?

완전한 교회는 존재하는가

사람들이 모여 있는 이 세상에는 완전한 교회는 하나도 없습니다. 큰 교회나 작은 교회나 하나님 보시기에는 다 부족한 교회입니다. 사람이 완전하지 못하듯 사람이 모여있는 교회 역시 완전하지 못합니다.

설교의 거장인 찰스 스펄전목사님이 하루는 어느 청년과 상담을 하고 있었습니다. "목사님! 제게 완전한(Perfect) 교회를 소개시켜 주십시오. 그렇게만 해 주신다면 저는 그 교회에서 열심히 신앙생활을 하겠습니다." 스펄전 목사님이 물었습니다. "완전한 교회라니? 어떤 교회를 의미하는가?" 청년은 자신만만하게 말했습니다. "예 설교를 잘 하는 목사님과 사랑이 충만한 성도들이 모여 있으며 언제나 기쁨과 은혜가 충만한 천국같은 교회를 말합니다." 스펄전 목사님이 말했습니다. "그런 교회가 있다면 나에게도 소개해 주게, 그런데 말이야 그런 교회를 혹 찾거든 자네는 그 교회에 출석하지 말게, 왜냐하면 자네가 그 교회에 출석하는 순간 그 교회는 완벽함을 잃게 되기 때문일세."

완전한 교회는 이 세상에 존재하지 않습니다. 그러나 사람들은 완전한 교회를 기대합니다. 교인들이 기대하는 완전한 교회의 모델이 무엇입니까? 외형을 갖춘 교회입니다. 완전한 교회라고 하면 외형적으로 모든 것을 갖춘 교회로 인식합니다. 속은 별로 중요하지 않습니다. 번듯한 건물과 첨단 시설들로 가득찬 교회를 완전한 교회의 모델로 인식합니다. 정말 그렇다고 생각하십니까? 그렇지 않습니다. 그것은 허영입니다. 물론 큰 교회에 나가면 아주 좋은 점들이 많은 것이 사실입니다. 큰 교회의 장점이 무엇입니까?

큰 교회들의 장점

첫번째로 큰 교회에는 시설들이 아주 좋다는 것입니다.

넓고 크고 냉, 난방이 확실하며, 삭고, 큰 방들이 즐비하며, 식당이나 음향 시설, 악기 등 부대시설들이 필요에 맞게 완벽하게 준비되어 있습니다. 상가 교회나 건물을 임대한 작은 교회들은 엄두를 내지 못할 만큼 하늘과 땅의 차이가 있습니다.

두번째로 각계 각층의 사람들을 만날 수 있다는 것입니다.

사회에서 접하기 어려운 유명 인사, 정치인, 법률인, 재벌, 대학 총장이나 교수들, 그 밖의 사회 각계 각층의 사람들을 만날 수가 있습니다. 그들과 교제를 하고 친분을 쌓을 수 있는 기회가 열려 있습니다. 그들과 같은 교회 교인이라는 이유만으로도 그들과 어깨를 나란히 할 수 있습니다. 소위 상류층이라는 사람들과 함께 교제하고, 봉사하고 함께 할 수 있는 특권(?)을 누릴 수 있다는 것입니다. 이것 역시 작은 교회와의 큰 교회의 차이입니다.

유학 시절에 한인 선물가게를 운영하시는 사장님과 대화를 나눈 적이 있었습니다. 그분은 독실한 불교신자였지만 저에게 사람들이 많이 모이는 한인 교회를 소개해 달라고 했습니다. 이유인즉 한인 사회와 한국 관광객을 대상으로 장사를 하려면 한인교회의 출석은 필수라는 것입니다. 한국 사람들과 친분을 쌓을 수 있는 한인 교회에 출석해야만 매상을 많이 올릴 수 있다고 했습니다. 이러한 이유에서 사람들이 교회에 다닌다는 것은 교회를 이용하고 하나님을 상업에 이용하는 행위입니다.

이런 사람일수록 사람들이 많이 모이는 교회를 선호할 수밖에 없습니다. 그래서 큰 교회에는 쭉정이 신자가 많다는 것입니다. 신앙보다는 장사를 목적으로 하는 사람이 미쳤다고 작은 교회를 다니겠습니까? 큰 것과 많은 것을 무조건 좋아하는 사람들이 반드시 기억해야 할 것이 있습니다. 사람들이 많다고 반드시 좋은 것이 아니라는 것입니다.

절대 다수의 의견이 반드시 진리가 아니듯 많은 사람들이 모여 있다고 해서 반드시 진리속에 들어 있다고 볼 수는 없습니다. 지옥에 가는 사람들의 수가 많다고 성경은 말씀하고 있다는 사실도 함께 기억하십시오.

마태복음 7장 22절에서 23절을 보면 "그 날에 많은 사람이 나더러 이르되 주여 주여 우리가 주의 이름으로 선지자 노릇하며 주의 이름으로 귀신을 쫓아 내며 주의 이름으로 많은 권능을 행치 아니하였나이까 하리니 그 때에 내가 저희에게 밝히 말하되 내가 너희를 도무지 알지 못하니 불법을 행하는 자들아 내게서 떠나가라 하리라"고 합니다.

여기에서 깨달아야 할 단어중의 하나는 '많다' 라는 단어임을 유의해야 할 것입니다.

세번째로 큰 교회에서는 웅장하고 감동적인 예배를 드릴 수 있습니다. 웅장한 소리를 내는 파이프 오르간이나 멋진 오케스트라, 수백에서 수천에 이르는 고가(高價)의 강대상, 화려한 조명(照明)과 꽃꽂이 장식, 일반 합창단을 능가하는 세련된 성가대의 찬양, 멋진 지휘자가 인도하는 찬양, 그리고 멋진 설교와 전율을 느낄 만한 분위기는 가히 감동적입니다.

작은 교회의 예배를 상상해 보십시오! 상대가 되겠습니까? 파이프 오르간은 커녕 변변찮은 피아노 반주에다가 음치목사님이 인도하는 찬송은 어색하다 못해 웃기기까지 합니다. 화려한 조명은 커녕 침침한 형광등속에 드리는 예배, 깨끗하고 선명한 음향 시스템과는 달리 칙칙거리는 잡음이 난무하는 싸구려 시스템으로 예배를 드리는 교회에서 누가 예베를 드리고 싶어하시겠습니까?

내 마음 교회

네번째로 큰 교회에서는 헌금, 봉사, 출석의 부담을 갖지 않고 신앙생활을 할 수 있습니다. 자신이 헌금을 하고 싶을 때 해도 되고, 그것도 싫으면 안 해도 뭐라고 말하는 사람이 없습니다.

작은 교회에서는 헌금문제로 부담되고 실족되는 경우가 허다합니다. 누가 십일조하고, 누가 십일조 안했는지 금방 표가 납니다. 그러나 큰 교회에서는 별로 부담이 되지 않습니다. 뿐만 아니라 봉사의 부담도 적습니다. 교회의 모든 일들은 교회 관리인들이 알아서 하니까 청소도 안 해도 되고 누구하나 봉사하라고 강요하지 않습니다. 얼마나 편합니까? 이미 청소되어 깨끗한 교회에 기분좋게 나와 앉았다가 끝나면 편안하게 돌아가면 됩니다.

주일 성수도 부담이 되지 않습니다. 한 번 빠졌다고 해도 표도 나지 않고 뭐라고 말하는 사람들도 별로 없습니다. 바쁘면 한 번 빠지고, 친척 결혼식 참석차 한 번 빠지고, 가을 단풍여행 때문에 한 번 빠져도 별로 문제가 되지 않습니다.

개척교회 같으면 한 사람만 빠져도 확 표시가 나서 함부로 빠질 수가 없습니다. 반면 큰 교회는 빠져도 큰 문제가 되지 않습니다. 뿐만 아니라 언제든지 편리한 시간에 맞춰 예배드릴 수 있습니다. 대부분 큰 교회들은 1부에서 5부 이상으로 예배를 드리기 때문에 자신의 편리한 시간을 선택해서 예배를 드리면 됩니다. 일찍 예배드리고 야외로 나가려는 사람은 1부 예배를 드리면 됩니다. 그래야 골프 공도 잘 맞는다고 합니다.

일요일이라 늦잠자고 싶은 사람들은 늦게까지 퍼질러 자고 나서 아점(아침 점심의 준말)으로 때우고 4부 예배에 참석하면 됩니다. 얼마나 편리한 시스템입니까? 그래서 어떤 교인들은 자신이 출석하는 큰 교회를 가리켜 '내마음 교회' 라고 지칭한다고 합니다.

이 외에도 큰 교회에는 수많은 혜택들(?)이 즐비합니다. 그렇기 때문에 큰 교회는 더 커지고 작은 교회는 더 어려움을 당해야만 합니다. 작은 교회에서 신앙생활을 시작했던 사람들도 시간이 지나서 교회물정을 알게 되고 출석하는 교회가 부담스러워지면 철새와 같이 큰 교회로 몰려가려고 합니다. 큰 교회들이 그 교인을 다 전도해서 그렇게 커졌다고 생각합니까? 착각하지 마십시오. 다 작은 교회 교인들이 몰려가서 생긴 현상에 불과합니다.

큰 교회들이 출석 교인이 1만이니, 3만이니, 하면서 더 큰 교회를 지어야 한다고 아우성치는 시간에 작은 교회 목회자들은 무엇을 하고 있는지 아십니까? 강대상에 엎드려 자신의 부덕함과 무능력을 탓하며 눈물, 콧물 흘리고 돌아오기를 기도하고 있습니다. 기도를 한다고 돌아옵니까? 떠난 철새는 다시 돌아오지 않습니다.

큰 교회를 선호하는 이유

제가 존경하는 서울대 손봉호 교수님은 사람들이 큰 교회에 출석하는 이유를 두 가지로 지적했습니다.

하나는 큰 교회에 출석하면 자신들이 상류층으로 느끼기 때문이며, 다른 하나는 앞에서 지적한 바와같이 부담을 갖지 않기 위해서라는 것입니다.

큰 교회에 출석하게 되면 여러 부류의 사람들을 자연스럽게 접하면서 그들과 자신을 동일시하면서 자신이 상당히 높고, 지적이며, 부유한 사람처럼 행세할 수 있다는 것입니다. 양복만 잘 입고 나가면 신사로 보는 줄 아십니까? 대단한 착각입니다. 물론 착각은 '북한에서도 자유'라고 하지만 심해도 너무 심하면 용인이나 청량리로 가야 합니다. 저는 이러한 사람들이 모인 공동체를 '이상(異常)한 나라의 사람들'이라고 부릅니다.

그렇다고 큰 교회는 무조건 나쁘고, 작은 교회는 무조건 좋다는 이야기는 아닙니다. 또 큰 교회는 무조건 좋고, 작은 교회는 무조건 나쁘다는 것도 아닙니다. 오해가 없길 바랍니다. 큰 교회는 그럴만한 열심과 노력의 결과로 이루어진 성장이라고 보기 때문에 그 부분에 대해서는 칭찬을 해 줘야 합니다. 문제는 작은 교회를 떠나 큰 교회로 옮겨가는 교인들과, 그러한 사람들을 받아들여서 자신의 몸만 비대하게 만들려는 교회들이 문제라는 것입니다. 또 그러한 욕심을 부리고 있는 목회자들과 교인들도 큰 문제입니다.

사도바울은 로마서 15장 20절에서 "내가 그리스도의 이름을 부르는 곳에는 복음을 전하지 않기로 힘썼노니 이는 남의 터 위에 건축하지 아니하려 함이라"고 했습니다.

큰 교회의 횡포

유명한 모 교회는 신문 형태의 전도지를 만들어 불신자들에게 뿌리면서 전도를 합니다. 그런데 개중에는 작은 교회, 개척교회를 찾아가서 전도지를 뿌리며 큰 교회로 나오라고 유혹하는 사람들도 있습니다. 멀쩡히 신앙생활 잘하고 있는 작은 교회 교인들에게나 찾아다니면서 '우리 목사님이 훌륭하다', '병 나으려면 우리 교회를 나와야 한다', '교회 같은 교회를 다녀야 한다.' 등등 갖은 유혹을 하는 사람들이 있습니다. 뿐만 아니라 전도지 안을 들여다보면 그것은 전도를 위한 전도지가 아니라 마치 그 교회에 다녀야만 복을 받을 수 있다는 홍보로 가득차 있음을 볼 수 있습니다.

예전에 다른 교회에 다녔을 때 구원의 확신이나 병고침을 받지 못했는데 이 교회로 와서 구원도 받고 병고침도 받았다는 식의 간증으로 가득 차 있습니다. 이러한 행위는 엄연한 범죄입니다. 이렇다 보니 작은 교회 목사님들은 "교인 하나 키워 놓으면 큰 교회가 다 빼 간다"고 하소연을 하면서 웁니다. 반면 큰 교회에 출석하는 사람들은 뭐라고 합니까? "우리 교회는 전도를 안해도 한 주에 3-40명이 등록한다"라고 자랑을 합니다.

큰 교회를 출석하는 사람들의 오만 방자한 모습들 입니다. 뿐만 아니라 큰 교회를 다니는 사람들 중에는 그 교회의 주인이라도 되는 듯 작은 교회 성도들을 무시하는 경향이 있습니다.

작은 교회나 개척 교회에 다니는 성도를 한 수 깔아 놓고 교만한 태도를 취하는 사람들이 많습니다.

그 모습은 마치 대기업을 다니는 사람들이 중소 기업이나 구멍가게를 우습게 보는 형태와 사뭇 비슷합니다. 그래도 대기업에 들어가기 위해선 성적이나 시험에 의해 들어간다고 하지만 교회란 시험을 보고 합격해서 들어가는 것이 아니지 않습니까?

이 세상에 시험을 보고 커트라인에 의거해서 교회에 등록하게 하는 교회는 없습니다. 순전히 자신의 선택에 의해 교회에 등록하는 것입니다. 큰 교회, 유명한 교회를 선택하든지 작은 교회, 개척교회를 선택하는 것은 순전히 자신의 자유입니다. 현재 작은 교회를 출석하고 있어도 마음만 먹으면 큰 교회, 유명한 교회에 출석할 수 있습니다. 절대로 시험보고 교회 등록을 허락하는 것이 아닙니다.

세계에서 제일 크다는 여의도 순복음 교회도 누구든지 등록하겠다고 하면 대 환영하면서 받아들입니다. 학력이 뭐냐, 가정 환경이 어떠냐, 돈이 얼마나 있냐, 얼마나 봉사할거냐를 묻고 거기에 의거하여 합격 여부를 가리는 것이 아닙니다. 아무나 들어갑니다. 세상에서 별볼일 없는 사람도 들어갈 수 있는 곳이 바로 교회입니다. 따라서 큰 교회 다닌다고 뻐기는 사람은 주제파악이 안되는 사람인 줄만 아십시오.

작은 교회들의 수고를 아는가

작은 교회 교인들의 모습을 보십시오.

얼마나 고생하는지 아십니까? 얼마나 수고하는지 아십니까? 헌금이 적게 나와 목회자 사례비도 줄 수 없을 때 생활비를 톡톡 털어서 부족한 부분들을 채우는 사람들이 작은 교회 교인들입니다.

큰 교회에 출석한다는 자체를 자랑하거나 뻐기지 마십시오. 오히려 편한것만 추구하고 화려한 것만 추구한 것을 부끄러워하십시오. 온갖 어려움을 몸으로 감수하며 묵묵히 작은 교회를 지키는 사람들을 대단히 여기고 경외하는 자세로 쳐다보시기 바랍니다.

어떤 목사님은 '작은 교회에서 수고하는 것의 4분의 1만 큰 교회에서 수고해도 큰 인정을 받을 수 있다'고 말씀하셨습니다. 그 만큼 작은 교회에서 수고하는 것이 어렵다는 것을 말씀하시는 것입니다. 저는 작은 교회에서 수고하는 것이 얼마나 어려운지 압니다.

저는 3대째 목회자입니다. 그래서 이런 말을 할 자격이 있다고 생각합니다. 할아버지 때를 비롯하여 아버지가 목사입니다. 뿐만 아니라 큰아버지, 작은아버지, 고모부가 다 목사입니다. 저도, 제동생도, 사촌 형님도, 사촌동생도 목사입니다. 저희 집안에는 큰 교회부터 작은교회, 개척교회까지 다 있습니다.

저는 어렸을 때부터 목회를 배운 사람입니다. 그래서 작은 교회의 교인으로 신앙생활하는 것이 얼마나 어려운지 압니다. 그래서 자신있게 말씀드릴 수 있습니다.

오늘도 작은 교회에서 묵묵히 충성하면서 신앙생활 하시는 성도들이 많습니다. 교회의 어려움과 각종 부담들을 감당하면서 무릎으로 충성하시는 분들이야말로 하나님이 기뻐하시는 성도들이며 보이는 가치보다 보이지 않는 가치를 추구하는 진짜 예수꾼입니다. 그런 성도들이 많이 있어야만 우리 민족에게 소망이 있습니다.

그들이 바로 진짜 예수의 사람들이며, 스스로 썩기를 자청하는 한 알의 밀알이기 때문입니다. 그들의 수고와 눈물은 하나님의 상급이 될 것을 확실히 믿습니다.

소그룹교회의 강세

그러나 우리는 더 이상 교회의 크기나 문제에 연연해선 안됩니다.

이제 21세기는 교회의 개혁을 요구하고 있습니다. 이 시대는 교회다운 교회가 요구되는 시대입니다. 앞으론 덩치만 큰 교회를 요구하지 않습니다. 새로운 패러다임이 등장하는 가운데 네트워크에 유연한 자세를 가진 소그룹적 교회가 강세를 보일 것입니다. 앞으론 특공대같이 작지만 효율적인 교회만이 살아 남을 수 있습니다.

세계는 산업사회에서 정보사회 구조로 이동하고 있습니다. 산업사회에서는 규모가 큰 기업을 중심으로 발전했었습니다. 그러나 정보사회에서는 규모가 큰 기업이 아니라 작고 전문성을 가진 기업을 중심으로 발전하게 됩니다.

교회도 마찬가지입니다. 큰 교회중심에서 작은 교회중심으로 이동해야 합니다. '작은 것이 아름답다' (Small is Beautiful)는 표어는 실로 정보사회에서 적합한 구호입니다. 실제로 작은 것이 아름다운 시대가 도래하고 있음을 알아야 합니다. 전에는 중소기업만 부도가 났지만 이제는 절대적으로 안전해 보이던 재벌그룹들도 부도를 맞고 해체되고 있습니다. 독점기업이나 독자기업은 세계화 시대에 경쟁력을 상실합니다.

맘모스가 왜 멸종했습니까? 여러 가지 견해가 있는데 그 중에 아주 재미있는 견해가 있습니다.

밥을 못 먹어서 죽었다는 설입니다. 맘모스가 너무나 거대해서 잠을 자고 일어나는데만 하루가 걸렸다고 합니다. 목을 드는데 1시간, 코를 드는데 1시간, 앞다리를 펴는데 2시간, 뒷다리를 펴는데 시간 등등 불필요한 시간에 많은 시간을 소요하다 보니 정작 중요한 밥을 먹는 시간을 만들지 못했다는 얘기입니다.

교회 네트워크가 새로운 패러다임으로 등장할 미래 교회에는 맘모스같은 거대교회가 아니라 네트워크에 유연한 작은 교회들이 강세를 보일 것입니다. 따라서 미래교회는 소그룹의 교회 또는 특공대 교회로 변모(變貌)하여야 합니다.

특공대교회를 주목하라

저는 이런 소그룹 교회를 '특공대 교회'라고 합니다.

저는 군복무를 특공대에서 했습니다. 특공대는 전쟁에서 가장 중요한 임무를 수행합니다. 그 중요한 임무를 수행하기 위해서는 소수의 사람이 필요로 합니다. 사람이 많으면 걸리적거리고 효과적으로 임무 수행이 불가능합니다. 적의 후방을 교란(攪亂)시키는 것은 특공대의 임무입니다. 사람이 많으면 비밀리에 작전을 수행할 수 없습니다. 훈련받은 정예의 특공대원 몇 사람만으로 작전이 이루어져야 합니다.

특공대가 주어진 임무를 잘 완수하기만 하면 전쟁에서 승리할 수 있습니다.

21세기는 특공대 같은 교회를 요구합니다. 적고 효율적으로 움직이는 특공대 같은 교회가 21세기 교회입니다. 맘모스같이 덩치만 크고 제 역할을 못하는 사람들로 가득찬 교회는 멸종하게 됩니다. 특공대같이 소수 정예의 교회만이 21세기에서 살아 남을 수 있습니다. 특공대 교회의 특징은 무엇입니까?

첫째로 인원이 적다는 것입니다.

과거에는 어떤 일을 이루기 위해선 많은 사람들이 요구되었습니다.

그러나 첨단 미래시대는 몇 사람만으로 일을 진행해 나가게 됩니다. 많은 사람보다 소수 정예로 일을 감당해야 합니다.

여기에서 말하는 특공대 교회나 소그룹 교회는 교회의 크기를 가지고 말하는 것이 아님을 밝혀둡니다. 크든 적든, 훈련을 통한 소그룹을 가진 교회를 의미하는 것입니다. 큰 교회라 하더라도 소그룹을 가진 교회는 비전이 있습니다. 그런 교회는 덩치가 크지만 맘모스처럼 비대하거나 둔하지 않기 때문에 세포(Cell)가 제대로 활동합니다. 따라서 모든 사역이 말단 신경조직까지 스며들 수 있습니다.

미국의 윌로우 크릭 교회(Willow Creek Community Church)는 대표적 소그룹 교회인데 2,000개의 소그룹을 가지고 있습니다.

특공대 교회의 둘째 특징은 일의 진행이 빠르다는 것입니다.

많은 사람들이 의사결정하고 일을 진행하려고 하면 많은 시간이 소요됩니다. 의사결정만 하는데도 무려 3박 4일이 걸리고 어떤 경우는 의사 결정하다가 땡치는 경우도 많습니다. 이것이 한국교회의 전형적인 모습입니다. 그러나 특공대 교회는 짧은 의사결정과 동시에 일을 시작할 수 있다는 특성을 가지고 있습니다. 회의하다가 일을 시도조차 하지 못하는 큰 조직에 비해 결정이 되는 동시에 업무에 돌입하는 작은 조직이 신속하며 많은 결과를 이뤄낼 수 있습니다.

특공대 교회의 세 번째 특징은 효율적이라는 것입니다. 산업의 발달과 함께 자동화 체계(Automation System)가 생산라인에 도입되었습니다.

얼마 전까지만 해도 생산라인의 혁명이라고 일컫는 조립라인은 컨베이어 시스템이었습니다. 그러나 최근에 와서는 산업사회를 대표하는 컨베이어 시스템이 사라지고 모듈라 셀(Modular Cell)방식이 도입되고 있습니다. 이 새로운 방식은 세포조직처럼 구성된 공간에 3인이 1조가 되어 조립, 검사, 수리, 포장까지 한 곳에서 모두 끝내는 방식입니다.

이전에는 수십명, 혹은 수백명이 컨베이어에 매달려 조립하던 것을 이제는 서너명이 감당하는 것입니다. 이런 모듈라 셀방식은 이전의 컨베이어 방식보다 67%의 생산성 향상을 가져다 주었습니다. 결국 소그룹 생산이 대그룹 생산보다 효율적이라는 결론입니다. 임상적으로 볼 때소그룹에 참석한 교인들이 소그룹에 참석하지 않고 예배에만 참석하는 교인들에 비해 성장뿐만 아니라 신앙생활의 모든 부분에서 훨씬 앞서 나간다는 보고서가 있습니다. 소그룹이 훨씬 효율적이라는 결론입니다.

특공대교회의 네번째 특징은 전 성도의 참여도가 높다는 점입니다.

대 교회의 경우 앞에서 의사결정하고 인도하는 소수에 의해 업무가 결정되고 소수에 의해 일이 진행해 나가게 됩니다. 그리고 대다수의 사람들은 앞에서 인도하는 대로 마지못해 끌려가듯이 일을 처리합니다. 반면 특공대 교회는 각자 자신에게 주어진 은사를 백프로 활용할 수 있다는 점입니다. 이것은 성경의 만인 제사장설(Priesthood of All Believers)과 일치합니다. 베드로 전서 2장을 근거로 한 만인 제사장설에 따르면 모든 성도들은 왕같은 제사장이며 거룩한 나라이며 하나님의 소유된 백성이라는 것입니다.

"오직 너희는 택하신 족속이요 왕같은 제사장들이요 거룩한 나라요 그의 소유된 백성이니 이는 너희를 어두운데서 불러 내어 그의 기이한 빛에 들어가게 하신 자의 아름다운 덕을 선전하게 하려 하심이라."(벧전2:9)

　목회자나 앞에 서서 인도하는 몇몇 사람들을 의존하지 않고 하나님과 일대일의 관계에서 모든 일을 주도적으로 처리할 수 있다는 것입니다.

벽돌투자인가 사람에 대한 투자인가

　특공대교회의 다섯번째 특징은 사람에게 투자를 집중시킨다는 점을 가지고 있습니다.

　교회의 투자를 크게 두 가지로 나누어 보면 사람에 대한 투자와 벽돌에 대한 투자입니다. 사람에 대한 투자는 많으면 많을수록 좋습니다. 그러나 벽돌에 대한 투자는 많으면 많을수록 문제입니다.

　한국교회의 문제가 무엇입니까? 사람에 대한 투자를 멀리하고 벽돌에 대한 투자를 집중했다는 것입니다. 벽돌투자가 무엇입니까? 예배당건축, 기도원건축, 주차장확장, 교회묘지등 입니다. 이런 것은 있으면 좋고, 없어도 괜찮은 것입니다. 그런 것이 전부인양 그곳에 투자를 집중하고 있다는 것은 그만큼 썩었다는 증거입니다. 종교개혁자들은 이렇게 외쳤습니다. "건물이 화려해질수록 교회는 더 깊이 병들어 간다." 벽돌투자에 대한 예수님의 견해는 어떤 것이었습니까?

　마가복음 13장 2절을 보면 "이 건물들이 어떻습니까?"라는 제자들의 질문에 예수님은 "네가 이 건물들을 보느냐 돌 하나도 돌 위에 남지 않고 다 무너뜨려지리라"고 말씀하셨습니다.

　무너질 건물에 전적으로 투자하지 마십시오. 그것은 절대로 영원하지 않습니다. 심지어 세상에서도 교육은 백년대계(百年大計)라고 하면서 사람에게 투자하는 것을 최고로 여기지 않습니까? 언제 건물을 두고 백년대계라고 하는 사람을 봤습니까? 돈은 사람에게 투자되어야 합니다. 만약 교회건축을 위해 지출되는 막대한 돈이 사람에게 투자되었다면 기독교는 절대로 쇠퇴하지 않았을 것입니다. 특공대 교회의 특징은 사람에게 투자가 집중된다는 것입니다.

성경적으로 돌아가면 벽돌에는 관심이 없어집니다. 오로지 사람에게만 관심과 투자가 집중됩니다.

제가 아는 한 장로님은 직업이 목수이십니다. 맨날 남의 집만 짓다 보니 자기 집을 한 번 지어 보고 싶었나 봅니다. 이루고 싶은 꿈이 무엇이냐고 물었더니 자기 손으로 지은 그림같은 집에서 노후를 보내는 것이라고 했습니다. 장로님은 그 목표를 위해 열심히 저축했습니다. 20년 동안 저축한 결과 꽤 많은 돈을 모을 수 있었습니다.

어느 날 돈을 준비해서 집을 지으려고 하는데 갑자기 사건이 터졌습니다. 손녀딸이 백혈병에 걸린 것입니다. 여러분도 잘 아시겠지만 백혈병을 치료하기 위해선 돈이 엄청나게 많이 듭니다. 장로님이 어떻게 했을까요? 그 돈으로 꿈에 그리던 집을 지었을까요? 아니면 눈물을 머금고 손녀딸의 치료를 위해 내 놓았을까요? 장로님은 말없이 손녀를 위해 거금을 내 놓았습니다. 그리고 나서 뭐라는 줄 아십니까? "돈이야 또 벌면 되지"라고 말씀하시는 겁니다.

이제 길게 살아봤자 10년도 채 못 사실 분이 그런 말씀을 하시더라구요. 그러나 올바른 결정을 하신 것입니다. 만약 손녀를 위해 쓰지 않고 멋있는 집을 짓는데 돈을 사용했다면 얼마나 많은 사람들이 욕을 하겠습니까? 비록 그 돈으로 손녀를 살리지 못했지만 장로님의 결정은 옳았습니다. 그 누구도 '잘못했다'고 비난하는 사람이 한 사람도 없었다는 사실입니다.

사역을 하려면 돈이 들어갑니다. 영혼을 구원하려면 돈이 들어갑니다. 가난한 사람을 구제하려면 돈이 들어갑니다. 이웃을 도와주려면 돈이 들어갑니다. 미종족들에게 복음을 전하려면 돈이 들어갑니다. 선교사를 후원하려면 돈이 들어갑니다. 이런 것을 하다보면 벽돌에 투자할 정황이 없어 집니다. 해야 할 일을 내버려두고 벽돌쌓기에 열중하는 것은 미친짓입니다. 이것은 마치 손녀딸이 죽어 가는데 자기집을 멋있게 단장하는 사람과 똑 같은 것입니다. 사람이 더 중요합니다. 예수님은 말씀하셨습니다.

"사람이 만일 온 천하를 얻고도 자기를 잃든지 빼앗기든지 하면 무엇이 유익하리요."(눅9:25)

사람에게 투자가 집중되는 것이 가장 좋은 일입니다.
특공대교회는 이와 같이 사람에게 투자가 집중되게 하는 강점을 가지고 있습니다.

바보온달을 장군온달로

특공대교회의 여섯 번째 특징은 무능력한 사람을 능력있는 사람으로 탈바꿈하게 한다는 점입니다.

특공대에 들어가기 전에는 사람의 능력이 비슷비슷합니다. 어쩌면 더 못 배우고, 더 무능력할지 모릅니다. 그러나 일단 특공대에 들어가면 사람이 달라집니다. 눈빛이 달라집니다. 일대일의 싸움에서도 지던 사람이 일당백을 감당하는 사람이 됩니다. 훈련을 통해 강군(强軍)이 됩니다. 이제까지 나약하고 제 몸 하나 추스르지 못하던 사람들이 갑자기 리더가 되고 지도자가 됩니다. 맨날 끌려 다니던 사람이 사람들을 끌고 다닙니다.

크리스천의 특징이 무엇입니까? 개천에서 용(龍)나는 것입니다. 개천에서는 절대로 용이 날 수 없습니다. 그러나 개천같은 현실에서 용이 되는 것이 크리스천의 능력입니다. 절대로 기대하지 않았던 사람들이 기대는 물론이고 세상까지 들썩거리는 것이 바로 크리스천의 능력입니다. 바보온달이 장군온달이 되는 교회가 바로 특공대교회입니다.

제가 섬기고 있는 청주교회는 무한한 소망이 보이는 교회입니다.

열정이 살아있는 교회이기 때문입니다. 열정이 없고 사명을 잃어버린 교회는 교회가 아닙니다. 민족을 복음화하기 위해, 지역을 복음화하기 위해, 사회를 변화시키기 위해 피끓는 열정을 가진 교회는 사명을 소유한 교회입니다. 사명이 있는 교회인지 아닌지는 교회를 찾아가보면 쉽게 알 수 있습니다. 문이 열려있고, 사무실이 작전 지휘본부로 움직이고 있는 교회는 사명을 감당하는 교회입니다.

주일날만 문을 열고, 수요일, 금요일등 공적인 모임이 있는 날만 문을 여는 교회는 이미 사명을 잃어버린 교회입니다.

2000년 3월 1일부로 청주침례교회에 부임했습니다. 부임당시 청주침례교회는 매우 연약한 상태였습니다. 상처와 반목으로 얼룩진 교회는 이미 영향력을 상실한 상태였습니다. 그러나 저는 실망하지 않았습니다. 저는 그런 성도들에게 민족 복음화를 외쳤고, 청년 청소년 복음화를 외쳤습니다. 주변의 사람들은 저를 비웃었습니다. 젊은 목사의 객기로 평가절하할 뿐이었습니다. 아무도 저를 인정하지 않으려고 했습니다. 심지어 본 교회에 출석하는 성도들까지도 저를 신뢰하지 못했습니다. 그들이 제시한 명분은 대부분 이런 것들이었습니다.

"일꾼다운 일꾼이 하나도 없는 주제에…", "좋은 일꾼들이 다 떠나 쭉정이만 남은 주제에", "재정도 없는 상태에". "제 몸하나 추스리지 못하는 주제에 민족 복음화는 민족 복음화야 교회문이나 닫지 마라"고 하면서 비웃었습니다.

실제로 청주침례교회에 출석하는 수십여명의 교인들은 세상말로 하면 정말 별볼일 없는 사람들 뿐이었습니다. 좋은 직장에 다니는 사람도 없고, 사회적인 지위나 능력이 있는 사람도 없고, 돈이 많은 사람도 하나도 없습니다. 그것도 남자도 거의 없고 대부분 여자들로 구성되어 있었습니다.

아무리 사명이 좋다고 해도 그런 사람들을 데리고 세상을 움직인다는 것은 불가능한 이야기일 뿐이었습니다. 그나마 사람들이나 많으면 무슨 일이라도 해보겠는데 수십여명을 가지고 무슨 일을 하겠습니까?

다른 교회들은 시작할 때부터 적어도 수십명에서 많게는 수백명의 개척멤버가 있는데, 오래된 교회에, 묵은 사고와 폐쇄된 사고방식으로 똘똘 뭉쳐진 수십여명의 오합지졸을 가지고 언제 부흥이 시키고, 언제 세상을 움직이겠습니까?

뱀의 머리가 될지언정…

좋은 환경에서 좋은 인물이 나는 것은 쉬운 일입니다. 그러나 나쁜 환경에서 좋은 인물이 난다는 것은 정말 어렵습니다.

그러나 실망하지 않았습니다. 개천에서 용이 난다는 믿음을 가졌습니다. 그 때부터 사람들에게 비전을 심어주기 시작했습니다. 무가치한 사람을 가치있는 사명자로 바꾸어 준다고 했습니다. 무능력한 사람을 능력의 소유자로 바꾸어 준다고 했습니다. 자신만을 위해 살던 소인(小人)을 복음을 위해 사는 대인으로 바꾸어 준다고 했습니다.

꿈이 없는 사람을 '21세기를 꿈꾸는 비전메이커'로 바꾸어 준다고 했습니다. 우물안 개구리를 '세계복음화의 갈망을 위해 잠 못이루는 주역'으로 바꾸어 준다고 했습니다.

할 일 없는 사람을 할 일 많은 사람으로 바꾸어 준다고 했습니다. 은사를 활용하지 못해 비통해 있는 사람을 예수 그리스도를 위해 아름답게 활용하도록 바꾸어 준다고 했습니다. 함께 울었습니다. 기도했습니다. 성경을 공부했습니다. 훈련을 받았습니다. 책을 읽게 했습니다. 뱀의 머리는 될지언정 용의 꼬리가 되지 말라고 했습니다.

그러나 사람들은 쉽게 변화되지 않았습니다. 움직이지 않았습니다. 아니 반응이 없었다고 하는 것이 더 옳을 것입니다.

왜 그렇겠습니까? 비전을 보지 못했기 때문이었습니다. 그러나 실망하지 않았습니다. 꾸준히 비전을 제시했습니다. 포기하지 않았습니다. 서서히 사람들이 바뀌기 시작했습니다. 말귀를 알아듣기 시작했습니다. 민족의 젊은이를 가슴에 안고 기도할 수 있게 되었습니다. 민족의 장래를 위해 기도할 수 있게 되었습니다.

민족의 젊은이를 주님께로

청주침례교회가 드디어 일을 저질렀습니다. 불과 수십여명의 사람으로 그것도 별 볼일 없는 사람들이 민족을 섬기겠다고 일어섰습니다. 청소년들에게 복음을 전하고 혼전순결운동을 주도하고 있는 예수의사람들선교회(JPM)가 주관하던 집회가 있습니다.

매년 여름과 겨울에 연세대학교에서 열리는 '예수대축제'라는 집회입니다. 한 번 집회에 수천명의 젊은이들이 모이는 국내 최대규모의 집회입니다. 민족의 젊은이들이 말씀을 통해, 찬양을 통해, 기도를 통해 변화될 수밖에 없는 뜨거운 집회입니다. 이 집회는 지금까지 예수의사람들선교회(JPM) 스텝들이 주관해 왔습니다.

그런데 이 집회에 청주침례교회 청년들이 겁없이 뛰어들었습니다. 경험도 없는 몇사람이 민족의 젊은이들을 가슴에 안고 이 행사를 주관했습니다. 모두들 걱정했습니다. 그러나 결과는 예외였습니다. 수 많은 젊은이들은 변화되었습니다. 울면서 주님앞으로 걸어 나왔습니다. 순결하게 살겠다고 작정했습니다. 민족의 주역으로 살겠다고 서원했습니다. 청년들은 감격했습니다. 선봉에 서는 자의 기쁨을 알게 되었습니다.

이 집회에는 청주교회의 나이드신 성도님들도 참가하여 열광의 도가니를 함께 체험했습니다. 이미 이 집회를 알고 있는 분들은 이 대규모 집회가 별 볼일 없는 수십명의 선봉에 의해 이루어졌다는 사실을 알게 되면 깜짝 놀랄 것입니다. 별 볼일 없는 사역자들을 통해 수 많은 젊은이들이 주님앞으로 인도한 것은 기적중의 기적입니다.

큰 교회들도 감히 하기 어려운 일을 경험도, 능력도, 재능도 없는 지방의 어느 작은 청주침례교회 청년회가 주관했다는 사실은 놀라운 사실이 아닐 수 없습니다. 그뿐만이 아닙니다. 전국의 중.고등부 교사들을 초청하는 '21세기 열린 교사 세미나' 도 주최하여 수 많은 교사들을 재무장시켰습니다. 계속 청주교회는 민족의 젊은이들을 주님께 인도하는 선봉장이 될 것입니다. 뿐만 아니라 세계를 복음화하는 주역이 될 것입니다. 5년 후, 10년 후의 청주교회를 보십시오. 세계를 주름잡는 주역들로 가득찬 교회를 만나게 될 것입니다.

www.jpmkorea.com에 들어와 보십시오. 어떻게 다른지 보십시오. 지금은 엇비슷한 것 같지만 5년 후는 다릅니다. 확실히 다릅니다.

도저히 따라 올 수 없을 정도의 차이를 경험하게 될 것입니다. 지금도 우리의 청년들이 전도지를 들고 세계 방방곡곡으로 가서 예수 그리스도를 증거하고 있습니다.

'시드니를 십자가의 그늘아래' 라는 표어아래 복음을 들고 비행기를 타고 있습니다. 영문으로 전도지를 만들고, 불어로 만들고, 일본어로 만들고, 서반아어로 만들어서 예수님을 증거하고 있습니다. 청주 청년들이 가는 곳에는 전국의 청년들이 따라 붙습니다. 왜 그렇습니까? 청주침례교회 청년들이 선봉장이 되었기 때문입니다.

우리 모두는 복음에 빚진 자들입니다. 그 빚을 갚고야 말 것입니다. 씨를 뿌릴 것입니다.

학생들은 방학을 이용하여 외국으로 단기선교를 나갈 것입니다. 직장인들은 휴가를 이용해서 외국으로 단기선교를 나갈 것입니다. 나가서 전도지를 뿌리고, 찬양하고, 전도집회를 개최할 것입니다. 외국에 있는 외국인뿐만 아니라 유학생들과 어학연수를 위해 나가 있는 한국의 젊은이들 모두를 청주침례교회가 책임질 것입니다.

제 경험으로 보건대 국내에서 신앙생활을 잘 하던 젊은이들도 외국에 나가면 신앙을 저버리는 경우가 허다합니다.

공부를 따라가기가 힘들면 더 열심히 기도하면서 공부를 해야 하는데 자포자기해 버립니다. 술을 마십니다. 담배를 피웁니다. 가라오케에 가서 밤새도록 술 마시고 노래합니다. 외로운 학생들끼리 자유로운 성관계를 갖습니다. 마약을 합니다. 권총으로 자살을 합니다. 한마디로 갈데까지 다 갑니다. 그래도 누가 뭐라는 어른이 없습니다. 한국에 있는 부모님들은 이런 아이들이 정말 열심히 공부하는 줄 알고 있습니다. 속고 있습니다. 이러한 젊은이들을 내버려둬서 되겠습니까? 그냥

방치해 버려서 되겠습니까? 삼 사년에 한 번씩 열리는 코스타 (KOSTA)집회로는 어림도 없습니다.

선교가 무슨 올림픽대회입니까? 월드컵대회입니까? 삼 사년에 한 번 열려서 무슨 영혼을 구원하겠습니까? 기도만 하는 선교는 필요없습니다. 돈만 쓰는 선교는 필요없습니다. 책상에서 시작하고 책상에서 끝나는 선교는 때려 치워야 합니다.

실제로 나가서 부딪치고 영혼을 주님께로 인도해야 합니다. 바로 그것입니다. 코스타집회가 한국 최고의 목사님들과 강사들로 구성된 버라이어티 쇼라고 한다면, 청주침례교회가 주관하는 해외 선교집회는 무명의 청주용사들이 생명을 걸고 복음을 전하는 순교집회입니다.

무능력한 건달을 능력있는 용사로 바꾸는 것이 바로 특공대 교회입니다

특공대교회는 성경으로의 컴백이다.

특공대교회는 이외에도 많은 장점을 가지고 있습니다.

성도의 교제가 단절되어 있는 현대교회 특히 큰 교회에서 소그룹은 친밀한 교제를 가능케 합니다. 뿐만 아니라 큰 교회에서는 소외되는 교인들이 많았지만 소그룹은 개인에게 목회적관심을 기울일 수 있고 양질의 목회를 제공할 수 있습니다. 앞으로 가속될 '군중속의 고독' 가운데 교회는 개인 개인에게 관심과 신앙인도, 그리고 치유사역을 효과적으로 감당할 수 있습니다.

그러나 더 중요한 것은 특공대의 원리를 미래를 위한 대처방안으로만 이해해서는 안된다는 것입니다. 특공대의 원리는 성경으로 돌아가는 것입니다. 예수님의 목회방식으로 회귀(回歸)하는 것입니다. 예수님은 대중목회와 소그룹 목회를 겸하셨지만 예수님의 주된 목회사역

은 12명의 제자를 훈련시키는 소그룹의 목회였음을 성경은 증거하고 있습니다. 미래교회가 대중목회에서 소그룹 목회로 전환해야 하는 당위성이 무엇입니까? 많은 분들은 소그룹 그 자체가 전문성을 제공하며 효율성을 증진시키고 전인교육이 가능하기 때문이라고 합니다.

소그룹 목회는 성경의 가르침이며 교회의 머리되신 예수님의 방식이기 때문입니다. 맘모스 타입의 교회는 성경적이거나 예수님의 방식이 아닙니다. 맘모스가 멸종했듯이 앞으로는 생명력 없는 맘모스교회들은 서서히 멸종하게 될 것입니다. 아주 천천히 말입니다.

함께 읽으면 좋은 책

『셀교회 평신도』데이빗 필랠 지음/도서출판사NCD 펴냄

『평신도를 흥분시켜라』장학일 지음/밴드목회 연구원 펴냄

『평신도를 목회의 파트너로 삼아라』조태환 지음/나침반사 펴냄

오직 예수 이름으로

무속신앙을 예수신앙으로 바꾸라

어느 시골 교회에서 장로선출을 위한 투표를 하게 되었습니다. 노인 집사님은 너무나 장로가 되고 싶었습니다. 그래서 주일 아침에 일찍 일어나 목욕재계를 했습니다. 그리고 정중히 꿇어앉아서 산통(算筒)을 흔들어 첨자(籤子)인 점(占)대를 뽑았다고 합니다. 이것은 비단 어떤 특정인에 한정된 문제가 아니라 수많은 크리스천들이 맹신적이고 무분별한 신앙생활로 이 세상에서 하나님의 영광을 가리고 있는 형편입니다. 이렇게 기독교까지도 무속신앙의 영향권 아래 있음을 인정하지 않을 수 없습니다

무속신앙을 예수신앙으로 바꾸라

광범위하게 확산되어 있는 무속

한 산부인과 병원에서는 있었던 일입니다. 경영 상태가 부진하고 입원한 환자마저 간호원이 외출한 사이에 사망을 하는 등 예기치 못한 사고가 자주 일어나자, 무녀(巫女)를 불러 굿을 했다고 합니다.

굿을 통해 신이 오른 무녀는 의학박사인 병원장을 불러 놓았습니다. 그리고 앞의 정원을가리키며 "저기에 액(厄)이 서려 있다. 빨리 저 정원의 흙을 석자 두께로 모조리 걷어 내어 공동묘지에 갖다 뿌려라"고 호통을 쳤습니다.

나중에 들은 바에 의하면 낙태를 하여 버린 사아(死兒)들 때문에 신령님이 노하셔서 그런 사고가 자주 발생했다는 것입니다.

무속신앙이 한국의 종교의 바탕은 물론 한국인의 생활 저변에 이르기까지 광범위하게 확산되어 있습니다.

유교나 불교(佛敎)나 심지어는 기독교에 이르기까지 무속적 요소가 직접 또는 간접으로 채색되어 있습니다. 어떤 무속 연구가는 "한국에 정착한 모든 종교의 껍질을 살짝 들추기만 해도 무속의 모습이 드러난다"라고 이야기했습니다. 실제로 불교는 완전한 무속신앙 속에 묻혀 있습니다. 따라서 불교를 무속이라고 단정한다고 해도 과언이 아닙니다. 심지어는 기독교 속에 침투하여 무속적인 기독교로 전락시켜 버렸습니다.

어느 시골 교회에서 장로선출을 위한 투표를 하게 되었습니다.

노인 집사님은 너무나 장로가 되고 싶었습니다. 그래서 주일 아침에 일찍 일어나 목욕재계를 했습니다. 그리고 정중히 꿇어앉아서 산통(算筒)을 흔들어 첨자(籤子)인 점(占)대를 뽑았다고 합니다. 이것은 비단 어떤 특정인에 한정된 문제가 아니라 수많은 크리스천들이 맹신적이고 무분별한 신앙생활로 이 세상에서 하나님의 영광을 가리고 있는 형편입니다. 이렇게 기독교까지도 무속신앙의 영향권 아래 있음을 인정하지 않을 수 없습니다.

무속의 유래

무속(巫俗) 즉 샤머니즘(Shamanism)은 정령사상(Animism)이 의식화된 종교형태 중 하나입니다. 무속신앙의 어원은 퉁구스(Tungus)민족이 주술사나 무당이나 의약사를 부르는 데에서 근거한 것입니다.

인도의 범어에는 승려를 가리켜 '스라마나'라 하는데 한자로 사문(沙門)이라 합니다. 페르시아에서는 사원과 우상을 '셰멘'이라고 부르는데 다 같은 근원에서 시작된 것이라고 보고 있습니다. 무속의 사상은 아시아의 북부인 시베리아에 거주하는 퉁구스족, 야쿠트족, 부리

야트족, 오스티약족, 사모에드족과 유럽 북쪽에 사는 라프족과 핀족과 북 아메리카의 북편에 사는 에스키모족까지 널리 퍼져 있고, 거기에서 가까운 만주, 몽고, 중앙 아시아에도 많이 퍼져 있습니다.

시베리아에 사는 민족들은 자연숭배와 정령숭배와 사령숭배 등의 사상을 가지고 병이 걸리든지, 환란이 임하든지, 장사를 한다든지 하면 샤먼을 불러 신령을 위하여 제사를 드립니다. 또 굿을 함으로서 악령을 쫓는다는 믿음을 가지고 있습니다. 무속신앙은 모든 만물에 영혼이 있다고 믿는 물활론에 근거하고 있습니다.

19세기 종교학자들이나 문화인류학자들은 무속을 원시종교로 표현하였습니다. 지성인들은 미신이라고 말하고 있습니다.

무속은 원시사회에 존재한 최초의 종교임에는 틀림없습니다. 그래서 어떤 학자들은 전통적 종교, 부족 종교라고 부르기도 합니다. 많은 사람들이 생각하기를 과학이 발달되면 무속신앙은 사라질 것이라 생각했지만 오히려 이 무속 신앙은 세계적으로 번창해 가는 추세입니다. 한국의 무속신앙은 시베리아에서 중국을 경유하여 들어 온 것으로 학자들은 설명합니다. 무속신앙은 세계 어느 곳이나 거의 같은 현상으로 나타나고 있습니다. 전세계에 산재한 비조직적인 종교라고 볼 수 있습니다.

한국에서는 무속을 미신, 신교(新敎), 무당종교, 무속교로 표현합니다. 즉 신들과 인간과의 중계자인 샤먼의 기능을 중시하는 종교입니다. 특히 한국의 무속은 종합적인 색채를 띄고 있고 여자 무당에 비중을 두고 있습니다. 인간의 불행을 악령이나 악인에게 돌리면서 주술을 통하여 악령을 추방하는 의식을 중요시합니다.

따라서 무속이란 무당의 풍속을 말합니다.

무속인과 전통문화

한국 무속신앙의 진원은 신화입니다.

건국 신화로부터 신화가 근원을 이룹니다. 무속은 문서가 없고 많은 신화나 전설이 있을 뿐입니다. 우주론, 창조론, 종말론도 없고 대자연을 신격화하고 있습니다. 자연숭배, 정령숭배의 원시종교입니다. 무당이 되는 과정은 강신무, 세습무, 학습무로 분류됩니다.

강신무는 신이 내려서 신병을 앓고서 무당이 되는 경우입니다.

세습무는 부모가 무당이어서 자연적으로 무당이 되는 경우입니다.

학습무는 불쌍한 처녀나 청년이 호구지책의 수단으로 무당을 따라다니면서 무당되는 경우입니다. 요사이 책이나 학원 등을 통해 배운무당 후보생들도 여기에 포함됩니다. 하는 일도 아주 다양합니다. 주술과 점을 치는 무속인을 판수라고 합니다. 집터와 묘터를 보는 무속인을 지관이라고 합니다. 점만치는 무속인을 일관이라고 합니다. 푸닥거리를 전공으로 하는 여자를 무당이라고 하며, 남자를 박수라고 합니다. 개인의 운명과 결혼 및 택일을 주로 하는 무속인을 점쟁이라고 합니다. 이렇게 무속인들이 만능인으로 인간에게 군림하고 있습니다. 이렇게 무당들이 번창해 가는 데에 문제가 있습니다. 돈벌이가 제법이라는 데서 특히 학습무가 기하급수적으로 번창해 가고 있습니다.

무속신앙이 성행하는 이유는 2차대전 후 지배받던 모든 민족과 국가들은 일제히 독립 국가를 형성했습니다. 압제자의 그늘에서 벗어난 이후 이들은 민족 고유의 문화 전통을 되찾기 시작했습니다. 종교까지도 서양의 기독교라는 외래종교가 아닌 민족종교를 회복하려는 노력이 시도되었습니다. 한국도 예외는 아닙니다.

80년대 학교나 길거리에 장승을 세우고 무당을 인간 문화재로 지정하는 이유도 민속적인 예능 기술(춤과 음악, 악기)을 보호하기 위함이었습니다. 뿌리를 찾을 수록 무속적이고 미신적인 것이 모든 민족의 공통적인 현상이고 한국도 여기에 해당됩니다. 결국 무속 종교와 미신 행위를 조장한 결과가 되었습니다.

모 대학의 축제에서 만난 한 대학생은 "굿이나 고사, 점을 치는 것은 전통 문화의 맥을 잇고 연대감 형성을 위한 행위일 뿐 그 이상의 의미는 없다"고 말했습니다. 그러나 그러한 행위가 미신 행위를 조장하고 정당화하려는 사탄의 의도일 뿐 전통 문화의 계승과는 전혀 상관없는 일들입니다.

대통령들과 위정자들마저…

이렇게 무속신앙은 전통문화라는 차원에서 국가의 중심까지 깊게 관여하고 있습니다.

박정희 전(前)대통령은 고속도로를 건설할 때 지관의 안내를 받았습니다 전두환 전(前)대통령은 14대조인 합천의 입향조(入鄕組)묘가 천교혈(天巧穴)이라는 하늘이 내려 준 명당이기 때문에 대통령이 되었다고 믿고 있습니다.

특히 불교를 극진히 숭상한 자로 불교진흥에 공로자로 인정받고 있습니다. 노태우 전(前)대통령도 그의 증조부 묘가 팔공산의 정기를 받은 대 명당이라고 합니다. 공동묘지에 안장된 선친 묘도 역시 좋은 자리이기 때문에 대권을 잡은 것으로 믿고 있습니다.

이에 대한 보답으로 노태우씨는 재임시 팔공산에 세계 제일의 부처를 세운 공헌을 남겼습니다.

불교는 원래 무신론적인 철학 종교입니다. 그러나 대중 종교가 되기 위해 무속적인 신앙을 서슴지 않고 받아들였습니다. 각종 미신 행위를 퇴치하지 않고 오히려 용납하는 종교가 되었던 것입니다. 지금은 문화재 보호란 명목으로 절간으로 가는 도로는 모두 포장해 주는 특혜를 주고 있습니다. 문민정부 역시 예외는 아닙니다.

신동아 1996년 12월호 242쪽에는 옛 총독부 건물 철거와 관련해 청와대측이 지관에게 자문을 구했다는 사실이 기록되어 있습니다. 뿐만 아니라 김일성 사망을 맞추었다는 무속인 심진송에게 조언을 구했고 정오풍수 감정원 정와룡씨의 조언도 받았다고 합니다.

과감히 미신을 퇴치해야 할 정부의 권력자들이 무당과 지관에 끌려다닌 셈이 되었습니다. 이렇게 위정들이 어리석음을 저지르고 있으니 민족의 갈 길은 암담하기만 합니다. 위정자들이 혼미하여 이 나라의 무속을 조장하는 일에 앞장섰던 것입니다. 그 대표적인 행사가 무엇입니까? 문화체육부가 1997년 10월에 여의도 광장에서 400여 명의 무속인을 모아놓고 국태민안 기원제(나라굿)를 대규모로 열었습니다. 얼마나 충격적인 일입니까?

매스컴도 위험수위에 도달해 있습니다. 무속인을 초청하여 강연을 듣는가 하면 퀴즈 프로그램에 출연시키는 해프닝을 벌이고 있습니다. 민중의 계몽에 앞장서야 할 신문이나 잡지, 방송이 여론과 호기심에 편중해서 무속행위까지 등장시키는 것은 대중매체의 기본 상식을 포기하는 행위입니다. 광고란에 실리는 무속인들의 소개는 짭짤한 광고 수익을 보아 온 까닭이라고 생각합니다. 돈을 벌기 위해서는 비과학적이고 미신적인 것까지도 포용한다는 것은 마땅히 지탄받아야 할 대상이라고 보아집니다.

비윤리적이고 비합리적인 무속신앙

미신과 무속이 날 뛰는 세상은 희망이 없습니다. 이렇게 국가의 위정자들이 미신에 현혹되고, 매스컴이 무속의 노예가 되면 그 나라는 반드시 망합니다. 망하는 이유가 무엇일까요?

첫 번째로 비윤리적인 종교이기 때문에 망합니다.

무속신앙은 개인의 욕구를 충족시키는데 초점을 두기 때문에 공중도덕과 윤리, 사회 윤리를 고려치 않습니다. 사람들은 비도덕적이고 무식한 무당의 횡포에 시달려야 합니다. 얼마전 충무공 이순신 장군의 묘에 칼과 쇠말뚝을 박았던 사람이 무속인으로 밝혀졌습니다.

부산의 백철학관 주인인 양순자씨는 꿈에 이 충무공이 나타난 뒤로부터 머리가 아파 충무공과 후손들의 정기를 끊으면 나을 것이라는 생각으로 칼과 말뚝을 박았던 것입니다. 겉보기에는 정신질환적 무속인의 우발적 범행으로 보이지만 결과적으로는 남의 조상묘를 해코지 하는 비윤리적인 미신입니다.

둘째로 이기적인 종교이기 때문에 망합니다.

기독교는 하나님의 영광과 모든 사람들에게 유익을 주라는 이타적인 생활을 가르치고 있습니다. 그러나 무속신앙은 자기 유익을 위해서는 어떤 행위도 정당화하고, 주술의 힘으로 상대방을 저주합니다. 심지어는 사람을 죽이기 위해 굿을 하기도 하고 지정된 사람의 저주를 위해 주술을 외우기도 합니다.

셋째로 사회 발전을 가로막기 때문에 망합니다.

어떤 불행한 일이 생기면 원인을 자신에게서 찾고 개선하고 노력하고 발전시키려고 하지 않습니다.

모든 것을 운명에 돌리고 부적이나 집 방향을 고치거나 굿을 함으로 재난에서 면하려는 소극적이고 운명적인 사회를 만들고 있습니다. 지나치게 보수적이고 폐쇄적입니다. "오늘의 운세"에 나타난 금기 사항 때문에 그 날 꼭 해야 할 활동도 중단하는 것이 무속이기 때문에 국가적으로나 사회적, 그리고 개인적으로도 발전이 없습니다.

합리적이고 이성적인 판단은 사라지고 오직 점과 운세에 맞춰 살아가는 현상을 만들어 냅니다.

넷째로 비과학적이기 때문에 망합니다.

과학기술을 저해하고 원시사회로 환원하게 됩니다. 악령의 힘에 인간을 묶어 비과학적인 치사를 자행합니다. 의술, 과학을 부정하고 주술자를 최고로 인정합니다. 몸이 아픈 사람에게 병원에 갈 것을 권하는 것이 아니라 굿을 하게 하면서 미신에 의존하게 합니다.

이런 부분에서 사이비도 마찬가지입니다. 사이비는 과학을 부정합니다. 몸이 아프면 병원에 가서 치료받아야 하는데 안수기도 받으라고 합니다. 빨리 치료하면 얼마든지 완쾌될 수 있는 병을 비과학적이고 비상식적인 방법으로 해결하려고 합니다.

얼마전 제가 아는 자매의 남편이 암으로 세상을 떠났습니다. 병원 측에서 치료할 수 있다고 했지만 시어머니의 맹신적이고 무분별한 신앙으로 인해 모 기도원에서 세상을 떠나고 말았습니다. 자매는 죽기 전에 단 한 번이라도 의사의 진료를 받자고 사정했지만 시어머니의 맹신은 아들을 죽음에 이르게 했습니다. 그 후 그 자매는 교회의 신앙을 버릴 수밖에 없다고 고백했습니다. 이렇게 수많은 크리스천들이 맹신적이고 무분별한 신앙생활에 빠져있는 실정입니다.

다섯째로 무속인이 공포와 불안의 대상이기 때문에 망합니다.

무속신앙의 신관에 의하면 모든 무속인이 죽으면 그 영은 다 신이나 악귀가 될 수 있다고 합니다. 원통하게 죽은 무속인의 신령이 제일 무섭다고 합니다. 그 혼령이 언제 나를 해칠지 모른다고 생각합니다. 따라서 영에 대한 두려움을 가지게 합니다.

여섯번째로 요행수를 바라는 불로 소득자가 되게 하기 때문에 망합니다.

무당의 말대로 하면 뾰족한 수가 나는 줄로 알고 그를 의지합니다. 그리고 최선의 노력을 하지 않습니다. 운명주의에 빠지고 무당을 불러 귀신들을 섬기는 것으로 만사를 해결하려고 합니다.

일곱번째로 악령에 사로잡히기 때문에 망합니다.

귀신을 가까이 하면 귀신의 지배를 받습니다. 귀신의 노예가 됩니다. 왜 무당의 자녀들 가운데 정신병자가 많습니까? 귀신들이 지배하기 때문입니다. 더러운 영의 지배를 받게 되면 그 영혼은 신음하게 되다가 결국에는 죽게 됩니다.

무속의 현상들

그럼에도 다수의 국민들이 무속 신드롬에 빠져 허상을 꿈꾸고 있습니다. 무속 신앙이 사회 전반과 삶의 현장을 구석구석 파고들고 있어 합리적이고 과학적인 지성으로 미래를 열어 가야 할 국민들에게 운명과 요행이란 반사회적인 문화를 창출하고 있습니다. 지성인들의 모여 있다는 각 대학의 축제에서도 고사와 굿판이 벌어지고 캠퍼스 곳곳에 즐비하게 늘어선 점집에선 사주, 궁합, 진로 등을 점치기 위해 북새통을 이루고 있습니다.

특히 모 신문사가 발행하는 시사 주간지 최신호에는 6인의 역학자를 동원, 새해 국운을 점치는 등 무속이 국가 경영에까지 참여하고 있는 인상을 지울 수 없습니다.

서점가에 무속에 관한 책들이 천 여종이 발행되어 전국 서점에 깔려 있습니다. 그 중에는 베스트셀러가 된 책도 있습니다. 지성인까지 여기에 매혹 당하고 있는 실정입니다.

백화점마다 경쟁적으로 개설한 문화 센터란 이름의 교양 강좌 항목 중 역학, 관상, 수상, 풍수지리, 기공 등의 강좌가 대 인기를 끌고 있으며 주요한 강좌로 부상했습니다. 3개월 단위로 실시되는 이들 강좌의 수강료는 매 분기당 7만여원, 대개 20명에서 70명이 수강합니다. 수강료만으로도 짭짤한 재미를 보고 있는 것입니다. 서울의 롯데, 미도파, 현대, 그랜드 등 주요백화점이 무속 강좌를 실시합니다.

젊은이들의 우상이 되고 있는 인터넷과 PC통신에도 무속에 관한 1000여종 이상의 정보가 저장되어 있습니다. 검색한 수를 조회해 보면 세번째로 많이 이용되는 자료임을 알 수 있습니다.

데이콤 천리안에도 사주팔자, 운세 풀이, 그림 운세, 무신 점성술, 적중, 꿈 예언등이 있고, 나우누리에는 운세 정보, 사주 박사가 있고, 유니텔에는 은하 점성술, 사주 도사가 서비스되고 있습니다. 이용 건수가 한 달에 평균 700에서 1000회에 이를 정도입니다. 안방에 앉아서도 각종 점술을 즐기고 있다는 얘기입니다. 개혁과 창조에 힘을 기울여야 할 젊은이들이 운명의 쇠사슬에 노예화되고 있습니다.

무당중에서 김일성 사망, YS의 당선 등을 예언으로 세인들로부터 화제가 된 서울 이태원2동의 일명 도깨비집 주변에는 매일 벤츠나

BMW 등 외제 승용차와 고급 승용차들이 즐비합니다. 도깨비집 지하
에 들어서면 국내 재벌 총수들의 이름이 새겨진 50여개의 직경20cm
높이 50cm가 되는 대형초가 지하실 어둠을 촘촘히 밝히고 있습니다.
대형 초를 하나 하나씩 살펴보면 대북 관계와 외교, 그리고 정보를 다
루는 관계자들과 지난번 삼풍백화점 붕괴로 자녀를 잃은 부모의 이름
도 눈에 띕니다.

대형초 한 개를 밝히는데 필요한 복채는 5백만 원에서 1천만 원까
지 있으며 상담 예약은 3,4개월 밀린 상태입니다. 운수 대통한다는 재
수굿, 죽은 영혼을 달랜다는 진혼굿 등은 복채만도 1억여원에 달합니
다. 재수굿은 보통 500만에서 1천만원에 이릅니다. 굿 한번 해주고 최
하 5백만원에서 최고 1억원까지 받는 셈입니다.

텔레비전 방송 프로에 소개돼 꽤 이름이 알려진 신촌 산도령의 대
기실에는 10대에서 20대로 보이는 20여명의 신세대들이 야한 옷차림
을 하고 순번을 기다리고 있었습니다.

밝고 환한 실내, 푹신한 소파, 과일과 차를 가져다 주며 지루하지
않도록 패션 잡지를 권하는 세련된 여직원, 이곳의 분위기는 음침하고
섬뜩한 기존의 점집 인상을 찾아볼 수 없습니다.

신세대들이 주 단골인 관계로 이들의 취향에 맞게 인테리어를 변화
시킨 것입니다. 압구정동과 홍대거리에는 '천기누설', '도사' 라는 역
학 카페까지 등장했습니다. '천기누설' 카페는 인기를 얻으며 전국적
으로 확산되고 있습니다. '천기누설' 카페에 가서 손님들은 점도 보고
커피도 마십니다.이러한 가운데 민중을 계도해야 할 신문사는 더욱
가관입니다.

1998년 9월 한달 동안의 중앙지의 무속 광고 내지 기사 게재 일수

를 살펴보면 경향신문 25일(매일), 중앙일보(21일), 한국일보(21일), 한겨레신문(17일), 동아일보(4일), 일간스포츠(19일) 등입니다. 기타 주간 잡지는 나오지 않는 날이 없고 월간지 역시 반드시 족집게 무당을 소개하고 있습니다. 교차로, 벼룩시장, 가로수 등 정보신문에서 소개하는 점집과 무당집은 날로날로 증가하고 있습니다. 방송 역시 예외는 아닙니다. 문화재란 명목으로 무속인을 TV 손님으로 등장시키는가 하면 전국 무당과 박수들을 대거 등장시켜 미신을 정당화하려 하고 있습니다. 뿐만 아니라 환생, 전생에 관한 드라마를 통해 특정 종교의 교리를 상식화하려 하고 있습니다.

청주, 전주시민보다 많은 무속인

전국에 점술 혹은 역술등 무속인들의 연합체는 승공경신 연합회와 한국 역술인 협회, 그리고 대한맹인 역리학회등 3곳입니다. 그 중 승공경신연합회 소속회원은 지난 1996년 20만 명에서 1998년 12월 현재 30만 여명이며 비회원까지 계산한다면 35만 명에 이른다고 관계자는 밝혔습니다.

전국에 무려 1백 97곳의 지회를 두고 있습니다. 한국역술인협회 회원은 현재 4만 여명, 지난해 보다 5천여 명이 늘어난 수치인데 한국역술인협회는 승공경신연합회와는 달리 비회원이 훨씬 많습니다. 역술에 나름대로 자신 있는 사람들은 협회와 관계없이 독자적으로 영업을 하는 등 활동하는 경우가 많기 때문입니다.

따라서 비회원까지 합하면 8만 여명에 달한다는 것이 이곳 관계자의 설명입니다. 대한맹인역리학회의 회원은 6천여 명에 달합니다. 따라서 이들 연합회에 가입한 회원과 비회원만도 44만 여명에 이르고 있습니다. 여기에 무당체계의 속성상 한 무당에 3-4명의 시중을 드는 '시중 무당'이 있음을 감안하면 전국의 무속인은 80만 여명에 이를 것이라고 연합회 관계자들은 보고 있습니다.

이는 한국교회의 목회자 10만여명의 8배, 그리고 다방과 담배가게 보다 3배나 많은 수치입니다. 특히 무당들 밑에서 학습을 하는 '예비 무당'까지 합하면 이 나라의 무속인은 상상을 초월한다는 것이 일반적인 관측입니다. 이는 청주시나 전주시의 인구를 초월하는 수치입니다.

무속인이 이렇게 많다는 것은 무엇을 뜻합니까?
이들을 찾는 사람들이 그만큼 많다는 증거입니다. 무속인 한사람에 한달 평균 4-5명에 이른다는 이들 연합회 측의 주장에 근거하면 월 평균 3백40에서 4백만 명이 무속인을 찾아간다고 하는 것입니다. 일년 동안 무려 국민 전체 인구의 절반 이상이 무속인을 찾는다는 추론이 무리가 아닙니다.
인기에 편승하여 역술을 전문적으로 가르치는 학원이 수없이 설립되고 으슥한 골목들에는 역술원, 철학관, 운명감정소 등이 날로 술집처럼 늘어가고 있습니다 무속대학원의 설립, 무속학과 설치 등 그들은 법석을 떨고 있습니다.

명당 바람도 도무지 그치지 않습니다.
풍수지리를 믿느냐의 질문에 서울. 경기지역에 거주하는 1천 1백명을 대상으로 실시 조사한 바에 의하면 5.9%가 전적으로 믿는다, 65.7%가 믿는 편이라고 말하고 있고 나머지 28.4%만 믿지 않는다고 답변했습니다. 70% 정도가 믿는 편입니다.
굵직한 인물들은 땅기운을 받고 나온다는 생각에서 조상의 묘를 잘

써야 된다는 풍수적 정서에 사로잡혀 있습니다. 대권을 노리는 큰 인물들은 반드시 명당 찾기를 추구합니다. 그외 부적의 어리석음은 헤아릴 수 없습니다. 남자의 50%이상이 부적을 소지하고 있으며 그 값도 몇 천원에서 몇 백만원까지 합니다. 한 달에 한 번씩 바꿔서 소지하는 사람도 많습니다. 출처도 점성가, 성명철학가, 무당, 절 서적상에서 구하고 있습니다. 여기 드는 돈이 일 년에 수 조원은 될 것입니다.

무속이 난무한 원인

이 나라가 이처럼 무속으로 들끓고 있는 이유가 무엇입니까?

'일종의 정신적 분열과 불안요소' 등에서 기인한 것이라고 사회학자와 종교 학자들은 지적합니다.

연세대의 김재용교수는 "세기말적 불안과 물질적 풍요속의 정신적 빈곤, 그리고 가치관 상실 등이 무속으로 눈을 돌리게 하는 근본 요인"이라고 전제하면서 "상당부분 정치적 혼란이 예측할 수 없는 방향으로 진행된다는 점이 무속을 부추기는 요인"이라고 지적했습니다.

이훈구목사(양문교회)는 "우리 것을 찾아야 한다는 명분 아래 미신적 요소가 짙은 무속문화를 전통문화로 혼동, 여과없이 계승 전승시키려는 당국의 정책이 많은 사람을 무속으로 끌어들인 원인"이라고 지적하면서 "여기에 상업주의가 결합해 무속이 급속히 확산되었다"고 진단했습니다.

문제는 무속이 불안을 잠재우기는 커녕 오히려 부채질하고 있는데 있습니다. 실패하면 실패의 원인을 분석하고 대안을 수립하는 합리적인 판단보다, 운명론으로 실패를 합리화시키기 때문에 무속은 반과학적이요, 반역사적입니다. 게다가 요행을 바라는 심리를 자극하기 때문에 반사회적 문화를 창출하는 것이 전문가들의 지적입니다.

10여년 동안 무속 저지 운동을 전개해 온 이동휘목사(전주 안디옥교회)는 "무속은 운명론에 귀착하기 때문에 젊은이들을 무능하게 만들고 요행문화를 창출시켜 개인과 가정 그리고 국가의 발전을 저해함은 물론 파멸로 인도한다"라고 하면서 "무속을 적극적으로 저지하지 않으면 경제협력개발기구(OECD)에 가입한 이 나라가 세계 무대의 경쟁에서 결코 승리하지 못할 것이며 무속의 결론은 파멸이라는 사실을 교육해야 하며 더 이상 침묵을 깨고 무속 저지를 위한 캠페인을 지속적으로 벌여야 할 것"이라고 대안을 제시했습니다.

무속의 단을 헐고 찍어버리라

그러나 궁극적인 해결은 성경에 있습니다. 성경은 복잡하게 이야기하지 않습니다. 간단하고 명쾌하게 명령하고 있습니다.

레위기 19장 31절에는 "너희는 신접한 자와 박수를 믿지 말며 그들을 추종하여 스스로 더럽히지 말라 나는 너희 하나님 여호와니라"고 말씀하고 있습니다.

믿지 말라는 것입니다. 추종하지 말라는 것입니다. 그 행위는 결국 자기를 더럽히는 행위이기 때문입니다. 이에 대해서 분명한 심판이 있습니다.

레위기 20장 6절을 보면 "음란하듯 신접한 자와 박수를 추종하는 자에게는 내가 진노하여 그를 그 백성 중에서 끊으리니"라고 말씀하고 있습니다.

망하고 싶습니까? 전멸당하고 싶습니까? 그러면 무당과 무속인을 추종하면 됩니다. 반드시 망합니다. 신접한 자와 무당과 박수를 추종하는 행위는 가장 더럽고 음란한 행위입니다. 따라서 저주가 항상 뒤따르게 됩니다. 무당과 박수를 구약시대에서는 돌로 쳐죽였습니다.

레위기 20장 27절을 보면 "남자나 여자가 신접하거나 박수가 되거든 반드시 죽일지니 곧 돌로 그를 치라 그 피가 자기에게로 돌아가리라"고 말씀하셨습니다.

피값을 안 받는다는 것은 죽여도 책임이 없다는 말씀입니다. 공존은 없습니다. 불교 대표와 기독교 대표가 모여서 상의해선 안됩니다. 기독교 대표가 천도교 대표와 카톨릭대표와 협력하여 좋은 일을 한다고 합니다. 과연 좋은 일이 나오겠습니까? 불가능한 말입니다. 천도교를, 불교를, 무속을 용납해서는 안됩니다.

천도교 행사에 축사를 하기 위해 나아가는 것은 범죄입니다. 불교 지도자들과 공존을 꾀하면 안됩니다. 무속인들과 함께 국가를 위한 집회를 열어선 안됩니다. 그들과 똑같은 자리로 나아가서는 안됩니다. 그들을 인정하는 행위는 우상을 교회 안으로 끌어들이는 행위와 똑같습니다. 기드온이 하나님으로부터 받은 첫 번째 특명은 무엇입니까? 바알의 단을 허는 것이며 아세라상을 찍어 내리는 것이었습니다.
사사기 6장 25절을 보겠습니다.

"이날 밤에 여호와께서 기드온에게 이르시되 네 아비의 수소 곧 칠

년 된 둘째 수소를 취하고 네 아비에게 있는 바알의 단을 헐며 단 곁의
아세라 상을 찍고."입니다.

간단합니다. 그들을 인정하지 말아야 합니다. 그리고 그들의 신상
과 단을 헐어버려야 합니다. 왜 그렇습니까? 하나님은 천하 만국에서
유일하신 분이시기 때문입니다.

이사야서 37장 16절에서 히스기야왕은 "그룹 사이에 계신 이스라
엘 하나님 만군의 여호와여 주는 천하 만국의 유일하신 하나님이시라
주께서 천지를 조성하셨나이다"고 고백했습니다.

어찌 다른 종교와 함께 어깨를 나란히 할 수 있습니까? 절대로 안됩
니다.

오직 예수

우리는 크리스천 중에서 점이나 사주팔자, 운세, 꿈풀이에 의존하
고 있는 사람들에게 그 행위가 얼마나 잘못되었으며 하나님께서 미워
하시는 행위임을 강조하고 가르쳐야 할 것입니다.

망하는 지름길이 바로 무당과 박수를 추종하는 길임을 알려줘야 합
니다. 이 세상에서 가장 불쌍한 사람이 누구입니까? 무당을 따라가는
사람입니다. 박수를 추종하는 사람입니다. 점에 인생을 맡기는 사람입
니다. 이런 사람들에게 자유케 하시는 예수 그리스도를 소개해야 합니
다. 그러나 더 큰 문제는 크리스천이면서도 미신과 무속을 추종하는
사람들입니다.

결혼을 앞두고 궁합을 보는 사람들, 신년이 되면 교회에 다니면서

도 불안감으로 점집을 찾아가 점을 쳐달라고 하는 사람들, 사주팔자에 의존하여 살아가는 사람들, 부적을 몸이나 집에 붙이고 다니는 사람들에게 하나님만이 우리의 인생을 주관하시며 섭리하신다는 사실을 가르쳐야 합니다. 사탄은 그렇지 않습니다. 오히려 얽어매고 멸망시키려고 합니다.

지금까지 사탄을 추종하여 망하지 않은 사람이나 가정이 있습니까? 반드시 망하게 되어 있습니다. 반대로 지금까지 사탄의 노예가 되어 이리 저리로 끌려 다녀 망하기 직전에 있던 사람도 예수님을 영접한 후 사탄의 굴레를 벗고 풍성한 은혜를 누리며 살고 있습니다.

예수 그리스도를 소개하십시오. 예수님만이 길과 진리되시며 생명이 되신다는 사실을 알려야 합니다. 뿐만 아니라 우리를 자유케 한다는 사실을 기억시켜야 합니다. 요한복음 8장 32절을 보십시오.

"진리를 알지니 진리가 너희를 자유케 하리라"고 말씀하고 있지 않습니까? 진리의 말씀을 소개해야 합니다. 진리의 말씀을 통해 진정한 자유를 얻을 수 있도록 도와야 합니다.

함께 읽으면 좋은 책

『살아있는 신앙』 구로자끼고오기찌 지음/설우사 펴냄
『진정한 영적생활』 프란시스 쉐퍼 지음/생명의 말씀사 펴냄
『한국토착주의 신학』 형성사 연구 심일섭/국학자료원 펴냄

제사(祭祀)를 예배로 바꾸라

제사에 대한 성경의 입장은 단호합니다. 조상에게 제사를 드리는 행위를 용납하시 않습니다. 귀신을 섬기는 의식이기 때문입니다. 따라서 아무리 전통 문화적인 차원이라고 해도 조상숭배를 허용할 수 없습니다. 제사에는 기독교가 수용하지 못하는 요소들이 있기 때문입니다. 그 요소들은 성경의 정신과 정면으로 상충됩니다.

제사를 예배로 바꾸라

조상인가 귀신인가

한국인들이 미풍양속의 제일 항목으로 꼽는 것이 바로 제사(祭祀)입니다. 크리스천을 제외한 대부분의 사람들이 제사를 드립니다. 제사를 조상께 드리는 것이 최고의 예의라 하여 어려운 가운데에서도 제물을 준비하여 정성껏 제사를 드리고 있습니다. 이렇게 제사를 드리는 것은 제사라는 제례의식(祭禮儀式)이 조상을 섬기는 행사라고 생각하고 있기 때문입니다. 그러나 자세히 알고 보면 제사는 조상을 섬기는 의식이 아니라 귀신을 섬기는 의식입니다. 조상인줄 알고 제사를 드리지만 조상이 오는 것이 아니라 귀신이 오기 때문입니다.

그러므로 제사나 고사를 지내는 행위는 유일한 예배의 대상인 하나님을 배반하고 저버리는 행위일 뿐만 아니라 귀신들을 초청하여 주인을 삼는 의식임을 기억해야 합니다. 이런 행위는 참으로 위험하고 잘못된 행위입니다. 하나님의 백성이 귀신에게 절하고 숭배하는 행위를 하나님은 미워하십니다.

요즈음도 사람들이 새로 집을 짓거나 회사에서 개업식을 할 때, 자동차나 기계 등을 구입하고서도 고사라는 것을 지냅니다. 건설 회사의 기공식과 함께 하는 고사, 영화 촬영장에서 무사고를 비는 고사 등에는 돼지 머리, 시루떡, 술, 과실 등을 준비하여 그곳을 향해 절을 합니다. 만물의 영장인 인간이 돼지 머리같이 하찮은 음식들에게 절을 하며 복을 비는 셈입니다. 이렇게 치러지는 제사와 고사는 한국인의 의식 속에서 크게 자리잡고 있습니다.

제사는 용납될 수 있는가

기독교가 전래되기 전에는 유교의 절대적 힘으로 한국인의 정신세계가 조상 제사에 귀결되어 있었습니다.

조선시대에는 조상 제사를 지내지 않거나 제사를 모시지 못하는 사람은 행세를 못하게 했었습니다. 불과 얼마전만 해도 조상에게 제사를 지내지 않는 크리스천들을 조상을 섬기지 않는 못된 놈들이라 하여 예수만 믿으면 가문에서 쫓아내기까지 했습니다.

이렇듯 한국사람이라면 제사를 지내는 일에 대해서 둘째가라면 서러워 할 정도로 열심입니다. 심지어 크리스천들 중에서도 명절 때나, 돌아가신 분들의 기일(忌日)을 맞아 제사를 드리는 사람들이 있습니다. 제사문제는 교계 안에서도 관심과 동시에 논쟁의 대상입니다.

일부 진보주의자들은 "제사는 우상숭배가 아닌 조상에 대한 효심과 추모의 방식이다. 따라서 기독교인도 제사를 드릴 수 있다"고 주장합니다. 그러나 대부분의 보수주의자들은 "제사는 효의 연장선이 아닌 귀신을 섬기는 것이므로 십계명의 제1.2항을 위배하는 것이다. 따라서 제사는 용납될 수 없다"고 주장합니다. 반면 카톨릭은 제례의식을 공적으로 인정하고 있습니다. 이로 인해 제사의 부담을 느끼는 크리스 천들 가운데는 카톨릭으로 옮겨가는 사람들도 있습니다.

제사에 대한 성경의 입장은 단호합니다. 조상에게 제사를 드리는 행위를 용납하지 않습니다. 귀신을 섬기는 의식이기 때문입니다. 따라서 아무리 전통 문화적인 차원이라고 해도 조상숭배를 허용할 수 없습니다. 제사에는 기독교가 수용하지 못하는 요소들이 있기 때문입니다. 그 요소들은 성경의 정신과 정면으로 상충됩니다. 어떤 요소들이 성경의 입장과 상충됩니까?

첫째로 절을 하고, 지방을 쓰고, 향을 피우는 것입니다. 성경은 귀신에게 절을 하는 행위와 그에 따른 행동들을 금하고 있습니다.
마태복음 4장 10절에서 예수님은 사탄에게 경배를 받으실 분은 오직 하나님 한분이라고 말씀하셨습니다.

"이에 예수께서 말씀하시되 사단아 물러가라 기록되었으되 주 너의 하나님께 경배하고 다만 그를 섬기라 하였느니라."

둘째로 조상을 천신과 사람 사이의 중보로 생각하는 것입니다. 제사를 드리는 사람들의 믿음은 천신과 사람 사이를 돌아가신 조상들이 중보(中保)한다고 믿고 있습니다. 제사를 잘 드리면 조상이 천신에게 요청하여 복을 받게 한다는 것은 잘못된 믿음입니다. 또 우리의 소원을 빌면 조상이 천신에게 부탁하여 이루어 준다는 것도 잘못된 생각입니다. 우리와 하나님 사이에 중보자가 누구십니까? 오직 예수 그리스도이십니다.

디모데전서 2장 5절을 보면 "하나님은 한 분이시요 또 하나님과 사람 사이에 중보도 한 분이시니 곧 사람이신 그리스도 예수라"고 말씀하고 있습니다.

셋째로 죽은 조상의 혼령과 교통하는 것입니다.

죽은 조상들이 귀신이 되어 이승을 맴돌다가 꿈이나 굿을 통해 교통할 수 있다는 것은 잘못된 신앙입니다. 한 번 죽은 조상은 다시 이승으로 되돌아 올 수 없습니다.

오직 저승에서만 살게 됩니다. 그러나 사람들은 '원한을 가진 귀신', '총각귀신', '처녀귀신'에 대해 믿음을 가지고 있으며 굿이나 제사를 통해 원한을 풀어주려고 합니다. 이것 역시 잘못된 신앙임을 지적하시 않을 수 없습니다.

따라서 조상숭배는 성경의 입장과 상충된 동시에 잘못된 전통이라는 것을 알아야 합니다.

사도바울은 고린도전서 10장 20절에서 21절에서 "대저 이방인의 제사하는 것은 귀신에게 하는 것이요 하나님께 제사하는 것이 아니니 나는 너희가 귀신과 교제하는 자 되기를 원치 아니하노라. 너희가 주의 잔과 귀신의 잔을 겸하여 마시지 못하고 주의 상과 귀신의 상에 겸하여 참예치 못하리라"고 단정했습니다.

따라서 제사에 대한 기독교의 입장은 분명하다는 것을 알아야 합니다. 물론 지금도 기독교 안에서도 제사에 대한 의견이 분분합니다.

연세대 유동식교수는 '토착화 신학'을 통해 제사와 전통종교를 인정했습니다. 그러나 성경은 하나님 외에 다른 신에게 경배하고 제사하는 것을 분명히 금지하고 있습니다.

영적 전쟁으로서의 제사

서구화와 함께 유교가 쇠퇴하고 사람들이 교회로 몰리기 시작하면서 제사나 고사의 문제는 가정의 문제가 되었습니다. 이제는 사회문제까지로 확산되고 있는 실정입니다.

그래서 제사에 참석은 하되 절은 하지 않거나 제사상에 올려졌던 음식물을 먹지 않는 기독교 신앙을 가진 사람은 처절한 마음의 싸움을 하게 되었습니다. 이로 인해 비기독교인인 가족들이나 친지들, 그리고 직장 동료로부터 손가락질을 받는 경우가 빈번하게 생겨나게 되었습니다.

그러나 어떠한 상황 속에서도 크리스천은 분명한 결단과 소신을 가지고 담대하게 하나님을 선택해야 합니다.

여호수아는 이스라엘 백성들을 세겜땅에 모이게 하고 하나님이 이스라엘에게 하신 위대한 업적들을 소개하면서 신앙적 결단을 촉구합니다.여호수아 24장 14절에서 15절을 보겠습니다.

"그러므로 이제는 여호와를 경외하며 성실과 진정으로 그를 섬길 것이라 너희의 열조가 강 저편과 애굽에서 섬기던 신들을 제하여 버리고 여호와만 섬기라. 만일 여호와를 섬기는 것이 너희에게 좋지 않게 보이거든 너희 열조가 강 저편에서 섬기던 신이든지 혹 너희의 거하는 땅 아모리 사람의 신이든지 너희 섬길 자를 오늘날 택하라 오직 나와 내 집은 여호와를 섬기겠노라"고 선언합니다.

여호수아와 같이 하나님만을 섬기는 것이 크리스천의 유일한 본분임을 기억하시기 바랍니다. 지금 기독교는 우리 생활의 한 중심부를 차지하고 미풍양속으로 아주 가깝게 접근이 되어서 그다지 큰 문제는 아니지만, 명절 때나 제사 때는 여전히 심각한 갈등을 겪게 됩니다.

한국인의 제사문제는 정신세계와 영적전쟁에 있어 심각한 고민거리입니다. 그러나 과감한 선택을 통해 하나님 외에 다른 신(神)을 섬기는 중대한 실수를 범하는 일이 있어서는 안될 것입니다.

뿐만 아니라 우리 크리스천들은 제사를 무조건 배격할 것이 아니라 제사를 이해한 후 제사의 유래와 내용을 불신자들에게 알려주고 잘못된 것을 지적해 줄 수 있는 지혜가 있어야 합니다. 그리고 우리가 믿고 있는 기독교의 진리를 그들에게 소개해야 할 것입니다.

지금 제사는 우리민족의 제사가 아니다

뿐만 아니라 불신자들이 금과옥조(金科玉條)처럼 붙들고 매달리는 한국의 제사는 분명 한민족의 정통 제사의식이 아니라는 것을 알아야 합니다.

오늘날 행하고 있는 제사 의식은 조선조 때 불명예스런 반란을 일으킨 이성계의 사대주의 속성에 의해 생겨난 것입니다. 중국의 유교와 주자가례(朱子家禮)를 정치의 근본으로 삼은 이성계는 우리 한민족의 정통 제사법을 말살시킨 후, 중국의 유교와 주자가례에 근거한 법도를 주장한 것입니다. 동방예의지국이라고 불렸던 우리가 조선시대 때 강제로 실시하게 된 중국의 제사법을 마치 우리것인 양 붙들고 있는 것은 크게 잘못된 것입니다.

우리가 행하는 제사법을 보면, 제삿날 여자들은 참석하지 못하게 하고 남자들만 치르고 있습니다. 제삿날 여자들이 참석하면 부정을 탄다는 것입니다. 지금은 가정에 따라 여자들도 제사에 참석하여 절을 하거나 뒷자리에 서서 동참을 하는 경우가 있습니다. 그러나 보수적이고 전통적인 가정에서는 여전히 여자들의 참석을 금기시하고 있습니다. 왜 이런 제사법이 등장했습니까?

이것은 이성계의 조선조 때부터 시작된 악법에 유래된 것입니다.

이성계는 고려의 귀족 출신 여인을 아내로 맞았습니다. 이성계는 쿠데타로 정권을 잡은 뒤 자신을 멸시하는 아내와 그 집안에 대한 복수책으로 주자가례를 도입, 유교의 군사부 일체(君師父 一體)사상을 주입시켰습니다.

임금으로서, 가장으로서 자신의 위상을 확고히 하는 동시에 여성의 지위를 격하시키기 위해 제정한 것입니다. 여자도 자식입니다. 여자는 죽도록 음식만 장만하고 제사 지내는 장소에는 갈 수 없다는 것은 뭔가 앞뒤가 맞지 않습니다. 여자가 참석하면 조상이 못 온다는 이 제사법은 외척을 누르기 위한 일종의 모략이었습니다. 자신의 통치 수단으로 이성계가 선택한 치졸한 방법입니다.

따라서 우리 나라에서 진행되고 있는 제사법은 정통 제사법이 아니라는 사실을 기억해야 합니다. 전통이라고 하지만 그것은 우리 민족의 전통이 아니라는 사실입니다. 현재 진행되고 있는 제사는 편협하고 치졸한 사람을 통해 와전된 중국의 가례입니다.

유교가 들어오기 전의 제사는 간소했습니다. 주자 가례에 의한 제사법은 상다리가 휘어질 정도로 차리는 것이었지만 한 민족의 제사는 간단했습니다.

즉 우리 민족의 제사는 정갈스럽고 깨끗한 마음과 물 한 그릇이었던 것입니다. 상다리가 휘어질 정도로 무리하게 차리는 것이 아니었습니다. 그래서 오늘날까지 물 한 그릇이라도 정성만 지극하면 된다고 하는 소리가 있는 것입니다.

고사는 귀신을 초청하는 의식

고사(告祀)에 대해서도 알아야 할 필요가 있습니다.

고사는 집안이나 사업이 잘 되기를 바라며 지내는 제사입니다. 고사를 아주 잘 지키는 사람들의 직업을 보면 대개 유흥업을 하는 사람들입니다. 요정이나 식당을 하는 사람들인데, 요정에서는 음식과 장구 소리나, 북소리, 타악기 소리 같은 것들과 사람들의 신명하는 노래 소리가 있습니다. 세상을 떠도는 영들이 좋아하는 곳이 바로 소리와 음식이 있는 장소입니다. 세상을 떠도는 영들이 이런 소리와 음식물을 보고서 모여듭니다.

이런 잡귀들은 계속적으로 이런 사람속에 머물러 있기를 좋아합니다. 고사나 제사는 귀신을 주인으로 섬긴다는 의식입니다. 따라서 귀신들은 그때부터 이런 사람들의 몸을 집으로 삼고 살아가면서 사람에게 여러 가지 나쁜 짓을 합니다. 원인 불명의 병이나 정신적인 질병과 사고 등을 일으킵니다.

누가복음 11장 24절부터 26절을 보면 "더러운 귀신이 사람에게서 나갔을 때에 물 없는 곳으로 다니며 쉬기를 구하되 얻지 못하고 이에 가로되 내가 나온 내 집으로 돌아가리라 하고 와 보니 그 집이 소제되고 수리되었거늘 이에 가서 저보다 더 악한 귀신 일곱을 데리고 들어가서 거하니 그 사람의 나중 형편이 전보다 더 심하게 되느니라"는 말씀이 있습니다.

귀신이 나가서 쉴 곳을 찾지 못하자 자기가 있던 집으로 돌아 왔습니다. 그런데 와 보니 청소가 되고 수리가 되어 들어가기가 힘들어졌습니다. 그래서 그 귀신은 다른 귀신 일곱을 데리고 들어갔습니다. 이로 인해 어떤 현상이 생겼습니까? 그 사람의 상태가 전보다 더 심해졌습니다. 이럴 때 사람들이 취하는 행동이 무엇입니까? 무당을 찾는 것입니다. 그리고 귀신을 위해서 고사나 푸닥거리를 하게 합니다. 그러나 고사나 푸닥거리는 상황을 더 악화시킵니다.

그에 대한 단적인 증거는 굿을 접한 사람은 악귀가 접하게 되고 무당이 되거나 반 무당이 되는 경우가 많다는 것입니다.

술장사를 오래 한 사람들의 대다수가 무당 냄새가 나는 것은 이런 푸닥거리나 고사 등을 자주 했기 때문입니다. 따라서 귀신을 불러들이는 제사나 고사는 절대적으로 금해야 하는 것입니다.

우상의 제물과 지혜

제물(祭物)에 대해서도 크리스천은 지혜를 가지고 있어야 합니다.

사도행전 15장 29절에서 예루살렘교회는 이방교회에게 "우상의 제물과 피와 목매어 죽인 것과 음행을 멀리 할지니라"고 했습니다.

우상의 제물을 삼가라고 한 것입니다. 가능한 우상의 제물은 먹지 않는 것이 좋습니다. 우상의 제물 자체가 죄가 되는것은 아니지만 우상의 제물로 인정하고 먹을 때 죄가 되기 때문입니다. 알고도 먹는다는 것은 우상이 살아있다고 인정하는 셈이기 때문입니다.

그러나 우상의 제물로 인정하지 않고 음식으로만 여기고 먹으면 아무 것도 아닙니다. 음식자체가 사람을 범죄케 하는 것은 아니기 때문입니다.

얼마든지 먹어도 괜찮습니다. 옆집에서 제사를 지내고 음식을 가져왔을 때 맛있게 먹어주십시오. 그런데 만약 먹는 도중에 이 음식이 제사를 드린 음식이라고 하면 그 때는 그 사람을 위하여 먹는 것을 중단하십시오. 그 음식을 통하여 그 사람을 실족하게 하는 것이 죄가 되기 때문입니다.

그러나 음식 자체가 죄가 되는 것은 아님을 기억하십시오. 따라서 권장할 일은 아니지만 그리스도안에서 자유함을 누리고 있는 사람은 우상의 제물을 음식으로 먹을 수 있습니다.

고린도전서 8장 8절을 보면 "식물은 우리를 하나님 앞에 세우지 못하나니 우리가 먹지 아니하여도 부족함이 없고 먹어도 풍족함이 없으리라"고 말씀하고 있습니다.

그러나 조심할 것은 약한 자들에게 거침이 되지 않도록 해야 한다는 것입니다. 우리의 자유함이 초신자들이나 약한자들에게 거치는 것이 되어서는 안됩니다. 그로 인해 초신자들이나 약한자들의 양심을 상하게 한다면 우리는 예수 그리스도께 죄를 범하는 것이라고 사도바울은 교훈하고 있습니다. 따라서 우상의 제물로 인해 약한자들을 실족케 할 소지가 있을 때에는 즉시 먹는 것을 중단하시기 바랍니다.

제사인가 기념인가

제사에 대한 크리스천의 자세는 명확해야 합니다.

인간이 육신을 가지고 있다가 죽으면 육신은 땅에 묻히거나 화장이 됩니다. 그리고 육신에 깃들여 있던 영혼은 영혼을 창조하신 분에게로 돌아가게 됩니다. 영육의 주인이신 하나님에게로 돌아가는 것입니다.

우리는 부모님이 살아 계신 동안 성경이 교훈하는대로 지극한 효도로 섬기고 마음을 기쁘게 해야 합니다. 부모님은 하나님의 선택으로 우리를 이 세상에 출생시킨 분입니다.

부모는 하나님의 사명을 받고 자식을 출산하고 키우고 교육시키는 하나님의 청지기입니다. 따라서 살아계신 동안에는 효도하고, 돌아가신 후에는 감사하는 마음으로 그 뜻을 받들어 올바르게 살면 되는 것입니다.

기일이 되면 가족들이 함께 모여 기념예배를 드리면서 돌아가신 분들의 교훈과 가르침을 받들고 그 사랑을 기억해야 합니다.

굳이 우리 나라의 예의 법도도 아닌 공자와 주자의 제사 법도대로 행하는 것이 조상을 잘 섬기는 것이라 생각하면 큰 잘못이 되는 것입니다.

현재 기독교에서는 추도예배로 제사를 대신하고 있습니다. 그러나 추도예배에 대해서도 명확한 이해가 있어야 합니다.

엄밀한 의미에서 크리스천들이 드리는 추도(追悼)예배는 추모(追慕)예배로 바뀌어야 합니다. 또 추모예배는 기념(記念)예배로 바뀌어야 합니다. 추도란 죽은 사람을 추상하여 슬퍼하는 것이고, 추모는 죽은 사람을 그리워하는 것입니다. 하늘나라의 소망이 없는 사람에게 죽음은 슬픔입니다. 그러나 영원한 소망을 가지고 있는 크리스천들에게는 죽음이 슬픔이 아니라 기쁨이 될 수 있어야 합니다.

따라서 추도는 성경의 입장과 일치하지 않습니다. 따라서 추도보다는 '죽은 사람을 그리워한다' 는 의미로 추모예배라고 하는 것이 옳습니다. 그러나 항상 그리워하는 것으로 그치는 것보다는 생전에 전수해주신 신앙과 교훈, 그리고 사랑에 대해 기억하면서 잊지 않는 기념예배가 더 바람직하고 성경적입니다.

부모님이 돌아가신 날을 기념하여 온 가족이 함께 모여 예배하고 목사님을 초청하여 말씀을 듣고 음식을 나누고 감사의 기도를 하는 것이 올바른 기념예배입니다.

이 때에도 음식을 준비할 수 있습니다. 그러나 음식을 준비하는 것은 가족들을 위한 것입니다. 절대로 돌아가신 분을 위한 음식이 아님을 기억해야 합니다.

가족들이 함께 모여 예배를 드리고 돌아가신 분의 사랑과 교훈을 기억하면서 음식을 나누는 것입니다. 그러나 더 바람직한 것은 부모님이 돌아가신 후에 기념일을 삼아 모여서 기념예배를 드리는 것이 아닙니다. 부모님께서 살아 계실 때 공경하고 마음의 기쁨을 누리도록 하는 것이 진정한 효도이며 보은이며 감사입니다.

성경은 부모가 살아 있을 때 효도하라고 가르치고 있습니다.

또한 죽은 조상을 귀신 취급을 하거나 배타적으로 대하라고 가르치지 않습니다. 왜냐하면 조상들이 죽으면 귀신이 되는 것이 아니기 때문입니다. 따라서 지방(紙榜)을 써 놓고 절을 하는 대신 돌아가신 분을 기념하며 은혜를 감사하는 예배로 드리는 것이 올바른 크리스천의 자세입니다.

제사에 참석하게 되었을 때

또 불신자 가정에서 홀로 예수를 믿는 성도들은 특별히 지혜있게 행동해야 합니다. 많은 분들이 묻기를 "어떻게 제사문제를 해결해야 합니까?", "불가피하게 제사에 참석하게 될 때 어떻게 처신해야 합니까?"라고 질문을 합니다. 먼저 성경말씀에 따라 순종하십시오. 그리고 기도하십시오. 하나님께 지혜와 은혜를 달라고 기도해야 할 것입니다. 사탄의 공격이나 유혹을 이길 힘을 달라고 기도합시다. 틀림없이 사탄

의 유혹과 접근이 있을 것입니다. 조상에게 절이나 숭배하는 행위를
하지 마십시오. 제사에 불가피하게 참석하게 되었을 때는 무조건 절을
거부하고 멀리할 것이 아니라 가족들과 친지들에게 오해받지 않도록
미리 양해를 구하십시오. 그리고 절을 하는 대신 묵념을 통해 기도를
하십시오.

불신자들은 크리스천들이 조상을 공경하지 않는다고 오해하고 있습
니다. 이 오해를 풀기 위해서는 조상에 대한 공경의 자세를 취하고 미
리 양해를 구하는 지혜를 가져야 할 것입니다. 뿐만 아니라 시간의 여
유가 있을 때 조상의 기념예배에 사용할 수 있는 찬송가와 기도문을
개발하여 크리스천들도 조상을 공경하고 있다는 사실에 대해 오해가
없도록 해야 할 것입니다.

유교식 제사의 예법을 보면 붉은 과실은 동쪽으로, 흰 과실은 서쪽
으로 놓으라는 홍동백서(紅東白西)라는 여러 가지 까다로운 의식이
있습니다.
그렇다고 절대로 죽은 조상이 제사상에 내려와 음식을 먹지 않습니
다. 죽은 사람이 귀신이 되는 것이 아닙니다. 사람이 죽으면 귀신이
되어 이 세상을 떠돌거나 이승을 맴돌지 않습니다. 죽으면 하나님이
예비하신 천국이나 지옥으로 가며 다시 이 세상으로 되돌아 올 수 없
습니다.

제사를 지낼 때 이 세상을 떠도는 엉뚱한 악령들과 귀신들만 모여
들 뿐입니다. 귀신들이 모여드는 것을 가지고 돌아가신 조상들이나 부
모가 오시는 것으로 이해하는데 이것은 잘못된 생각입니다. 귀신들만
잔뜩 몰려와서 즐기고 돌아갑니다. 따라서 제사를 드린다는것은 못된

귀신들을 정식으로 초청하는 아주 위험한 행위입니다.

교훈과 은혜를 기억하라

이제 우리는 주자 가례나 유교에 근거한 제사법을 과감히 버려야 합니다. 우리의 것도 아닌 것을 우리의 것이라 고집스레 부여잡고 있는 일은 어리석은 일입니다. 한국 민족들이 하늘과 조상에게 올리는 제사법은 오늘날 기독교 가정에서 행하는 의식과 똑같았던 것이 유교의 전례로 인해 변질되어 버린 것입니다.

따라서 의식 있는 한국인인 동시에 크리스천이라면 조선조 이전에 행했던 우리 제사법의 원조를 기억해야 합니다. 그리고 과감하게 기독교의 의식으로 전환하는 결단이 필요합니다.

기념예배를 통해 돌아가신 분을 기념하고 생전의 업적과 은혜를 기억해야 할 것입니다. 그리고 항상 감사하게 생각하며 교훈을 삼고 살아가는 것이면 좋을 것입니다.

함께 읽으면 좋은 책

『조상제사와 신앙과의 갈등』 신영균 지음/하늘기획 펴냄

『한국교회와 제사문제』 이종윤 지음/엠마오 펴냄

『장례추모 예배 이렇게 준비하라』 전형준 지음/아가페 펴냄

부적을 믿음으로 바꾸라

지난 87년 4월 23일 석가탄신일에 한국 불교의 최고의 지도자라고 하는 이성철 송정은 다음과 같은 법어를 발표했습니다. "사탄이여! 어서 오십시오. 나는 당신을 존경하며 예배합니다. 당신은 본래로 거룩한 부처입니다. 사탄이라는 이름은 당신의 또 다른 이름일 뿐 당신은 본래로 거룩한 부처이십니다." 그리고 이성철 종정은 93년 11월 4일에 입적(入寂) 하면서 다음과 같은 양심 선언을 남겼습니다. "일생 동안 남녀의 무리를 속여서 하늘을 넘치는 죄업(罪業)은 수미산을 지나친다. 산채로 무간 지옥(無間地獄)에 떨어져서 그 한이 만 갈래나 되는도다. 둥근 수레바퀴 붉음을 내 뱉어서 푸른 산에 걸렸도다"고 고백했습니다.

부적을 믿음으로 바꾸라

부적과 은행지점장

몇 년전 어느 은행의 지점장이 소양호에서 투신자살을 했습니다.

시체를 건져내고 보니 지갑 속에는 여러 장의 부적이 들어 있었습니다. 재수부적(財數符籍), 관재부적(管財符籍) 등 나쁜 악운(惡運)을 피하게 하는 부적들이 지갑속에 가득했습니다. 그럼에도 불구하고 그 사람은 최악의 죽음을 선택하게 되었고 비참하게 목숨을 끊었습니다. 대체 부적은 그 사람에게서 어떤 작용을 한 것일까요? 부적이란 무엇입니까? 부적(符籍)을 국어사전에서 찾아보면 "불교나 도교를 믿는 집에서 기도할 때 악한 귀신을 쫓고 재화(災禍)를 물리치기 위해 쓰는 야릇한 글자를 적은 종이"라고 기록하고 있습니다.

부적은 무속 종교의 대표적 행위입니다. 교주(敎主), 교전,(敎典)도 없으면서 거의 모든 우상 종교에 다 통해 있고, 마치 그것은 카페인과 같아서 사람들의 영혼을 휘어잡는 묘한 마력을 가지고 있습니다.

왜 사람들이 이렇게 부적에 매력을 느끼면서 부적을 소지할까요? 사람은 이 세상 모든 만물 중에서 위대한 존재이면서도 가장 무능한 존재이기 때문입니다. 사람의 지혜로 만든 비행기가 하늘을 날고, 사람들이 만든 우주선이 달나라를 갔다오고, 사람의 손끝에서 건조된 잠수함이 바다 속을 누비고 다니고 있습니다. 그러나 사람은 항상 위험한 상황과 병에 그대로 노출되어 있으며 교통사고 한 번으로, 생명을 쉽게 잃고마는 연약함을 가지고 있기 때문입니다.

의학이 발달하고 과학이 발달한 덕분에 사람들의 평균 수명이 길어지고 행복해 보이지만 병원에는 사람들이 인산인해를 이루고 치료되지 않는 병으로 수많은 사람들이 목숨을 잃고 있습니다.

지푸라기라도 잡는 심정으로

가정과 국가, 민족과 사회 속에서 하나님의 위대한 섭리를 받아 가면서 영혼과 육을 운전해 가고 있는 인간은 생로병사의 필연법칙에 지배되고 살아있는 동안 먹고, 입고 살아야 하기 때문에 의식주에 대한 온갖 노력과 투쟁을 거듭해야 합니다.

정신적으로는 희노애락이 교차되고 있습니다. 육체적으로는 우환, 공포, 불안, 번민 등 온갖 번뇌에 뒤얽히고 있습니다. 자연적으로는 봄, 여름, 가을, 겨울, 바람과 구름, 추위와 더위, 물과 불의 재앙을 반복합니다.

사회적으로는 매일 같이 일어나는 권력 투쟁과 외우내환 등 이루 헤아릴 수 없는 핍박과 고통을 겪고 있습니다. 이러한 가운데 철학은 철학대로 학문의 권위에만 몰두하고 있습니다.

과학은 과학대로 첨단 경쟁에 여념이 없습니다. 종교는 종교대로 사람들에게 평안과 안식을 주는것이 아니라 형식적이고 강요적인 요구만 하고 있습니다. 이러한 가운데 현대인은 무엇을 의지하며 안식을 구할 수 있겠습니까?

절대적으로 의지할만한 것이 없는 상황 속에서 지푸라기라도 잡는 심정으로 부적에 의존하려고 합니다. 이렇다 보니 첨단과학의 시대에 점쟁이가 판을 치게 됩니다. 천문 의학이 고도로 발달된 현대에 무당 박수가 의사노릇을 대신하고 있습니다. 의지할 것이 없다고 느끼는 현대인들은 어떤 문제에 대해 근본 처방보다는 눈에 보이는 부적을 의지한 삶을 살아가거나 사주 팔자나 점집을 통해 불안한 앞날을 점쳐 보려고 합니다.

그러나 무당이나 박수(拍手)가 무엇을 알며 점쟁이의 점(占)이 어떻게 족집게처럼 맞아 떨어지겠습니까? 귀신에 의지한 점술이나 예언은 맞아떨어지는 것이 아니라 오히려 저주를 불러온다는 것을 알아야 합니다. 물론 귀신도 영이기 때문에 과거를 잘 알며 이를 통해 사람들을 현혹시키는 자극성을 가지고 있습니다. 그러나 미래는 하나님의 고유 권한이므로 귀신 아니라 귀신 할아버지도 알 수 없는 것을 기억해야 합니다.

사탄의 혼미(昏迷) 작전

3대 독자인 어떤 사람은 결혼 후에 아들을 얻기 위해 여러 방면으로 노력했으나 계속 딸만 낳자 점집을 찾아갔습니다. 그러자 점쟁이는 부적을 써 주면서 아들을 낳기 위해서는 부적을 항상 지참하고 부인과 동침하는 시간도 정해 주었습니다. 그래서 임신하게 되었는데 낳아 보니 아들이 아

니라 또 딸이었습니다. 이렇게 해서 낳은 딸만 넷이었습니다. 이 정도가
되면 부적이나 점이 부질없는 것임을 깨달을 만도 한데 포기하지 않고 여
전히 무당과 점쟁이를 찾아다니며 아들을 낳기 위해 백방으로 노력하고
있습니다. 점쟁이가 뱃속에 있는 아이를 딸이라고 하여 낙태시키라는 말
에 그대로 따른것만 해도 네 번이나 됩니다.

이처럼 무당이나 점쟁이, 박수 등은 반이성적이며 비윤리적인 예언을
통해 많은 사람들과 가정들을 파멸시키고 있습니다. 결국 사람의 눈을 멀
게 하여 어떤 것이 옳은 일인지를 분별하지 못하도록 만들고 있는 것입니
다. 혼미케하는 것이 바로 사탄의 전략입니다.

고린도후서 4장 4절을 보면 "그 중에 이 세상 신이 믿지 아니하는 자들
의 마음을 혼미케 하여 그리스도의 영광의 복음의 광채가 비춰지 못하게
함이니"라고 말씀하고 있습니다.

사탄의 전략이 바로 혼미작전입니다. 사탄은 이렇게 사람들을 혼미하
게 하여 판단력을 상실 시켜서 국가마저 파멸시키려 합니다. 그래서 하나
님께서는 무당과 박수나 점쟁이를 용납하지 않으십니다. 신명기 18장 10
절에서 11절을 보십시오.

"그 아들이나 딸을 불 가운데로 지나게 하는 자나 복술자나 길흉을 말
하는 자나 요술을 하는 자나 무당이나 진언자나 신접자나 박수나 초혼자
를 너의 중에 용납하지 말라"고 말씀하십니다.

부처와 사탄
부적에 대하여 출처를 조사해 본 결과 부적의 상당수가 절에서 생

산되고 있다는 사실을 발견하였습니다. 무신론인 불교에 그렇게 많은 신들이 숭배되고 있으며 바른 깨달음을 표방하는 불교에 무슨 액땜들이 그렇게도 많은지 도대체 이해할 수 없습니다. 사람이 가는 길에 바로 가는 길과 돌아가는 길이 있다고는 합니다. 그러나 물(物)이 과(過)하면 질(質)이 변한다는 말과 같이 진실을 위한 방편으로 일체를 포섭한 불교는 지금 방편을 진실로 잘못 알고 있습니다.

이는 마치 소경이 소경을 인도하여 망망한 대해(大海)에서 나침반도 없이 표류하고 있는 배와 같습니다. 그래서인지 지난 87년 4월 23일 석가탄신일에 한국 불교의 최고의 지도자라고 하는 이성철 종정은 다음과 같은 법어를 발표했습니다.

"사탄이여! 어서 오십시오. 나는 당신을 존경하며 예배합니다. 당신은 본래로 거룩한 부처입니다. 사탄이라는 이름은 당신의 또 다른 이름일 뿐 당신은 본래로 거룩한 부처이십니다."

그리고 이성철 종정은 1993년 11월 4일에 입적(入寂)하면서 다음과 같은 양심 선언을 남겼습니다.

"일생 동안 남녀의 무리를 속여서 하늘을 넘치는 죄업(罪業)은 수미산을 지나친다. 산채로 무간 지옥(無間地獄)에 떨어져서 그 한이 만 갈래나 되는도다. 둥근 수레바퀴 붉음을 내 뱉어서 푸른 산에 걸렸도다"고 고백했습니다.

이것이 바로 불교의 실체입니다. 부적에 대해 연구하다 보니 부적이 불교뿐 아니라 도교와 유교는 물론, 국가에서까지 권장한 시대가 있었음을 발견하게 되었습니다.

입시 때가 되면 점쟁이 집이 메어지고 부적 만드는 사람이 부자가 된다는 말은 어제 오늘의 이야기가 아닙니다.

1974년 2월 갓 초등 학교를 졸업한 학생들이 컴퓨터로 중학교 배정을 받을 때 컴퓨터 앞에 모여든 학생 수의 3분의 2가 부적을 갖고 있다는 사실을 발견한 모 신문사 기자는 "컴퓨터의 경쟁이 아니라 부적의 경쟁"이라고까지 말을 했습니다. 아닌게 아니라 세상은 교묘히 변해 가고 있습니다. 기계문명이 발달하면 발달할 수록, 인간의 지식이 전문화하면 전문화할 수록, 사람은 더욱 어리석어 지고 미신은 계속 발전하고 있습니다.

사람을 만물의 영장이라고 합니다. 그러나 사람처럼 연약한 동물도 없습니다. 인간의 힘은 한계가 있기 때문입니다. 건강했던 사람도 질병, 노쇠, 죽음에 부딪치고 또 예기치 못했던 자연적 재해와 인위적 사고로 언제 어디서 어떤 재난을 어떻게 당할지 모릅니다.

그러나 인간은 이 예고 없이 닥쳐오는 재난에 대하여 전혀 무력하므로 초자연적인 어떤 힘(신이나 부처)이나 복술(卜術)에 의지하여 그 재난을 피하여 보려고 노력합니다.

그래서 인간은 큰 일을 당할 때마다 스스로 유혹을 견디지 못하여 무정한 점괘 앞에 무릎을 꿇고 내일의 행운을 빕니다. 그리고 울긋불긋한 서툰 글씨의 부적을 마치 위대한 보물 인양 환상에 젖어 가슴에 안고서야 안심하고 잠을 잡니다.

실로 이 같은 현상은 허영과 투기가 팽배하고 불신과 혐오가 고질화된 위기 시대에 신념과 밝은 지혜가 결여된 인간에게 더욱 절실하게 요청되고 있습니다.

부적의 역사와 효험

그렇다면 사람들이 그처럼 믿고 의지하는 부적에는 어떤 효험이 있습니까? 부적의 역사와 효능을 살펴보고 이로 인한 폐해를 살펴보려고 합니다. 먼저 부적의 유래를 살펴보면 다음과 같습니다.

첫번째로 환인천제(桓因天帝)의 천부인(天符印)을 들 수 있습니다. 『삼국유사』 고조선 편에 옛날 환인의 서자 환웅이 천하에 뜻을 두고 인간 세상을 탐내어 구하자 아버지는 아들의 뜻을 알고 이에 천부인(天符印) 세 개를 주어 내려가 세상을 다스리게 했습니다. 이것이 우리 역사에 나타난 최초의 부적입니다.

세 개의 천부인이 무엇인지는 확실히 알 수 없으나 동북아시아의 유형에 따라 나타난 바로서 미루어 보면 거울, 칼, 방울이 아닌가 추정하고 있습니다. 물론 거울은 공명, 칼은 정의, 방울은 사랑을 상징합니다. 그 외에 처용의 부적, 신라 말의 큰 학자인 최치원의 5색 부적이 있고, 조정에서는 정월초, 입춘, 단오때 부적을 제작하여 위로는 공경대부로부터 아래로는 하급관리들에게까지 나눠주면서 국태민안을 빌었다고 합니다.

두번째로 사도세자의 천존부적을 들 수 있습니다.
사도세자는 이조 제 21대 영조대왕의 아들입니다. 어려서부터 건강이 좋지 못하여 항상 곤고를 겪었다고 합니다.
아버지인 영조대왕의 성품은 영명(英明)하고 어질고 효성스럽고 꼼꼼하고 민첩한데 반하여 아들인 사도세자의 성품은 말이 없고, 우울했다고 합니다. 뿐만 아니라 행동이 날쌔지 못하여 매사 아버지로부터 모진 꾸중을 들었습니다. 이로 인하여 날로 병이 길어지자 영부사 이천보와 박시민 등의 권유로 천존부적(天尊符籍)을 가지고 무당 푸닥거리 하는 옥추경(玉樞經)을 읽었는데 그 후로 옷을 입지 못하는 병이 겹쳐 완전히 미치광이가 되고 말았습니다. 하는 수 없이 영조대왕은 1762년 5월 13일 사도세자를 폐세자 하고 뒤주 속에 넣어 죽였습니다. 세자빈 혜경궁 홍씨는 영부사들을 원망하고 부적과 푸닥거리하는 옥추경을 마귀보다도 더 무섭게 대하였다고 한중록(閑中錄)은 전하고 있습니다.

이조 500년의 가장 비극의 왕비는 희빈 장씨와 민비일 것입니다. 사약을 받았거나 그렇지 않으면 칼로 시해를 당해 비극적인 종말을 고했던 이들의 하나같은 공통점이 무엇인지 아십니까?

무당 푸닥거리를 심하게 하고 부적을 몸의 구석구석에 지녔다는 공통점을 가지고 있습니다. 그런데 왜 비참한 죽음을 했을까요? 미신인 부적이 생명을 지켜 주지 못했지 때문입니다.

오직 하나님만 이 인간의 생명을 지켜 주신다는 것을 분명히 알아야 합니다.

부적이 있었는데…

그렇다면 현재의 부적 효력을 생각해 봅시다.

몇 년전 우리 사회에 큰 충격을 주었던 화재 사고가 생각이 납니다.

대구 서문 시장의 큰 화재 때의 일인데, 서문 시장의 피해 상인들의 상당수가 불교 신자로서 팔공산 갓 바위에 1개월에 1번은 꼭 정성을 드렸습니다. 뿐만 아니라 대부분의 상인들이 부적을 가지고 있었다는 사실입니다. 그러나 부적이 화재로 부터 재산과 생명을 지켜 주지는 못했습니다.

마산의 부림시장 화재 때 상당히 많은 불교 신자가 부적을 가지고 삼재(三災)의 액(厄)을 면하겠다고 돈과 노력과 정성을 들였으나 역시 아무런 효험(效驗)이 없었습니다. 또 부산의 자갈치 시장의 화재도 부적의 효력을 보지못한 예입니다.

광명시 광명시장의 대부분이 부적을 가지고 있었으나 효력을 나타 내지 못했습니다. 생선 장사하시는 사람들 중에 대부분이 절에 이름을 올려놓고 공을 드리며 부적을 사서 목걸이를 만들어 걸고 다닌 사람도 많이 있었다고 합니다. 그러나 그렇게 믿고 의지하던 부적이나 부처가 재난과 어려움 속에서 재산과 생명을 보호해 주지 못했습니다.

한 번 생각해 보십시오. 부적이 액땜을 하고 각종 사고를 예방하고 질병을 예방한다면 보험회사는 어떻게 되겠습니까? 자동차 보험 같은 것은 아예 부적으로 도배할 것이며, 의료보험은 부적을 인쇄해서 나눠 줄 것이며, 소방서와 소방관이 필요 없이 각종 건물에 부적으로 도배 를 할 것입니다.

제가 아는 어떤 분은 기아자동차 소하리 공장에서 새차를 출고 받아 시운전을 하려고 하는데 갑자기 동행했던 부인이 가방에서 여섯 장의 부적을 꺼냈다고 합니다. 그리고 차의 이곳저곳에 정성스럽게 붙였습니다. 심지어 트렁크 속에까지 부적을 정성으로 붙였다고 합니다.
그 내용을 물으니 부인이 대답하기를 '무사고를 위한 재수부적' 이라고 하면서 이 차를 운전하는 동안에 절대로 사고가 없을 것이라고 주장했습니다. 그런데 결과는 무사고가 아니었습니다. 자동차 공장에서 차를 운전해 나오던 그 분은 뒤에서 오는 트럭에 치여 새차가 크게 부서지는 사고를 겪었습니다.

이러한 예를 드는 이유는 부적을 맹신하여 부적만 있으면 삼재(三

災)의 액(厄)을 면할 수 있다고 생각하고 비싼 돈을 들여 부적을 만든 후 안전을 위한 예방에 전혀 힘을 기울이지 않았던 우매함이 안타깝기 때문입니다.

실제로 부적을 제공해 주는 사람들은 부적이야 말로 대단한 효력을 가지고 있으니 안심하라고 합니다. 과연 그렇습니까? 부적 한 장을 지참하고 있다고 해서 안전 조치를 취하거나 보험에 전혀 가입하지 않은 채 어려움을 자초하는 것은 귀신에 속아 눈이 멀었기 때문입니다.

귀신의 주 목적이 무엇입니까? 오직 죽이고 멸망시키려는 것 뿐입니다.

요한복음 10장 10절에서 예수님께서 말씀하시기를 "두적이 오는 것은 도적질하고 죽이고 멸망시키려는 것뿐이요 내가 온 것은 양으로 생명을 얻게 하고 더 풍성히 얻게 하려는 것이라"고 말씀하셨습니다.

부적의 가격은

부적의 가격은 얼마나 될까요? 몇몇 불교 서점에서 판매되고 있는 부적 1매는 불과 몇 백원에 지나지 않습니다. 무당이나 점쟁이들이 직접 제작하는 부적도 있지만 대부분의 부적은 충무로의 인쇄골목에서 대량으로 인쇄되는 것입니다.

그러나 점쟁이 또는 중의 손을 거쳐서 일반인의 손에 들어갈 때는 몇 백원에 불과한 부적이 몇 만원 또는 수천 만원으로 둔갑합니다. 그러한 부적이 무슨 효력이 있겠습니까? 결국 부적을 가지고 엄청난 이득을 남기려는 행위에 불과한 것입니다.

대부분 부적을 의지하고 집안에 명태를 매달아 놓은 집이 3대가 가기 전에 망해서 어려움을 겪는 모습을 많이 보았습니다.

전부 거짓이며 창조주 하나님을 대항하는 행위입니다. 따라서 부적을 의지하면 할수록 오히려 하나님의 저주를 받아 오히려 점점 더 재수가 없어지고 재산과 생명은 죽어 간다는 사실을 기억해야 합니다. 따라서 지금 이 순간에도 부적에 의지한 삶을 살아가는 사람들이 있다면 지금 당장 부적을 주머니나 지갑, 그리고 집안에 붙여 놓은 부적을 떼어버리고 불살라 버려야 합니다.

부적을 불살라라

부적은 액땜을 하는 것이 아니라 저주를 불러온다는 것을 알아야 합니다.

부적을 입구에 붙이고 집안 구석구석에 붙인 집에 가보면 미관상 좋지도 못하지만 이상한 냄새가 나는 것을 알 수 있습니다. 명태를 달아 놓은 집도 마찬가지입니다. 악령들과 귀신들이 득실득실하기 때문입니다. 귀신들과 악령은 영적인 생명이지만 귀신 특유의 악취를 가지고 있습니다.

이 악취는 사람들을 혼미케하여 판단력을 상실시키며, 무기력하게 만들어 버립니다. 신선함이나 건강함을 찾아 볼 수 없습니다. 따라서 부적을 가진 사람들은 의욕적이지 못하며 어려운 일을 당하면 쉽게 자포자기해 버리게 됩니다. 부적을 오래 가지고 있으면 있을수록 사람은 망가집니다.

결국 부적은 액땜을 하는 것이 아니라 사람을 서서히 말려 죽인다는 것을 알아야 합니다. 크리스천 가운데에서도 주위 사람들의 강요에 의해 부적을 소지하고 있는 사람들이 있습니다. 부적을 소지하고 있지 않으면 안 된다는 주위 사람들의 강요와 불안 속에 속옷에 몰래

부착해 놓은 부적들이 있을 수 있습니다. 지금 즉시 떼어버리고 불살라 버리십시오. 그때서야 악령과 귀신들의 간섭에서 벗어 날 수 있습니다.

　부적에 의지한 생애는 비참합니다. 빨리 부적과 명태를 떼어 버리고 하루속히 기독교로 돌아와야 합니다. 믿음을 가져야 합니다. 부적을 믿음으로 바꾸어야 합니다. 예수님만이 모든 문제를 해결할 수 있으며 예수안에 생명과 평안이 있습니다.
　뿐만 아니라 기독교는 죽음의 문제를 근본적으로 해결할 수 있는 영생의 종교라는 것을 기억하시기 바랍니다.

함께 읽으면 좋은 책

『새로운 탄생』 케네스 해긴 지음/믿음의 출판사 펴냄

『믿음의 사람들』 홍정길 지음/크리스천서적 펴냄

『나는 어떻게 크리스찬이 되었는가』 우찌무라간조 지음 /믿음의 글들(40) 펴냄

환생을 영생으로 바꾸라

증명되지 않을 거짓말이라고 제 것처럼 주장하는 것입니다. 실제로 최면 중 전생 퇴행이나 연령 퇴행을 통해 나오는 말들은 그럴 듯 하지만 사실이 아닌 거짓말이라는 것은 기독교의 축사(逐鬼)현장에서도 얼마든지 볼 수 있는 장면입니다. "네가 누구냐?"고 물으면 누구누구라고 대답합니다. 어떤 관계이냐고 물으면 "전 남편이다"라고 대답합니다. 어떻게 죽었냐고 물으면 "6.25때 파면 맞고 죽었다"라는 등 아주 실감나게 대답합니다. 그러나 이것은 전적인 거짓말입니다. 그 상황과 과거를 잘 아는 귀신들의 거짓말입니다. 이 귀신들의 말을 사실로 믿는 것은 참으로 어리석은 일입니다.

환생을 영생으로 바꾸라

"다시 돌아올 희망 없이 우리는 떠나야 하는가
언젠가 다시 만날 희망도 없이……
아니야 이것은 잠시의 이별일 뿐
형제들이여
우리는 다시 만나게 되리라."

"마주 잡은 우리의 손에 힘을 주자.
우리의 손 사랑의 끈으로 마지막 날에 도약하자.
아무렴 이것은 잠시 이별일 뿐
형제들이여
우리는 다시 만나게 되리라."

위의 노래는 환생을 추종하는 환생론자들이 그들의 집회에서 손에 손을 잡고 부르는 '작별의 노래' 입니다.
지금도 집회에서 모이고 헤어질 때에 언제 죽더라도 다시 환생하여 만나자고 다짐하며 부르는 노래입니다.

이들은 서로의 손을 잡고 다시 만날 것을 약속합니다. 환생을 기약하며 서로 잡은 손을 이들은 '사랑의 끈'이라고 부릅니다.

진화와 환생

사람은 어디에서 왔을까요? 사람이라면 한 번쯤 관심을 가지고 던져봤을 만한 질문일 것입니다.

물론 부모님에게서 나왔습니다. 그럼 부모님은 어디서 왔습니까? 조부모입니다. 조부모는 증조부모… 그렇게 이어지다 보면 결국엔 단군 할아버지까지 이르게 됩니다. 계속 그 이전으로 올라가다 보면 우리 조상은 환웅과 웅녀까지 이어집니다. 그 이상은 환인이라는 하나님입니다. 환인 이전은 없다고 단군신화에서는 말하고 있습니다.

진화론자들은 지금 우리의 조상은 원시인이며 원시인의 조상은 원숭이라고 합니다. 원숭이는 영장류인데 그 이전은 개나 늑대이며 그 이전은 구렁이나 개구리, 그 이전은 굼벵이이며, 그 이전은 아메바이며 플랑크톤이라고 합니다. 인간의 시조가 개나 늑대고 송충이며 박테리아 균이라 하니 끔찍한 생각이 듭니다.

윤회와 환생을 믿는 사람들은 반드시 이전 세상인 전세와 전생과, 지금 세상인 현세와 금생과, 다음 세상인 내세와 후생을 전제합니다. 전생도 그 이전 전생, 또 그 이전 전생, 또 그 이전 전생으로 거슬러 올라가며 수천 년이나 소급을 하고, 내세도 다음 내세, 그 다음 내 내세(來來世) 그 다음 내내 내세로 무한히 이어집니다. 이렇게 보면 지금 살고있는 것은 그 수많은 생 중의 하나이므로 특별하지 않습니다.

내가 인식하고 악착같이 사는 지금 세상, 여기서 나의 한 평생이 그 많은 생 중의 하나일 뿐이기 때문입니다. 이전에 내가 돼지였는지, 구렁이였는지, 모기였는지, 메뚜기였는지, 식인 상어였는지도 모릅니다. 또 이 다음에 남자로 태어날지, 여자로 태어날지, 새로 태어날지, 개로 태어날지, 소로 태어날지 알 수 없습니다. 남양에서 태어나면 악어나 원숭이가 될지도 모릅니다.

무당은 죽은 사람이 어떻게 환생을 하는지 굿을 통해 알아봅니다.

굿을 할 때에는 죽은 사람이 다시 사람으로 인도환생(人道還生)을 간구합니다. 굿을 시작할 때 밀가루를 체나 함박에 넣고 굿을 끝낸 후 발자국을 통해 무엇으로 환생했는지 알아봅니다.

그 굿은 씻김굿, 오구굿, 지노귀굿, 망자 굿이라는 여러이름을 가지고 있습니다. 굿의 내용은 이렇습니다. 먼저 굿을 합니다. 그리고 나서 밀가루를 보고서 "오 저기 새 발자국이 있구나! 혼이 새가 되었네, 아니야 짐승 발자국이구나, 개가 되었네. 돌아가신 어머니가 아니야, 사람 발자국이 완연해, 아버지는 아기로 어디선가 태어났어!"라고 이런 말 저런 말을 합니다. 무당이 굿을 할 때 막 뛰고, 그래서 발바닥이 울려서 밀가루 표면에 주름이 생긴 것을 가지고 인도 환생이니 축생(짐승) 환생이니 하고 매달리는 것입니다. 그러다가 보면 굿청에 얻어먹으러 다니는 개나 고양이가 혹시 돌아가신 우리 조상이 아닌가 생각을 할 정도입니다.

세미라미스의 계략으로 만들어진 환생

환생설의 근원은 구스의 아들 니므롯이 군사혁명으로 천하를 장악한 후에 아내인 세미라미스가 정권유지의 비책으로 만들어 낸 계략입니다. 니므롯을 신분격상하여 창세기에 출현하는 아담의 아들 가인의 환생으로 왜곡시키기 위해 사용했던 계략입니다.

즉 세미라미스는 니므롯의 신분을 가나안의 조상인 노아보다 앞에 두기 위하여 니므롯을 홍수 이전의 인물인 가인의 환생이라고 주장합니다. 따라서 니므롯의 전생인 가인을 아담의 후손이라고 주장하면서 창조주 하나님과 연결의 고리를 잡게 합니다.

그래서 세미라미스는 이것을 왜곡하고자 창세기의 이야기에 태양의 신을 삽입하고 그 빛의 신이 하와와 동침하여 낳은 아들이 가인이라는 거짓말을 꾸며냅니다.

이렇게 해서 하나님의 천사장이었던 사탄은 하나님과 대적하는 빛의 신으로 화려한 변신을 하게 됩니다.

그 다음 과정으로 세미라미스는 성의 창조론을 없애고 '시작과 끝'을 없애는 일에 주력합니다. 이것이 바로 천지가 늘 그대로 있다고 주장하는 윤회설입니다. 윤회설은 흰두교와 불교의 바탕이 되었고 더 나아가 다윈의 진화론을 만들어 내는 요소가 된 것입니다.

다윈의 진화론이 나오기 이전에 이미 세미라미스의 영적인 진화론이 안출(案出)되어 있었습니다. 즉 사람은 죽은 다음에도 계속해서 환생을 하는데 인간의 노력에 의해 점점 더 훌륭한 존재로 진화되어 나중에는 신이 된다는 논리입니다.

이는 처음과 끝을 부정하고 여호와 하나님의 창조와 심판을 부인하다가 결국에는 하나님 자체를 없애버리는 기발한 착상이었습니다. 뿐만 아니라 환생신드롬은 백성들을 속이는데 아주 안성맞춤의 논리였습니다.

하나님을 떠나게 된 사람들이 가장 두려웠던 문제가 바로 '죽음' 이후의 문제였습니다. 하나님을 섬길 때에는 사람이 하나님께로 왔다가 하나님께로 돌아간다는 믿음을 가지고 있었습니다. 그러나 하나님을 떠난 사람들은 장차 자신에게 닥쳐올 일이 심판 밖에는 없다는 것을 알고 있었습니다. 그러던 차에 세미라미스는 환생설을 주장하여 사람들의 죽음 이후의 불안을 달래주면서 대안을 제시해 주는데 성공했던 것입니다. 환생설의 아이디어를 만들어 낸 세미라미스 자신은 그것으로 인하여 덕을 톡톡히 보게 됩니다.

늘 권력을 빼앗길까봐 겁내면서 일생을 보낸 니므롯이 죽자 세미라미스는 권력의 유지를 위하여 바로 이 환생설을 사용했던 것입니다. 그녀는 아이 하나를 낳은 후 그 이름을 '담무스' 라고 했습니다. 그리고 이 담무스를 니므롯의 환생이라고 주장했습니다.

세미라미스와 담무스

세미라미스는 창세기 3장 15절을 통해 '여자의 후손' 으로 오실 그리스도를 훼방하기 위하여 미리 담무스를 니므롯의 환생인 신의 아들로 만들어 놓았습니다. 그래서 '담무스' 는 곧 '신 그 자체' 라는 논리를 전개하고 자신은 '신의 어머니' 즉 '하늘 왕후' 의 자리에 오르게 됩니다. 예레미아 7장 18절에서는 이에 대해 언급하고 있습니다.

"자식들은 나무를 줍고 아비들은 불을 피우며 부녀들은 가루를 반죽하여 하늘 황후를 위하여 과자를 만들며 그들이 또 다른 신들에게 전제를 부음으로 나의 노를 격동하느니라"고 합니다.

또 세미라미스는 장차 오실 예수 그리스도의 죽음과 부활을 혼란시키기 위해 담무스를 여름에 죽고 봄에 부활하는 신으로 만들었습니다. 그리고 담무스가 하계로 내려가는 바벨론의 월력을 제 4월 즉 담무스월(태양력으로 6-7월)의 둘째날에 모든 여인들을 애곡하도록 명하였는데 어이없게도 예루살렘의 여인들이 이 애곡에 참가하여 하나님의 진노를 샀던 것입니다. 에스겔 8장 14절에서 16절을 보겠습니다.

"그가 또 나를 데리고 여호와의 전으로 들어가는 북문에 이르시기로 보니 거기 여인들이 앉아 담무스를 위하여 애곡하더라. 그가 또 내게 이르시되 인자야 네가 그것을 보았느냐 너는 또 이보다 더 큰 가증한 일을 보리라 하시더라. 그가 또 나를 데리고 여호와의 전 안뜰에 들어가시기로 보니 여호와의 전문 앞 현관과 제단 사이에서 약 이십 오 인이 여호와의 전을 등지고 낮을 동으로 향하여 동방 태양에 경배하더라."

세미라미스는 이렇게 환생설을 이용하여 자신의 권좌를 유지하고 하나님에 관한 백성들의 기억을 지워버렸으며 장차 오실 그리스도에 대한 혼란작전까지 성공함으로서 일석삼조의 엄청난 성과를 거두었던 것입니다.

귀신을 부르는 초혼술

지금도 이 환생설은 세미라미스가 기대했던 대로 하나님을 버린 현대인들에게는 상당한 위로를 주고 있습니다. 게다가 심령과학이라는 것이 이 환생설을 뒷받침해 주고 있습니다. 사람에게 최면을 걸어 놓고 영매(靈媒)가 그 사람의 영에게 질문을 하면 자신은 15세기에 어느 나라 어디에 살던 누구라고 대답합니다.

이것은 마치 바로 우리 나라의 무당이 지노귀굿을 하면서 죽은 사람의 영혼을 불러내는 것과 유사한 것입니다. 이것도 역시 사탄의 상투적인 수법인 초혼술입니다.

초혼술이란 죽은 사람의 영을 불러내어 대화한다는 것입니다. 이러한 예가 사무엘상 28장 13절에서 19절에 나옵니다. 본문에는 신접한 여인이 사울의 요청에 의해 사무엘을 불러내는 것을 볼 수 있습니다. 이에 대해 두 가지 견해가 있습니다.

첫째 견해는 사무엘의 영이 직접 나타났다고 믿는 것이고, 다른 하나는 악신이 사무엘을 가장하여 나타났다는 것입니다.

어떤 것이 사실일까요? 결론부터 말씀을 드리면 악신이 사무엘의 영으로 나타난 것을 착각하는 것입니다. 절대로 죽은 사무엘이 신접한 여인을 통해 나타난 것이 아닙니다. 영매가 불러내는 것은 최면당한 사람의 영이 아니라 악령 즉 귀신인 것입니다.

즉 영매가 최면한 사람에게서 불러내는 것은 죽은 사람의 영이 아니고 귀신의 영입니다. 귀신이 그의 입을 통하여 환생한 것처럼 지절거리고 무당이 그렇게 하듯이 과거에 있었던 일들을 쪽집게 마냥 알아맞춤으로 해서 목격하는자들이 미혹당하게 되는 것입니다. 귀신은 죽은 사람과 함께 했기 때문에 과거의 일에 대해서 잘 알고 있습니다.

그래서 마치 죽은 사람의 영이 나타난 것처럼 과거의 일을 이야기합니다. 그러나 그것은 사실이 아닙니다. 죽은 사람은 다시 나타날 수도, 환생할 수도 없습니다.

세미라미스의 환생설은 고대의 가나안과 바벨론 그리고 애굽 등 모든 우상종교의 바탕이 되었고 그리스와 로마에까지 영향을 미쳤습니다. 그러나 근대에 들어서면서 과학의 발전과 철학의 빈곤으로 그리스와 로마의 밀교의식이 빛을 잃게 되자 그들은 아직도 신비한 베일에 쌓여있고 무언가 심오한 것처럼 보이는 흰두교를 이용하기 시작했습니다.

흰두교도 본래는 바벨론의 밀교에서 파생되어 세미라미스의 환생설과 아스다롯의 에로티즘을 바탕으로 성장한 것입니다. 거기에 인도 특유의 고행과 명상에서 얻어지는 신비한 엑스타시등은 물질 문명에 지친 서구인들을 매료하기엔 안성맞춤이었습니다. 마침내 루시퍼는 그가 저 인도의 어둠속에 숨겨두었던 비장의 무기인 환생설을 바탕으로 흰두교를 이용하기 시작했습니다.

흰두교의 신비는 마침내 세계 종교를 하나로 묶으려는 적그리스도의 전략에 사용되어 대중문화를 미혹하는 뉴 에이지(New Age Movement)를 주도하게 되었습니다.

거짓된 환생신드롬

지금 이 순간에도 환생신드롬을 믿고있는 사람들이 많이 있습니다.

요즈음에 와서 더 많은 사람들이 환생신드롬에 의존하고 있습니다. 세상을 어지럽히고 현실 세계의 도피의 구실로서 낭만적인 과거를 만들어 추억 속에 빠져들기를 소망하는 환생신드롬의 속을 자세히 들여다 보십시오. 얼마나 허구적이고 유치한가를 깨닫게 될 것입니다. 낭만적이며 아름다운 환상이 아니라는 것을 쉽게 발견하게 될 것입니다.

모 TV방송에서 상영된 '추적, 사람과 사람들'에서 '전생이냐 환생이냐' 라는 제목으로 두명의 정신질환자와 한 명의 정상인을 대상으로 최면을 걸어 실험을 한 결과가 방영되었습니다.

출연자에게 최면을 걸고 과거의 삶, 전생이 보이냐고 질문을 하자 보인다고 하면서 자신이 1920년대 당시 서울에 살았으며 휠체어를 타고 다니는 환자였다고 대답을 했습니다.

그러나 결과적으로 그것은 사실이 아니었습니다. 1920년대 당시 서울에는 슬래브 건물이 존재하지 않았으며 휠체어를 타고 다닌다고 했는데 휠체어는 1947년 미국에서 제작된 것입니다. 뿐만 아니라 서울의 어느 동(洞)에 살았다고 해서 당시의 가족 상황을 통해 찾아보았지만 결과는 '그런 사람이 없다' 는 것이었습니다.

최면에 걸린 상태에서 전생을 기억해 내는 사람들의 대부분의 공통점은 연대 수를 정확히 기억하는 점과, 자기 이름은 물론 가족, 친지, 친구들의 이름을 또렷이 기억하며 죽음의 순간들을 기억하는 것입니다.

또한 자신이 여러 번의 환생을 통해 이 나라, 저 나라 등에서 살아가지만 항상 역사적(歷史的)인 사건과 연관되어 있습니다. 참으로 흥미로운 일입니다. 예를 들면 역사적인 전쟁, 역사적인 인물들과 관계가 많다는 것입니다. 따라서 역사를 통해 자연스럽게 증명할 수 있는 기회가 되기도 합니다.

그러나 이는 거짓의 아비인 사탄의 장난임을 영력이 있는 크리스천들은 쉽게 분별할 수 있을 것입니다. 모두들 사실인 것처럼 묘사하고 있지만 사실이 아닙니다. 과거를 잘 알고 있는 사탄의 속임수일 뿐입니다.

요한복음 8장 44절을 보면 "너희는 너희 아비 마귀에게서 났으니 너희 아비의 욕심을 너희도 행하고자 하느니라. 저는 처음부터 살인한 자요 진리가 그 속에 없으므로 진리에 서지 못하고 거짓을 말할 때마다 제 것으로 말하나니 이는 저가 거짓말장이요 거짓의 아비가 되었음이니라"라고 말씀하고 있습니다.

증명되지 않을 거짓말이라고 제 것처럼 주장하는 것입니다.

실제로 최면 중 전생 퇴행이나 연령 퇴행을 통해 나오는 말들은 그럴 듯 하지만 사실이 아닌 거짓말이라는 것은 기독교의 축사(逐鬼)현장에서도 얼마든지 볼 수 있는 장면입니다.

"네가 누구냐?"고 물으면 누구 누구라고 대답합니다. 어떤 관계이냐고 물으면 "전 남편이다"라고 대답합니다. 어떻게 죽었냐고 물으면 "6.25때 파편 맞고 죽었다"라는 등 아주 실감나게 대답합니다. 그러나 이것은 전적인 거짓말입니다. 그 상황과 과거를 잘 아는 귀신들의 거짓말입니다. 이 귀신들의 말을 사실로 믿는 것은 참으로 어리석은 일입니다.

문화속의 환생신드롬

외국 영화 마네킹 1, 2는 아주 재미있는 영화입니다.

사랑에는 시간의 제약이 없다고 합니다. 그러나 재미있다는 점 외엔 무슨 이득이 있습니까?

장예모 감독과 공리가 주연배우로 등장하는 진용(秦勇)이라는 영화 속에서도 남녀가 다 환생을 합니다. 역시 진시황과 5백명의 소년, 소녀 이야기를 영화로 제작한 것뿐입니다. 소재가 빈궁해진 영화, 드라마, 가요, 서적 등에서는 좀더 자극적이고 매혹적인 소재를 찾다 보니 환생이나 전생을 통해 못 다한 사랑이나 인연을 나타내려고 하는 경향이 짙어졌습니다. 사랑 지상주의는 청소년들이나 청년들에게 커다란 공감대를 형성하는 동시에 정당성을 부여했습니다.

환생 신드롬을 몰고 온 국내외 작품들을 분석해 보면 이렇게 사랑이 갖는 신비가 시공의 영역을 여지없이 무너뜨리고 있음을 알 수 있습니다. 쉽게 말해서 환생이라는 비논리적 세계를 사랑에 심취한 사람들에게 논리로서 다가서게 만드는 것입니다. 마치 승화된 사랑의 모습인양 표현하고 있는 것입니다.

그런 사람들이 항상 하는 얘기가 어떤 것입니까?

"죽어서도 다시 만나자", "저 세상에서 다시 만나자", "다시 태어나더라도 너만을 사랑하겠다" 등등 사랑에 심취한 사람들에게 시공을 초월한 사랑의 매혹을 느끼게 합니다.

얼마 전 소설로 양귀자의 '천년의 사랑' 영화 '은행나무 침대'가 인기를 모았으며 텔레비전에서는 '8월의 신부'가 인기리에 상영되고 윤종신의 '환생'이라는 노래가 히트되었습니다.

또 신경전문의인 김영우씨의 '김영우와 함께 전생여행'이라는 서적도 날개 돋친 듯 팔린 적이 있습니다. 외국의 정신과 의사도 "전생의 업보, 곧 댓가이다"라는 치료법을 제시하고 있습니다.

인연과 악연

환생의 현장에서 쉽게 들리는 소리를 모아보면 다음과 같습니다.

"당신은 전생에 세종대왕이었다", "나는 5백년 전 세종대왕의 왕비인 소헌왕후였다", "당신은 전생에 돼지였다", "당신은 전생에 석가의 어머니 마야부인이었다", "아주머니는 전생에 클레오파트라였다", "손자의 전생을 살펴보니 전생에 아인슈타인이었다", "전생에 당신은 이순신이었다"등 입니다. 얼마나 우습고 유치한 얘기들입니까? 그래도 이런것은 다행입니다.

악연에 관한 얘기는 살벌할 정도로 위험성이 있습니다. "나는 전생이 말(馬)이었고 아내는 마부(馬夫)였는데 얼마나 많이 맞았는지 원수를 갚기 위해 이 세상에서 나는 아내를 때리는 남편이 되어서 복수를 한다. 아내가 나에게 구타를 당하는 것은 전생에 지은 댓가이며 업(業)이다", "나는 전생에서 개였는데 전생에서 주인이었던 아버지가 나를 학대하고 죽였기 때문에 복수를 하기 위해 아들로 태어났다"고 합니다.

이런 말이 무슨 유익을 주고 있습니까? 전혀 유익이 없는 말입니다. 오히려 가정 평화를 깨는 화근이 될 것이 분명합니다.

"저 개는 사실 구경을 못하고 죽은 너의 어머니로 지옥에도 못 가고 다시 환생을 했으니 저 개를 어머니로 모시고 업고서 여기 저기 구경을 다녀라"는 경주 최부자네 개무덤 이야기는 이전 설화로서의 가치가 인정할 수 있습니다.

사람이 구경을 못하면 개가 된다는 설화가 있습니다. 이유는 구경은 곧 인격(人格)을 상징하기 때문입니다. 아무리 그렇다고 해도 꼭 개 환생이라는 예화를 통해 인간을 교육하려고 했는지 이해할 수 없습니다. 이것은 한국에 많은 환생설 전반에 해당되는 질문이기도 합니다.

윤회사상으로 얻어지는 결과들

환생설의 근본이 되는 윤회 사상은 인도에서 발전되었습니다.

인도의 종교를 공부하다 보면 인도의 불교 아니 그보다 힌두교에서 윤회 사상을 더 숭상하는 이유를 알 수 있습니다.

인도에는 성직자, 무사족, 평민, 천민이라는 카스트 제도가 있습니다. 이 제도는 3천년간 철석같이 굳어서 당대에는 절대로 계급을 바꾸지 못합니다.

천민이 무슨 수로 평민이 되고 평민이 무슨 수로 성직자(브라마족)가 되겠습니까? 운명이며 절대로 불가능합니다. 따라서 이 운명을 고치려면 천민이 당대에 좋은 일을 많이 해서 내세에 평민이 되고 무사족이 되고 성직자가 되야 합니다. 동시에 고생하는 천민은 전생에 죄를 많이 지었기 때문에 지금의 그 혹독한 운명을 수용해야만 합니다. 그리고 내세에나 좋은 신분으로 태어날 것을 기대할 수 밖에 없을 것입니다. 이렇게 해서 천민들과 평민들의 소망을 담은 이론이 바로 윤회설입니다.

주전 600년경 우파니사토(優波尼沙土)에 실린 것이 윤회설의 초기 문헌입니다.인도 고대 산스크리트(梵語)로 윤회는 SAM SARA라고 하는데 이 문헌에는 "자기가 지은 죄는 후세에서 받고, 또 여기서 덕을 쌓으면 후세에서 받습니다. 착한 일을 하면 착한 결과를 얻는다"라고 기록되어 있습니다.

이런 논리는 한편으로 매우 도덕적이고 논리적이며 현실의 부조리나 불행을 완벽하게 설명하는 같이 보입니다. 그러나 다른 한편으로는 소극성, 운명론, 단념, 무기력, 변명, 현실부인, 지나친 도덕에 매임 등의 결과를 얻을 수 밖에 없습니다.

실제로 윤회를 믿는 불교 국가나 힌두교 국가들이 가난을 벗어나지 못하고 있습니다. 노력을 하지 않기 때문입니다. 운명을 개척하려고 하질 않습니다. 물난리가 나거나 지진이 나면 빨리 복구할 생각은 하지 않고 업보(카르마)와 운명론에 빠져 체념하고 맙니다.

인도의 9억에 가까운 인구 중에서 90％이상이 거지와 다름없는 생활을 하고 있습니다. 허허 벌판에 거적 하나만을 가려놓고 살아갑니다. 부엌도 없고 화장실도 없이 멀쩡한 도시 한복판에서 쭈그리고 앉아서 대변을 보는 사람들이 허다합니다. 그럼에도 불구하고 인도 사람들은 불평, 불만이 없습니다. "전생에 죄가 많아서…", "업보 때문에…" 이것이 바로 인도 사람들이 현실에 불평하지 않는 이유입니다.

전생에 죄가 많으니 그렇게 사는 것이 어쩔 수 없다는 것입니다. 뿐만 아니라 그들은 어려운 현실을 개선하려고 노력하지도 않습니다. 그저 하염없이 거지로 살아가는 것입니다.
거리에는 오줌냄새와 똥냄새가 진동해도 별로 불평하거나 노력하려고 하지 않습니다. "내세에는 더 좋아질 테니까……" 하면서 체념해 버립니다. 적극적인 차원에서는 고행을 통해 몸을 학대합니다. 이렇게 고행을 하면 할수록 더 나은 미래가 보장된다고 믿기 때문입니다.

그들이 현실을 개선해 보려고 노력하지 않는 이유는 단 한가지입니다. 그 한가지 이유가 무엇입니까? 바로 환생설을 믿고 의지하기 때문입니다. 사탄이 거짓말로 속인 결과가 얼마나 참혹한지 그 폐해는 이루 말할 수 없을 것입니다. 그들이 해야 할 일이 있습니다. 정신을 차리는 일입니다.

74%의 청소년이 전생을 믿는다

오늘날 우리 사회에서는 전생, 환생 신드롬이 영화, 서적, 가요, TV 드라마 등 대중문화의 단골 주제로 등장하고 있습니다. 이러한 가운데 청소년들 사이에는 전생을 보게 한다는 자기 최면유도 테이프와 잡귀를 막아준다는 장신구등이 유행하고 있습니다.

심지어 수험생 중에는 주문을 외우고 귀신을 불러 자신이 갈 대학
과 전공, 합격여부를 점쳐보는 이들이 있어 현실과 환상의 혼란, 현실
도피등 갖가지 부작용을 낳고 있습니다.

200명을 대상으로 한 설문조사에서 전생을 믿는 중.고등학생이
46%, 별로 상관치 않는다는 학생이 28%, 믿지 않는다는 학생은
26%에 불과하여 74%가 전생을 믿는다는 통계가 나왔습니다.

또한 전생을 믿게 된 동기는 전체 응답자의 88%가 영화나 TV를
시청한 후라고 응답하였습니다.

반기독교적 문화가 기독교 세계관을 빠르게 파괴하고 있는 현상을
보고 있습니다. 물론 청소년을 대상으로 설문 조사한 내용이지만 이러
한 현상이 기성세대에까지 급속히 확대되고 있다는 사실을 알아야 합
니다.

관념과 가치 그리고 불변의 진리와 초월적인 존재에 대한 믿음보다
는 감각적인 것에 더 많이 의지하는 현대인들의 모습을 볼 수 있는 단
면입니다. 물질적인 발달에 비해 내면적인 불안과 초조 두려움을 해소
시켜 주지 못하는 현대 사회의 일그러진 단면이라 할 수 있을 것입니
다.

이런 양태를 부추기는 주된 요인으로 환생과 관련한 각종 서적과
드라마 그리고 가요 등을 들 수 있습니다.

미국에서 전생요법을 처음 주장한 브라이언 와이스의 '나는 환생을
믿지 않았다' 와 '전생요법' 그리고 전생에 관한 고전으로는 티벳의 고
승 파드마상바바의 '티벳사자의 서', 죽음의 문턱까지 갔다가 살아 온
사람들의 이야기인 브링클리의 '죽음 저편에서 나는 보았다' 지나 서

미라의 '윤회의 비밀' 과 '윤회의 진실' 등이 환생을 부추기는 역할을 했습니다.

국내 서적으로는 '김영우와 함께 전생여행' 양귀자의 '천년의 사랑' 등이 전생과 윤회에 대한 관심을 불러 일으키고 있습니다. 뿐만 아니라 영향력이 막강한 영화와 드라마를 통한 환생에 대한 관심도 대단합니다.

1996년 서울방송에서 방영된 '8월의 신부' 귀신과의 사랑을 다룬 '천녀유혼' 시리즈, '은행나무 침대', '사랑과 영혼', '진용', '여고괴담', '자귀모', '퇴마록', '귀천도' 등이 그것입니다.

대중가요로는 신승훈의 5집 앨범 '나보다 조금 더 높은 곳에 니가 있을 뿐', 장혜진의 '완선한 사방' 윤종신의 '환생' 등이 전생을 소재로 해 인기를 끌었습니다.

또한 전생체험을 시도할 때 잡귀의 침입을 막아 준다는 '금강저' 와 전생을 들여다 볼 수 있는 구슬까지 등장했습니다.

한 사회를 반영하는 거울과 같은 대중매체와 영화, 서적, 대중가요, 심지어는 액세서리에 이르기까지 '환생' 이 속속들이 파고들고 있습니다. 최근 유행하고 있는 환생 신드롬은 어쩌면 이 시대의 반영이 아닌가 생각해 봅니다. 사람들이 믿어 왔던 합리주의란 땀흘린 만큼 결과가 나타나는 것이었습니다. 더구나 과학은 모든 상황을 예측하고 엄격히 적용된다고 가르쳐 왔습니다.

그러나 세상이란 합리적인 예측이나 적용이 전혀 소용이 없었습니다. 사람들은 거짓이 진실을 이기고, 불의가 정의 앞에서는 것을 보면서 공의를 믿지 않게 되었습니다.

세상이 혼탁하고 정치가 땅에 떨어지고 불신이 팽배한 시대일수록 미신이 판을 치고 성황합니다. 더구나 이성으로 설명될 수 없는 일들이 많아질 때 사람들은 어쩔 수 없이 신비로운 것에 의지하게 됩니다.

그리고 반과학적이고 반이성적인 예언술 등이 판을 치게 됩니다. 비록 내일 틀린다 해도 적어도 오늘 우리의 마음을 달래 줄 수 있기 때문입니다. 환생신드롬도 이런 맥락에서 이해가 가능합니다.

전생에서 체득한 일본어 중국어를 마음대로 구사하는 소년이 등장하면서부터 청소년 사이에 환생신드롬은 더욱 기승을 부리게 되었습니다. 입시지옥에 시달리는 청소년들로서는 자신들의 노력한 결과나 성과가 보이지 않을 때 답답함을 전생의 연을 통해서라도 위로를 받고자 덤벼들 수 있기 때문입니다.

결국 불안한 인간심리 속에 똬리를 틀고 앉아있는 사이비가 환생신드롬입니다.

교회의 폼생폼사와 침체

환생신드롬이 판을 치는 또 다른 이유는 지나치게 과학화된 현대사회 속에서 하나의 부속품으로 전락해 버린 인간, 전통적 기독교와 전통의 몰락이 가져온 정신적 공황과 해체주의적 소용돌이, 그로인한 삶의 불안과 불확실성 때문이라고 학자들은 주장합니다.

초월적 존재에 대한 궁금증을 기존 종교가 충족시켜주지 못한 것입니다. 몸과 영혼이 결합하여 새로운 몸으로 다시 살아난다는 전인간의 부활 신앙, 그리고 한 번 태어나 죽으면 심판을 받게 된다는 성경적 생사관을 통하여 교회가 현대인들에게 사랑과 꿈, 내세에의 소망을 심어주지 못한 것이 주된 요인이라고 할 수 있을 것입니다.

전 인구의 1/4이상의 기독교 신자수를 자랑하는 한국교회의 사회적 정신적 영향력에 대해 의문해 보지 않을 수 없습니다.

환생에 관한 문화, 영화, 서적, 노래, 드라마 등이 판을 쳐도 이에 대해 어떤 반응이나 어떤 이론도 제시하지 못하는 정체된 신학을 가진 기독교계의 책임이 크다고 하지 않을 수 없습니다.

'폼생폼사'(폼에 살고 폼에 죽는다는 의미)같은 한국 기독교 무능력에 사람들은 실망하여 의지할 만한 딴 곳으로 눈을 돌리고 있는 것입니다. 이 때 사람들은 현실세계에 대한 회의와 도피의 구실로서 과거를 만들어 환상적인 추억속에 빠져들려고 몸부림을 칩니다. 인간의 나약함이 드러날 때 계몽하고 선도하며 진리의 길로 인도해야 할 책임 있는 지도자들이 잠잠하고 있기에 폐해는 매우 심각합니다.

심지어는 크리스천들 가운데에도 "다시 태어나도 …", "운이 나빴다" "재수가 없다", "미래를 점쳐보면…", "궁합이 맞는다", "인연이 없다" 등 환생과 윤회를 옹호하는 문구를 사용하면서 은연중 환생신드롬을 인정하고 있습니다.

모 선교단체에서 남편과 아내들에게 조사하는 내용을 보니까 이런 질문이 있었습니다. '다시 태어나도 지금의 남편과 결혼하겠습니까?' 라는 질문입니다. 물론 그 의미와 뜻을 모르는 바가 아니지만 은연중에 물들어 있는 환생과 윤회의 사상들이 거부감 없이 우리에게 다가오고 있는 현실을 부정할 수 없습니다.

이는 한국갤럽의 조사결과 우리 나라 카톨릭 신자의 24.5%와 개신교 신자의 21.4%가 전생을 믿고 있다는 것과 무관하지 않다는 것입니다.

어느 교회에서 청년들이 주고받는 이야기를 들어보니 '전생과 윤회'에 대해 긍정적인 반응을 가지고 있었습니다. 실제로 많은 크리스천들이 '전생과 윤회'를 믿고 있습니다. 이러한 현상은 궁극적으로 한국교회를 침체시키고 영적인 약화를 불러온다는 것입니다. 한국교회의 영적인 침체가 본격적으로 시작된 해가 '환생 신드롬'이 극성을 부리던 해와 동일하다는 것은 이를 증명합니다.

이러한 "환생 신드롬"이 미치는 가장 큰 폐해는 역시 운명론적 사고에 빠져 현실에 적응하지 못하고 쉽게 체념하게 한다는 데 있습니다. 어려운 일이 발생할 때 그 문제에 대해 분석하고 그 문제를 극복하기 위해 노력하기보다는 체념하고 포기하는데 큰 문제가 있습니다. 이러한 문제가 사회문제로 확산되면 그 사회는 위기를 맞게 됩니다.
국가적인 문제로 확산하면 그 국가는 침체되고 재기가 어려워집니다. 의욕이 상실된 개인과 사회와 국가는 결국 망하게 됩니다. 그래서 성경은 이에 대해 분명하게 경고하고 있는 것입니다.

신명기 18장 11절에서 "진언자나 신접자나 박수나 초혼자를 너의 중에 용납하지 말라"고 말씀하고 있습니다.

하나님께서 사울왕을 죽이신 이유가 무엇입니까?
대부분의 설교를 들어보니 아말렉사건 때문이라고 설교하고 있는데 이는 사실이 아닙니다. 아말렉사건은 사울의 불순종의 사건입니다. 그 불순종의 사건으로 그는 왕위를 잃어 버려야만 했습니다. 그러나 그 사건으로 하나님은 목숨을 빼앗지 않았습니다.
사울왕은 처음에 국사의 치리를 하나님께 물었습니다. 그러나 나중에는 하나님께 묻지 않고 신접한 자에게 물었던 것입니다.

역대상 10장 13절에서 14절을 보면 "사울의 죽은 것은 여호와께 범죄하였음이라. 저가 여호와의 말씀을 지키지 아니하고 또 신접한 자에게 가르치기를 청하고 여호와께 묻지 아니하였으므로 여호와께서 저를 죽이시고 그 나라를 이새의 아들 다윗에게 돌리셨더라"고 기록되어 있습니다.

신접한 자에게 가르침을 청했던 사울을 하나님은 죽일 수밖에 없었습니다. 이는 그가 왕이었기 때문이었습니다. 이것이 국가의 정화입니다. 국가의 정화를 위하여 하나님은 왕을 폐하실 뿐만 아니라 죽이시기까지 하신다는 사실을 알아야 합니다.

하나님이 용납지 않으시는 강신과 접신

하나님은 강신과 접신에 미혹된 자들을 멸하십니다. 환생을 경험했다는 자들이 말하는 환생이란 자신이 실제 전생으로 들어간 것이 아니라 강신(降神)과 접신(接神)에 의하여 미혹된 것뿐입니다.

무속신앙의 초혼이나 환생 치료법에서 일어나는 사실들은 강신술이나 접신술에 의존한다는 사실을 알아야 합니다. 성경은 신접한 자, 초혼자, 무당, 진언자, 박수, 복술자, 요술하는 자들을 믿거나 추종하거나 용납하지 말라고 경고하고 있습니다. 이들을 믿거나 추종하게 될 때 하나님의 진노를 받아서 하나님의 백성 중에서 끊어질 것을 성경은 분명하고도 정확하게 증거하고 있습니다. 신명기 18장 9절에서 14절을 보겠습니다.

"네 하나님 여호와께서 네게 주시는 땅에 들어가거든 너는 그 민족들의 가증한 행위를 본받지 말 것이니 그 아들이나 딸을 불 가운데로 지나게 하는 자나 복술자나 길흉을 말하는 자나 요술을 하는 자나 무당이나 진언자나 신접자나 박수나 초혼자를 너의 중에 용납하지 말라. 무릇 이런 일을 행하는 자는 여호와께서 가증히 여기시나니 이런 가증한 일로 인하여 네 하나님 여호와께서 그들을 네 앞에서 쫓아 내시느니라. 너는 네 하나님 여호와 앞에 완전하라. 네가 쫓아낼 이 민족들은 길흉을 말하는 자나 복술자의 말을 듣거니와 네게는 네 하나님 여호와께서 이런 일을 용납지 아니하시느니라.”

그럼에도 불구하고 현대인들은 요가, 최면술, 마인드 컨트롤, 초월명상, 잠재력개발, 심령치료, 텔레파시 등의 이름을 빌린 사탄의 강신과 접신에 미혹되어 살아갑니다.

이렇게 환생신드롬의 근저에는 귀신 및 영들과의 접촉을 시도하는 뉴 에이지(NewAge)사상이 깔려 있습니다.

뉴 에이지 사상은 “모든 것은 신”이며 “우리 인간도 신”이라고 주장하는 범신론 사상입니다. 인간이 죽어 그 영혼이 귀신이 되었다가 다시 다른 인간의 신체를 통하여 이 세상에 성육신하게 된다는 환생신드롬에는 이러한 미신사상들이 함축되어 있습니다. 이러한 범신론 사상은 “유한한 것은 무한한 것을 포괄할 수 없다”는 성경적 진리에 정면으로 위배합니다.

뉴 에이지 사상은 “자신속에 있는 초자아를 만날 때 선과 악의 구분이 필요 없어진다. 어떤 간섭 없이자신의 마음에 따라 행할 수 있는 자유가 모든 사람에게 있다”고 주장합니다.

이것은 바로 도덕과 윤리 폐기론입니다. 도덕과 윤리를 폐기한 인간은 양심이 화인 맞은 사람입니다 이것은 바로 사탄에 사로잡힌 자들에게 있는 현상입니다.

복음의 나팔을 불어라

이러한 때일수록 교회의 대응과 올바른 신앙의 확립은 더욱 중요하게 요구되고 있습니다.

이러한 시점에서 기독교는 바른 성경적 세계관과 생사관을 바탕으로 하여 삶의 의미를 찾아 헤매이는 현대인들의 영을 풍요롭게 충족시켜 주는 안식처의 역할을 감당해야 합니다.

자연처럼 영원히 돌고 도는 윤회적인 질서가 아니라 예수 그리스도의 십자가 대속의 죽음과 부활 사건을 통해 새로운 하나님의 구속이 이 땅에 인하고 있음을 깨닫게 해야 합니다. 예수 그리스도의 형상속에 보이는 하나님의 나라는 역사의 목표입니다.

이곳에는 윤회나 환생은 들어설 여지가 있을 수 없습니다.

영겁회귀의 질서가 이 세상을 지배하는 것이 아니라, 죄와 사망을 이기시고 부활하신 예수 그리스도의 대속의 왕권만이 이 세상을 지배할 수 있습니다. 지금 이 순간에도 하나님을 알지 못하는 현대 문화는 무속과 복술과 환생신드롬에 빠져서 숙명주의와 현실 도피주의에 빠지고 있습니다.

일인당 국민소득 1만불이라는 경제적인 풍요를 누리는 우리 사회에 이러한 힌두교적인 사상이 유행하는 것은 우리 사회의 정신이 건전하지 않다는 것을 입증하는 것입니다.

문명시대 이전에 지배했던 이러한 고대의 이교 사상이 오늘같이 문화가 발전된 현대에 지배력을 가지게 되는 것은 현대인이 가지고 있는 종교성의 기형적인 표출이라고 할 수밖에 없습니다.

돼지머리에 절을 하면서 복을 비는 현상이나, 전통문화 계승의 차원이라는 미명 아래 우매한 짓을 하는 현대인들은 사탄의 속임에 매여 있어 판단력을 상실한 채 살아가고 있는 것입니다.

많은 크리스천들 가운데에서도 귀신의 가르침인 환생에 미혹되는 사람들이 있습니다. 거짓된 환생을 버리십시오. 그리고 하나님의 말씀을 통해 배우고 확신한 일에 거하는 엘리트 크리스천으로 성장하십시오.

디모데전서 4장 1-2절의 말씀은 이 시대를 사는 우리 크리스천들에게 주시는 하나님의 말씀입니다.

"성령이 밝히 말씀하시기를 후일에 어떤 사람들이 믿음에서 떠나 미혹케 하는 영과 귀신의 가르침을 좇으리라 하셨으니, 자기 양심이 화인 맞아서 외식함으로 거짓하는 자들이라"고 했습니다.

우리 크리스천은 오늘날처럼 불신의 사조와 혼합주의, 윤회 환생 무속이 유행하는 사회 속에서 복음의 나팔을 바로 불고 성경적 인생관과 세계관을 바르게 증거해야 할 것입니다.

> **함께 읽으면 좋은 책**
>
> 『환생신드롬 그러나 환생은 없다』 한건산 지음/예진원(도) 펴냄
> 『환생』 신상언 지음/낮은 울타리 펴냄
> 『뉴에이지 운동과 환생』 마크C. 올브렉크 지음/기독교문서 선교회 펴냄

예수의 사람들' 위대한 10大 否定

1. 피흘림이 없으면 죄 용서가 없습니다. (히브리서 9:22)
2. 믿음이 없으면 주를 기쁘시게 못합니다.(히브리서 11:6)
3. 행함이 없으면 죽은 믿음입니다. (야고보서 2:26)
4. 거룩함이 없으면 주를 볼 수 없습니다. (히브리서 12:14)
5. 사랑이 없으면 아무것도 아닙니다. (고린도전서 13:2)
6. 징계가 없으면 참 자녀가 아닙니다. (히브리서 12:8)
7. 산제사가 없으면 영적 예배도 없습니다. (로마서 12:1)
8. 전도가 없으면 구원도 없습니다. (고린도전서 1:21)
9. 헌신과 헌금이 없으면 선교도 없습니다. (고린도전서 9:7)
10. 예수님을 떠나선 아무것도 할 수 없습니다. (요한복음 15:5)

체인지 CHANGE

초판발행 / 2000. 11. 15.
지 은 이 / 박 종 신
펴 낸 이 / 김 성 숙
펴낸곳 / 예수의사람들(JPM)
등 록 / 1999. 5. 25. 제 22-1556호
주소 /서울시 중앙우체국 사서함6186호
전화/ 672-9001 Fax/672-9002
주문처 / (총판) 생명의 샘
서울시 송파구 삼전동 65 전화 419-1451 Fax.419-1452

값 10,000 원

ISBN 89-950537-2-0

* 잘못 만들어진 책은 바꾸어 드립니다.
* 독자의 의견을 기다립니다.
* 홈페이지 :www.JPMKOREA.com